CB002212

Direção editorial
MIRIAN PAGLIA COSTA

Coordenação de produção
HELENA MARIA ALVES

Preparação de texto & Revisão de provas
PAGLIACOSTA EDITORIAL

Imagem de capa
ACERVO MUSAL

Pesquisa Documental & Iconográfica
COSME DEGENAR DRUMOND
ANA RITA ARANHA FERRACIOLLI
MIRIAN PAGLIA COSTA

Capa e projeto gráfico
LUMIAR DESIGN

Impressão e acabamento
ASSAHI

Impresso no Brasil
Printed in Brazil

Cosme Degenar Drumond

O BRIGADEIRO

Eduardo Gomes,
trajetória de um herói

2012 © COSME DEGENAR DRUMOND
2012 © EDITORA DE CULTURA
ISBN: 978-85-293-0157-0

Direitos desta edição reservados à
EDITORA DE CULTURA
Rua Pirajá, 1.117
São Paulo – SP - CEP 03190-170
Fone: (11) 2894-5100 / Fax: (11) 2894-5099

sac@editoradecultura.com.br
www.editoradecultura.com.br

*Partes deste livro poderão ser reproduzidas, desde que
obtida prévia autorização por escrito da Editora e nos limites
previstos pelas leis de proteção aos direitos de autor e outras
aplicáveis. Além de gerar sanções civis, a violação dos direitos
intelectuais e patrimoniais do autor caracteriza crime.*

Primeira edição: Janeiro de 2012
Impressão: 5ª   4ª   3ª   2ª   1ª
Ano: 16   15   14   13   12

Dados Internacionais de Catalogação na Publicação (CIP)
(Elaboração: Aglaé de Lima Fierli, CRB-9/412)

D858b Drumond, Cosme Degenar, 1947 –
     O Brigadeiro. Eduardo Gomes, trajetória de um herói. / Cosme Degenar
Drumond. -- São Paulo: Editora de Cultura, 2011.
     352p; il. ; 16x23 cm.

     Bibliografia
     ISBN: 978-85-293-0157-0

     1. Gomes, Eduardo, 1896-1981 – Biografia. 2. Brasil – Política e governo.
3. Aeronáutica. I. Título.

CDD 355.3092

Índice para Catálogo sistemático

Gomes, Eduardo : Biografia	355.3092
Brasil : Política : Governo	324.81
Força Aérea Brasileira : História	355.30981
Aeronáutica : Biografias	629.13

Em memória de meus pais, JOÃO e IRENE

Só a Liberdade cria valores estáveis;
só a Educação redime, orienta e comanda.

EDUARDO GOMES

SUMÁRIO

Prefácio...13
Prólogo..17

O BRIGADEIRO...25

Epílogo...331
Nota do autor..342
Referências...346
Sobre o autor..350

PREFÁCIO

Com grande admiração, acompanhei, desde 2009, o empenho de Cosme Degenar Drumond para escrever uma Biografia – assim mesmo, com maiúscula. Ela certamente encantará os seus privilegiados leitores, porque resgata uma página fascinante da recente História político-militar do Brasil.

Inspirado, seguramente, pelo sucesso que alcançou no trabalho biográfico *Alberto Santos-Dumont. Novas Revelações* e agregando sensibilidade e profundo conhecimento, o autor pôde elaborar dados precisos, com base em extensa documentação coletada e em bom número de entrevistas.

Daí podermos constatar que o marechal-do-ar Eduardo Gomes, criador do Correio Aéreo Nacional e Patrono da Força Aérea Brasileira – ou simplesmente "O Brigadeiro" –, configurou, em sua trajetória de intransigentes lutas pela liberdade, na definição de Degenar, o grande, senão o maior, revolucionário no conturbado cenário nacional da primeira metade do século XX.

O texto bem-estruturado, elegante, esclarecedor, cria uma narrativa ágil, que descortina os caminhos da longa vida do biografado, começando pelos combates da Colina de Pirajá, nas cercanias de Salvador, onde seu bisavô, Félix Peixoto de Brito e Melo, talvez antevendo o futuro do ilustre descendente, lutou pela consolidação da Independência.

Com singular competência, o biógrafo, exímio contador de histórias, transmite-nos o *animus* do homem franzino na compleição física, mas gigante em caráter, com inabaláveis princípios e valores, cuja energia ajudou a forjar novos horizontes para o Estado brasileiro.

O episódio dos "18 do Forte", descrito com pitorescas nuanças – "os dezoito, na verdade, foram onze" –, é um emblema na trilha desse cidadão-soldado, exemplo de fibra, arrojo, brio e honestidade de propósitos.

A capacidade de análise do autor, reflexo da experiência jornalística, permite-lhe apontar que, a partir dos acontecimentos nas areias de Copacabana, desencadeiam-se os atos que vão emoldurar a História política do país, conformando-se o entardecer da República Velha, o alvorecer do Estado Novo, finalmente desaguando nos cenários do pós-Segunda Guerra Mundial e da Guerra Fria.

O texto leva à confirmação de que Eduardo Gomes participou ativa e diretamente de todos esses relevantes fatos, honrando sempre os parâmetros balizadores da democracia, doando-se, de maneira incondicional, às causas em que acreditava com raro senso de patriotismo.

Homenagens ao autor pela coleta de informações inéditas em visitas aos lugares por onde andou o Brigadeiro: o casarão na Praia de Boa Viagem, no Recife; as ruas de Petrópolis, onde passeava de bicicleta; o lendário Campo dos Afonsos, no Rio de Janeiro, palco de grandes atos. Nota-se que seu objetivo era "vê-lo" além dos bustos, a despeito das dificuldades, que não foram poucas, todas diligentemente ultrapassadas em proveito da obra.

Como resultado, *O Brigadeiro* mostra o retrato de um profissional militar completo, homem público irrepreensível, um estadista.

Deste trabalho, em que o cuidado e o zelo são encontrados a cada linha, extrai-se um exemplo de vida transparente, farol para as gerações atuais, assim como foi interpretado pelo estudante Paulo de Tarso, conforme carta transcrita no livro: "Neste mundo de desassossego (...) eis um gigantesco jequitibá", cujos anos todos foram "consagrados à causa do Brasil".

Página a página, parece possível ouvir o velho Brigadeiro, na solidão dos 84 anos vividos em plenitude, querendo responder ao jovem admirador: "Ao contrário do que se diz e do que se pensa, as gerações entendem-se, respeitam-se e completam-se. Não há antagonismos entre o moço e o velho quando um e outro perseguem os mesmos ideais nobres e elevados."

Obrigado Cosme Degenar Drumond por brindar-nos com esta aula de brasilidade, que, como o eterno Brigadeiro da República, a quem presto minha respeitosa continência, me lembra de Fernando Pessoa:

"da obra ousada, é minha a parte feita:
O por-fazer é só com Deus."

Tenente-brigadeiro-do-ar APRÍGIO EDUARDO
DE MOURA AZEVEDO

PRÓLOGO

Campo dos Afonsos, subúrbio de Marechal Hermes, Rio de Janeiro, sexta-feira, 12 de junho de 1981

O dia amanheceu com céu de brigadeiro. Às dez horas, num hangar do Grupo de Apoio dos Afonsos, unidade militar da Força Aérea Brasileira, no Rio de Janeiro, seria celebrada a missa de ação de graças pelos 50 anos de criação do Correio Aéreo Nacional. Por volta das nove e meia, a afluência de público ao local era intensa quando um automóvel preto parou em frente ao templo ali montado. O motorista desceu do veículo, abriu o porta-malas e dali sacou uma cadeira de rodas. Em seguida, auxiliado por um enfermeiro, retirou um senhor de dentro do veículo e o acomodou no equipamento. Incontáveis pares de olhos acompanharam o idoso sendo conduzido para o interior do hangar, onde foi transferido para uma cadeira na primeira fila da assistência, próxima ao altar, diante de uma enorme cruz de madeira.

Logo se formou uma fila de amigos e antigos companheiros, todos desejosos de cumprimentar o recém-chegado. O ex-ministro da Aeronáutica, tenente-brigadeiro Nelson Freire Lavenère-Wanderley, 72 anos, e o marechal Casemiro Montenegro Filho, 77 – este orientado por sua dedicada esposa, pois havia anos ficara cego –, aproximaram-se do octogenário. O encontro foi carregado na emoção. Durante décadas, os três voaram pelos mais distantes e isolados rincões do país, ajudando a consolidar o processo de integração nacional, e protagonizaram episódios revolucionários marcantes na vida política brasileira. Naquele breve instante, nada foi dito. Apenas mãos salpicadas por sardas do tempo tocaram-se em saudação.

Próximo a eles, o jornalista Roberto Marinho, 77 anos, presidente das Organizações Globo, uma das personalidades mais influentes da vida nacional, admirava a cena com singelo sorriso nos lábios. Igualmente comovido, aguardava a vez de saudar o personagem. Durante alguns minutos, a cena de cumprimentos prosseguiu no interior do hangar preparado para a cerimônia religiosa.

Do lado de fora, uma guarda de honra chegou a passo marcial. Faltando pouco para as dez, o corneteiro empunhou o clarim e anunciou a chegada do presidente da República, João Figueiredo, acompanhado do tenente-brigadeiro Délio Jardim de Mattos, ministro da Aeronáutica. Mãos subiram aos quepes. Em minutos, as notas briosas do Hino Nacional, regido pelo maestro da banda militar, soaram pela unidade.

Cumprido o cerimonial de honras, o presidente e o ministro dirigiram-se à capela, cumprimentaram os presentes e foram ao idoso lá na frente. O presidente curvou-se para segurar-lhe a mão encarquilhada. O velho esboçou desculpas por não poder se levantar e reverenciar a autoridade suprema do país.

— Eu é que tenho que me levantar para o senhor — disse o presidente Figueiredo. — Não só por sua figura, mas também por sua obra. Sinto-me honrado por sua presença aqui.

O homem da primeira fila estava sereno, mantinha as mãos sobre as frágeis pernas e os olhos fixos na cruz de Cristo. Meio século antes, quando os então tenentes Casemiro Montenegro e Lavenère-Wanderley decolaram para São Paulo num rudimentar biplano, iniciando a saga do Correio Aéreo Nacional, ele estivera naquele hangar para desejar aos pilotos sucesso na empreitada aérea que se iniciava. Era major-comandante do Grupo Misto de Aviação, a primeira unidade estratégica da Aviação do Exército, de cujo ventre nasceu o serviço aeropostal. Somente depois que o biplano decolou e desapareceu de vista, ele retornou a seus afazeres de rotina.

Mas não era o histórico marco que o velho evocava pouco antes do início da missa. O que ele buscava na memória era um tempo bem mais distante.

O 7 de setembro de 1822 deu nova personalidade jurídica à ex-colônia de Portugal. Mas a decisão do imperador Pedro I (1798-1834) de tornar o Brasil livre das amarras portuguesas contrariou fortes interesses políticos e econômicos no pequeno país ibérico. Logo, uma expedição militar foi mobilizada para reaver a tricentenária colônia. Em oito semanas, uma esquadra real lusa fundeou na Baía de Todos os Santos, na Bahia, para apoiar as tropas do general Inácio Luís Madeira de Melo (1775-1835), que já ocupavam a colina de Pirajá, nos arredores de Salvador, lutando para anular a decisão do soberano do Brasil.

Para as tropas nacionais, era fundamental reconquistar o ponto dominado pelos portugueses, até como forma de fechar o cerco ao invasor. Em 8 de novembro de 1822, um batalhão de encourados – vaqueiros nordestinos armados com facões e varas de boiadeiro – e a coluna do major José de Barros Falcão (1775-1851), que comandava a tropa, avançou sobre Pirajá. Em poucos instantes, o oficial observou que a movimentação de seus homens era desconexa. Se nada fizesse para coordenar o avanço tático, sofreriam humilhante derrota. Decidido a reavaliar a ofensiva e planejar nova investida, Barros Falcão convocou o corneteiro e ordenou-lhe que fizesse ecoar pela colina o toque de recuar.

O subordinado empunhou a corneta, mas equivocou-se e tocou "cavalaria avançar e degolar". Ao ouvir a ordem sonora, os portugueses imaginaram que havia de fato uma cavalaria no campo de batalha a reforçar a causa brasileira. Cientes da bravura e da impetuosidade com que os cavalarianos engajavam os combates e vendo o adversário avançar sobre a colina aos gritos de "Liberdade", abandonaram a arena e refugiaram-se nas cercanias de Salvador. Assim, de forma surpreendente, a colina de Pirajá foi reconquistada pelos brasileiros.

Entre os bravos da heróica e inusitada conquista estava um jovem pernambucano, Félix Peixoto de Brito e Melo (1807-1878). Nascido no Recife, havia abandonado o curso de Humanidades na adolescência para ingressar na carreira militar. Distinguido pelo Império com a Ordem da Campanha pela Independência, participou, dois anos depois, da Confederação do Equador. Ao deixar a carreira militar, dedicou-se ao comércio e retomou os estudos, diplomando-se em direito em 1834 pelo Curso Jurídico de Olinda (PE), que fora instituído por ato do imperador em 1827, juntamente com igual escola superior em São Paulo (SP). Na magistratura, foi juiz municipal e de órfãos de Brejo da Madre de Deus, na região do Agreste Pernambucano, juiz de direito da mesma comarca e juiz do crime do Recife. Em 1835, elegeu-se deputado provincial de Pernambuco. No ano seguinte, foi constituinte do Estado. Em 1847, pelo Partido Liberal, presidiu a província de Alagoas. Lutou na Revolução Praieira, liderando as forças rebeldes em solo pernambucano. Com o fracasso do movimento, refugiou-se em Alagoas. Dali partiu para o exílio em Lisboa, onde constituiu família. Após a anistia, dirigiu o consulado do Brasil na Espanha. Por duas vezes veio ao Brasil. Na última, faleceu no Recife.

Um dos netos de Félix Peixoto, Luís Gomes Pereira (1854-1925), herdou a lealdade do avô às causas abraçadas. Em 15 de novembro de 1889, José da Costa Azevedo (1823-1904), o Barão de Ladário, ministro da Marinha, dirigia-se ao Ministério da Guerra quando, nas imediações do Campo de Santana, no Rio de Janeiro, foi interceptado por dois tenentes republicanos, Adolfo de La Peña e Lauro Müller, que lhe deram voz de prisão. O ministro não se intimidou, sacou o revólver e disparou contra os oficiais. Estes revidaram, apoiados por uma patrulha aliada. Ferido com três tiros, Ladário reuniu forças e refugiou-se numa casa próxima. Desde a madrugada, com a derrubada do Império pelo golpe chefiado pelo general Deodoro da Fonseca (1827-1892), o país vivia as primeiras horas do regime republicano.

Luís Gomes nasceu em Olinda. Diplomado em direito na mesma faculdade que seu avô frequentara, iniciou a vida profissional como jornalista no Recife. Aos 21 anos, em 1875, ingressou na Marinha, por decreto do governo imperial, como oficial de gabinete comissionado. Naquele primeiro dia da República, era primeiro-tenente, assessor do Barão de Ladário. Informado do incidente com o ministro, saiu ao encontro de Deodoro, que se achava nas imediações do Campo de Santana. O general confirmou-lhe o ocorrido e recomendou-lhe que não procurasse o ex--ministro da Marinha em razão do fato consumado. O tenente contrariou a recomendação: furou o cerco, levou o ministro para local seguro e providenciou-lhe socorro médico.

Implantada a República, Deodoro da Fonseca, como chefe do Governo Provisório, reavaliou os cargos de confiança da administração pública. No rol da medida, Luís Gomes foi promovido a capitão-tenente e confirmado como oficial de gabinete do novo ministro da Marinha, almirante Eduardo Wandenkolk (1838-1902). Nessa função, serviu também ao almirante Custódio de Mello (1840-1902), sucessor de Wandenkolk na administração Floriano Peixoto.

Em 1889, a República iniciava a maior sequência de crises políticas que o Brasil conheceu ao longo da história. Em 1893, a conturbada política brasileira havia levado Luís Gomes a demitir-se da Marinha. A partir daí, ele enfrentaria dificuldades para se afirmar no campo civil. Casado com a filha de um próspero comerciante de café, Gomes recorreu a amigos monarquistas para voltar ao jornalismo. Admitido pelo *Jornal do Brasil*, ali trabalhou, com o seu inseparável cachimbo pendurado na boca, até 1925, quando veio a falecer.

Na capela dentro do hangar, o coronel chefe do Serviço Religioso da Aeronáutica, monsenhor Lucas Maia, um oficial de quase dois metros de altura, concitou os presentes para a missa. Desapegando-se do passado, o idoso ouviu o padre recordar em sermão as contribuições do Correio Aéreo Nacional ao Brasil. Depois, relembrou os feitos históricos do bisneto de Félix Peixoto e filho de Luís Gomes na história brasileira. O idoso descendia também do bandeirante Fernão Dias Paes (1608-1681), o Governador das Esmeraldas, e do senador Nicolau Pereira de Campos Vergueiro (1778-1859), um dos líderes do 7 de abril de 1831 – dia da abdicação de Dom Pedro I e da Revolta Liberal de 1842 contra a ascensão dos conservadores ao poder no Segundo Reinado. O velhinho o ouvia, sem desviar os olhos da cruz de madeira.

Único remanescente do levante militar de 5 de julho de 1922, manifestação inicial do movimento conhecido como Tenentismo no país, ele participou da Revolução de 1924, que explodiu em São Paulo. Conheceu o cárcere, a clandestinidade e o exílio. Anistiado, retomou sua carreira militar. Em 1932, combateu contra a Revolução Constitucionalista de São Paulo. Também lutou contra o comunismo na chamada Intentona de 1935. De espírito democrático, não aceitou passivamente o golpe do Estado Novo em 1937. Na Segunda Guerra Mundial (1939-1945), defendeu a soberania brasileira.

Quando o Ministério da Aeronáutica foi criado, em 1941, ajudou a organizar a recém-criada Força Aérea Brasileira. Implantou o sistema de controle do tráfego aéreo no país. Por duas vezes disputou as eleições para a Presidência da República. Vencido pelo voto popular, não perdeu a fé na democracia. Esteve presente nos episódios políticos mais expressivos do país de sua época. Como aposentado, aplaudiu a revolução militar de 1964.

Ministro da Aeronáutica em dois períodos distintos, era tratado por seus amigos mais íntimos de "O Velho". Reformado como marechal-do-ar, gostava que o chamassem de "Brigadeiro", título que conquistou na carreira militar. Bem apessoado e cobiçado pelas mulheres, inspirou para suas campanhas eleitorais um inusitado *slogan* de marketing político: "Vote no Brigadeiro! Além de bonito, é solteiro". Em sua homenagem, um grupo de senhoras do Rio criou uma guloseima feita de chocolate e leite condensado, que recebeu o nome de "Brigadeiro", objetivando angariar fundos para sua campanha política.

Quando adolescente, despertou suspiros nas jovens estudantes de Petrópolis, sua terra natal. Colecionou namoricos na juventude. Na fase adulta, admirara a beleza e o talento da atriz sueca mundialmente conhecida pelo nome artístico de Greta Garbo (1905-1990), "mulher do sorriso imemorial como as Pirâmides", como o poeta Mário Quintana descrevia a diva da sétima arte.

Patriota convicto, o militar defendeu os valores democráticos. Seus adversários políticos diziam que ele era um líder militar nacionalista e autoritário. Na realidade, era um paladino da liberdade, um "revoltoso impertinente", como sentenciou o tribunal que julgou suas ações rebeldes.

Também deu exemplos de amor e respeito à família e à dignidade humana. Alinhado com os ideais que inspiraram a revolução de 1964, reforçara a voz da sociedade pela volta imediata dos civis ao poder. Porém, indignou-se com a permanência prolongada do governo de exceção.

Patrono da Força Aérea Brasileira, instituição à qual se dedicou a vida inteira, em suas andanças pelo Brasil, cumpriu missões humanitárias em aviões do Correio Aéreo que sequer dispunham de comunicação por rádio. Dias se passavam sem que ninguém soubesse de seu paradeiro. No fim, surgia sereno, tranquilo, para retomar o trabalho. Era um predestinado. Sempre conseguia driblar a morte inesperada.

Modesto, mantinha hábitos austeros. Dividia o tempo entre o convívio com amigos e parentes e as obrigações profissionais. Estimado e respeitado, tinha a aura dos heróis. Não falava além do necessário. Em 1938, depôs no inquérito sobre o comunismo. Diante do juiz, limitou-se a narrar os fatos, sem acusar ninguém.

Em 1945, no Primeiro Congresso Brasileiro de Escritores, quando o orador oficial recordou as lutas do Brigadeiro pela democracia e informou que ele estava presente, a plateia, que lotava o Teatro Municipal de São Paulo, o aplaudiu de pé.

O poeta Manuel Bandeira (1886-1968) dizia que ele era "um homem original". Indiferente ao perigo e de obstinada modéstia, pensava mais nos outros do que em si mesmo. Mensalmente, repartia a metade de seu salário entre humildes e necessitados. Católico fervoroso, não perdia as missas dominicais. Apoiava as missões religiosas, inclusive com doações de alimentos. Por suas ações caridosas, foi condecorado pelo Vaticano com a Ordem de São Silvestre. A seu pedido, o papa Paulo VI criou a oração de Nossa Senhora de Loreto, a padroeira dos aviadores.

O capelão da Aeronáutica iniciou a missa de ação de graças pelo jubileu de ouro do Correio Aéreo Nacional lembrando os episódios vividos por aquele homem de 84 anos sentado a sua frente, chamado Eduardo Gomes, o grande, senão o maior, revolucionário da história político-militar do Brasil no século XX.

1

Em meados de 1887, o imperador Dom Pedro II vivia encastelado no Palácio Imperial, em Petrópolis, região serrana do Rio de Janeiro. Pela manhã, Sua Alteza cuidava das espécies exóticas e do viveiro de aves raras que cultivava no jardim e, à tarde, dedicava-se à leitura. A imprensa via a rotina enfadonha do soberano como um sinal de que ele perdera o ânimo de governar. Na realidade, o monarca sofria de profunda anemia, que o deixava indiferente à agenda da Corte. Em junho, foi orientado por seu médico a deixar a Serra da Estrela e demandar a Europa com o fim de tratar da saúde, como diz a escritora Lilia Schwarcz no livro *As barbas do imperador*.

Quando Dom Pedro II cruzava o Atlântico a bordo do *Gironde*, navio que o jornalista Quintino Bocaiúva (1836-1912) apelidaria de "esquife da monarquia", desembarcou no Cais Pharoux, no Rio de Janeiro, o visconde Luís Rodrigues de Oliveira (1838-1894). Acompanhado de sua esposa, Joana Vergueiro Lecocq de Oliveira (1832-?), e da filha solteira, Jenny, o visconde voltava em definitivo ao Brasil. Desde o fim da guer-ra franco-prussiana (1870-1871), estivera comissionado em Paris, como representante da Câmara Sindical dos Negociantes Brasileiros na França, da Sociedade de Beneficência Brasileira e do Clube da Lavoura de Cam-pinas, onde intermediava empréstimos para agricultores brasileiros.

Na capital francesa, o Visconde de Rodrigues de Oliveira morava no distrito de Passy, local de ricos e famosos, como o jornalista e pensador Benjamin Franklin e o milionário também norte-americano William

Vanderbilt, além do escritor Honoré de Balzac e outras personalidades. Em sua casa da *Rive Droite*, recebia com gosto compatriotas, diplomatas, artistas e intelectuais. Ao longo dos anos, testemunhou a evolução da ciência, da arte e da cultura que transformaram a secular taba dos Parisii na mais atraente capital europeia. Usufruiu do conforto e das inovações geradas pela revolução industrial. Suas filhas cresceram e foram educadas em meio à *Belle Epoque*. Em 1873, Carolina, a primogênita, casou-se com o magnata John Gavinzel e mudou-se com o marido para os Estados Unidos. Sete anos mais tarde, sua irmã, Clotilde, desposou Iussuf Khan Nasser-Agá, filho do embaixador da Pérsia (Irã) na França, e foi morar em Teerã. Em 1882, a terceira irmã, Alice, contraiu matrimônio com o empresário e fazendeiro Frederico Ferreira Lage, filho do famoso político brasileiro Mariano Procópio Ferreira Lage (1821-1872), e fixou residência em Minas Gerais. O visconde tivera ainda dois filhos homens, Roberto e Luís, fidalgos da Casa Imperial Brasileira, que moravam em Petrópolis e eram solteiros.

Suas filhas eram de fato bonitas, como afirma o escritor Paulo Pinheiro Chagas em *O brigadeiro da libertação*. Quando adolescente, Alice chegou a emprestar o próprio rosto para servir de modelo a uma imagem de São Miguel Arcanjo para a igreja de Auteuil. Todas eram cultas e prendadas. A caçula, Jenny, nasceu em Paris, a 23 de outubro de 1872. Falava fluentemente inglês, francês e alemão e estudara piano com o professor e compositor Félix Le Couppey (1811-1887), do Conservatório de Paris. Aprendeu escultura com Mestre Arel, discípulo do artista Jean-Baptiste Carpeaux (1827-1875), considerado o maior escultor do Segundo Império francês, e, pouco antes de partir para o Brasil com os pais, participou de uma exposição em Paris, na qual mostrou um busto de sua mãe. Aos sábados, gostava de se juntar a jovens milionários brasileiros que estudavam na França para montar cavalos de sela no *Bois de Boulogne*.

Naquela época, as meninas casavam cedo. Na classe alta, o casamento era uma forma de manter e fortalecer laços familiares e interesses econômicos. Para a mulher, contudo, significava tornar-se dona de casa de luxo do marido. Não era o sonho de Jenny, que optou por aperfeiçoar sua formação intelectual e aproveitar os prazeres da juventude. O visconde, embora autêntico representante do patriarcado da época, rendeu-se à vontade da filha de contrariar a tradição.

No Brasil, o visconde decidiu morar em Petrópolis, para ficar mais perto dos filhos homens. A abolição dos escravos era o assunto mais discutido nas rodas sociais. Cerca de 700 mil representantes da raça negra viviam no país à margem da cidadania, na mais absoluta servidão. Mas tal sacrilégio estava perto de terminar. Já em outubro de 1887, oficiais do Exército recusaram-se a desempenhar o papel de capitães-do-mato. Isso abreviou o fim da escravatura, abolida definitivamente no dia 13 de maio de 1888.

Em agosto desse mesmo ano, o imperador brasileiro voltou de sua viagem ao Velho Mundo. Passara longa temporada de descanso na estância de cura de Baden-Baden, às margens de um dos afluentes do Reno, na Alemanha, e fizera também um cruzeiro na Riviera Italiana. Aliás, ele se encontrava em Milão quando recebeu o telegrama de sua filha, a Princesa Isabel, comunicando-lhe que assinara a Lei Áurea.

Quando desembarcou no Cais Pharoux, o imperador foi calorosamente recebido pela população. Ainda apresentava um olhar sem expressão e tinha o semblante doentio, como o descreveu Gusmão Lobo (1838-1900) em carta enviada ao Visconde do Rio Branco. O poeta Raul Pompeia (1863-1895), no entanto, achou o monarca mais gordo e com o semblante vivo, registrou Lilia Schwarcz em seu livro.

A alegria dos súditos pela volta do soberano – com o semblante envelhecido, embora tivesse apenas 62 anos – gerou seguidas festas populares, que se estenderam pelo mês de setembro. Em seguida, o monarca tomou o caminho da serra petropolitana e voltou a sua antiga rotina. Nas imediações do Palácio Imperial, em belos casarões ao estilo europeu, moravam membros de uma seleta nobreza, que, por serviços prestados ao Estado, haviam recebido glebas de terra por concessão do Império.

Naquele momento, um novo evento histórico ganhava mais força – o movimento republicano. Dom Pedro, porém, não deu importância a isso. Acreditava que a monarquia saía fortalecida da abolição da escravatura e também confiava em sua própria popularidade para intimidar eventuais ameaças ao regime. No início, foi bem assim. Em menos de um ano, entretanto, o retrato oficial do imperador caiu da parede, cinco dias depois de uma noite de gala do Império – o famoso Baile da Ilha Fiscal, realizado em 9 de novembro, em homenagem à Marinha chilena, cujo navio *Almirante Cochrane* visitava o Brasil. E também comemorativo das bodas de prata da Princesa Isabel e do Conde d'Eu.

Proclamada a República, do alto da Serra da Estrela, a nobre vizinhança do palácio soube da altivez com que o monarca seguiu para o exílio na Europa, na madrugada de 17 de novembro de 1889, dois dias depois que o general Deodoro da Fonseca liderou o golpe de estado contra o Império. De imediato, o novo regime mudou tudo o que lembrasse o regime deposto – até os nomes das ruas que simbolizavam a Monarquia na cidade – e cassou os títulos nobiliárquicos.

O Visconde de Rodrigues de Oliveira, cujo título de nobreza fora outorga do penúltimo rei de Portugal, manteve o prestígio junto ao novo governo – a ponto de passar incólume pelos processos deflagrados contra a nobreza titulada. Em outubro de 1890, sua filha Jenny completou 18 anos. A família mandou rezar missa de ação de graças pelo transcurso do aniversário e promoveu, à noite, uma engalanada festa em sua residência. Entre os convidados do sarau, estava o capitão-tenente da Marinha Luís Gomes Pereira, que servia no gabinete do ministro, almirante Eduardo Wandenkolk. De boa formação, bom de conversa e mais velho que a aniversariante, o oficial se encantou pela donzela. O sentimento foi recíproco. Ele então passou a frequentar a residência dos Rodrigues de Oliveira. Em poucos dias, pediu a moça em casamento e não esperou muito para se casar com ela. A cerimônia religiosa aconteceu em 7 de fevereiro de 1891, na Capela do Palácio Imperial, em Petrópolis. Os padrinhos de casamento foram o presidente da República, Deodoro da Fonseca, e a primeira-dama, dona Marianinha, sinal eloquente do alto prestígio do visconde, distinção que logo despencaria, em razão da reviravolta na política republicana.

Luís Gomes e Jenny iniciaram a vida conjugal no Rio de Janeiro. Tendo emprestado sua lealdade aos ministros da Marinha envolvidos com a revolta da Armada (1893-1894), o assessor ministerial assistiu à reviravolta de sua situação – em pouco tempo, tornou-se desfavorável e ele achou por bem desembarcar, como dizem os marujos que concluem missões no mar. Caso permanecesse na Armada, Luís Gomes não teria condições políticas de avançar na carreira, já que fora inicialmente nomeado pelo imperador. Acreditava que, ao deixar a farda, enfrentaria dificuldade para se firmar no meio civil. Só não imaginava que os desafios fossem tamanhos e tão recorrentes a ponto de consumir todas as suas economias, amealhadas em anos de trabalho.

Ao demitir-se da Marinha, Luís Gomes requentou um velho plano para recomeçar a vida. Ao tempo em que Irineu Evangelista de Souza (1813-1889), o Visconde de Mauá, se revelou o timoneiro da indústria nacional e construiu as primeiras ferrovias no Brasil, o recém-formado advogado Luís Gomes se iniciara no jornalismo, ainda no Recife. Acompanhou o surgimento dos novos caminhos de ferro feitos com capital privado, as linhas Mogiana, Ituana, Piracicabana, Bragantina e São Paulo-Rio de Janeiro, entre outras. Espelhando-se na figura de Mauá, o incipiente jornalista criou um projeto de engenharia bastante ambicioso: uma estrada de ferro entre o Recife a Arica, no Chile, cruzando as províncias de Alagoas, Bahia, Goiás, Mato Grosso e parte do território boliviano, para unir o Atlântico ao Pacífico. O projeto previa a construção de docas no porto do Recife e assentamentos agrícolas ao longo da monumental ferrovia.

Em 1894, ele ressuscitou o projeto. Apoiado por Jenny, que pôs à disposição dele a herança recebida pela repentina morte do pai, o ex-oficial de gabinete da Marinha viajou a Londres na esperança de atrair parceiros para o empreendimento. Dois meses depois, voltou ao Brasil de mãos vazias. Decepcionado, abandonou o projeto.

Contudo, sua veia de empreendedor continuou pulsante e o levou a enveredar por outro negócio: construir um trecho ferroviário do centro do Rio ao pé da Serra da Estrela. Iniciando a obra com recursos próprios, já nos primeiros quilômetros de trilhos assentados, deixou o projeto de lado – o ramal não era um trecho pioneiro e seus custos seriam altos demais com pouco retorno comercial. A grande verdade é que o momento não era propício a investimentos de envergadura. As reformas republicanas haviam alcançado o sistema financeiro, o Brasil vivia sob recessão econômica e as crises políticas haviam prejudicado a imagem do país no exterior. Além disso, Luís Gomes não tinha tino comercial, pois sequer se preocupou em ouvir um profissional do ramo antes de pôr em prática seus projetos. Mesmo assim, ao abandonar o segundo empreendimento, ele abraçou um terceiro negócio.

O café era o principal sustentáculo da economia. Os imigrantes europeus chegavam ao Brasil atraídos pelo trabalho na lavoura. Luís Gomes estudou o mercado de café e arrendou terras na cidade de Descalvado, interior paulista, e para lá se mudou com Jenny. Arregimentou colonos, preparou o solo e plantou o valioso grão. Em poucos meses, viu-se de novo frustrado. Suas parcas economias não suportariam o longo período de maturação da cafeicultura, com os pesados gastos em gêneros alimentícios que teria para manter os colonos até a colheita. Com sérios prejuízos, ele passou o negócio adiante e foi morar em Petrópolis, onde conhecera sua mulher.

No entorno do antigo palácio de verão dos Orleans e Bragança, não havia mais duques, marqueses, condes, viscondes nem barões. Todavia, a cidade ainda reluzia como importante centro político, econômico e cultural. Para Jenny, voltar ao antigo retiro imperial significava ficar perto de sua mãe viúva. Seus dois irmãos já não residiam na cidade: Luís se transferira para Juiz de Fora, em Minas Gerais, e Roberto morava no centro do Rio de Janeiro, a capital da República.

Luís Gomes não conseguiu abrir outra janela de oportunidade. Com as economias que lhe restaram, comprou uma casa em Petrópolis. O pouco que lhe sobrou não daria para manter um padrão de vida sequer modesto. Assim, teria de encontrar emprego. Valendo-se dos amigos monarquistas, decidiu voltar ao jornalismo.

Em 7 de abril de 1891, o advogado baiano Rodolfo de Souza Dantas (1854-1901) havia fundado o *Jornal do Brasil*, um tablóide inovador, com oito páginas, cuja distribuição era feita por meio de carroças e com edições vendidas por pequenos jornaleiros. O veículo tinha correspondentes na Europa e nos Estados Unidos. Em Londres, o escritor Joaquim Nabuco (1849-1910), jornalista e diplomata, e o ex-diretor do Tesouro Nacional, João José do Rosário, eram seus representantes. Anos depois, Nabuco viria a ser o chefe de redação do jornal.

Criado alegadamente com o objetivo de não ser político ou de fazer política, como assegurou em seu primeiro editorial, o *JB* se revelou um crítico ferrenho do regime republicano. Sofreu represálias por isso. Em 14 de dezembro de 1891, teve sua redação invadida por um grupo de populares ensandecidos, estimulados por agentes republicanos. De tendência monarquista, o jornal havia publicado uma edição especial sobre a vida de Dom Pedro II, morto em Paris no dia 5 daquele mês, três dias depois de completar 66 anos. A direção do jornal pediu ajuda ao governo, que se esquivou, alegando "não dispor de meios para garantir a vida de jornalistas monarquistas".

Na realidade, o governo estava com o *JB* entalado na garganta pelas duras críticas que dele recebia – críticas tão afiadas que até o Diário Oficial da União publicou: "O *Jornal do Brasil*, na primeira campanha de repercussão desde o seu nascimento, contraria formalmente os interesses da República", diz Nelson Werneck de Sodré em *História da imprensa no Brasil*.

Aqueles eram tempos difíceis. Em abril de 1892, o ex-ministro Wandenkolk foi preso por ter-se rebelado contra o governo que representara. Solidarizando-se com o almirante, o *JB* publicou um *habeas corpus* em seu favor. O governo reagiu à iniciativa: fechou o matutino e mandou prender seu diretor, Rui Barbosa (1849-1923), que teve de fugir do país. O *Jornal do Brasil* reabriu em novembro de 1894, sob nova direção. Mas continuou carregando a tinta nas críticas ao governo republicano. Em 1895, publicava uma seção de cartas, interagindo com os leitores. Luís Gomes foi contratado para cuidar dessa coluna. E inovou. Ele próprio escrevia e enviava à redação cartas contendo críticas ao governo, publicadas sob o título "Do constante leitor, Luís Gomes".

O casal tivera dois filhos, Raul e Sérgio, prematuramente falecidos. Em Petrópolis, na casa que adquirira na Rua 7 de Abril, nasceu o terceiro filho do casal, Stanley. Um ano depois, em 20 de setembro de 1896, veio ao mundo Eduardo; no ano seguinte, Eliane Maria. Jenny cuidava dos afazeres domésticos, dos filhos e da mãe doente. Passara a infância e a adolescência na prosperidade, mas seus filhos não tiveram igual privilégio. Enfrentando as dificuldades comuns à classe média, muitas vezes foi levada a se desfazer de suas joias, por meio de venda ou penhora, para ajudar nas despesas da casa. Ela própria costurava as roupas que os filhos e o marido vestiam. Religiosa, não perdeu a fé na Igreja Católica ou nos ensinamentos cristãos que recebera quando criança. Todos os domingos, saía com a filha no colo, Eduardo pela mão e Stanley agarrado à barra da saia para assistir à missa na Igreja do Sagrado Coração de Jesus, na Rua Montecaseiros, no centro da cidade serrana.

Luís Gomes era ateu. Entretanto, não interferia na educação religiosa dos filhos e transmitia aos meninos os valores morais da época. Algumas vezes, descia a serra para ir à redação do *JB*, ocasiões em que levava junto o filho mais velho e a filha caçula. Enquanto Stanley perscrutava a redação, Eliane Maria brincava entre as mesas. Foi o que registrou Assis Chateaubriand (1892-1968), em 1945, em artigo publicado no *Jornal do Brasil*. Eduardo Gomes preferia ficar em casa folheando livros, hábito que cultivaria pelo resto da vida, ou vendo a mãe pedalar a máquina de costura. Em 7 de fevereiro de 1902, seu pai anotou em diário: "O Eduardo cortou os cabelos aos cinco anos e cinco meses". Em 29 de janeiro de 1905, registrou: "Morreu José do Patrocínio, meu amigo, aos 51 anos".

Magro e espichado, Eduardo ingressou com 6 anos no Colégio Werneck, o mesmo em que seu irmão já estudava em Petrópolis. Com 10 anos, demonstrou pela primeira vez seu senso de justiça. Na classe, estudava um menino humilde, apelidado de Vavá. Um dia, um dos alunos desenhou no quadro negro a figura de um burro com duas enormes orelhas e assinou o desenho com o apelido do garoto. Ao entrar na sala, o professor viu a caricatura no quadro e se dispôs a punir o autor da brincadeira, passando uma reprimenda em Vavá. Eduardo não se conteve, levantou-se da carteira e disse ao mestre que a admoestação era injusta, pois o autor do desenho fora outro. O professor perguntou-lhe o nome do verdadeiro autor. Eduardo calou-se, na expectativa de que o culpado se apresentasse. Este, no entanto, permaneceu calado. O mestre insistiu para que ele dissesse o nome do autor da brincadeira. "Isto, eu não farei", respondeu Eduardo. Resultado: como castigo, passou a aula toda de pé, no canto da sala, de costas para a classe, sem reclamar ou denunciar o colega autor da caricatura.

Ao concluir o ensino fundamental, Eduardo foi estudar no Colégio São Vicente de Paulo, que funcionava no antigo Palácio Imperial, como aluno do curso de Humanidades. Logo se destacou em matemática. Quando os colegas reclamavam do rigor das provas, o professor da matéria, Tomás de Aquino, dizia: "Falem com o Eduardo. Ele é um perfeito matemático".

O São Vicente de Paulo funcionava em tempo integral, com rotina semelhante à de escolas militares. As aulas eram anunciadas por um corneteiro. O colégio tinha mais de 400 alunos e alguns dos professores eram militares. Por suas atitudes gentis e disposição para ajudar os colegas com dificuldades em matemática, Eduardo foi indicado por seus pares para liderar o batalhão escolar. Nos eventos mais significativos do calendário nacional, o São Vicente de Paulo se incorporava aos demais colégios para desfilar em público. Eduardo puxava o desfile de sua turma e representava os colegas perante a direção do colégio, assessorado por um "Conselho Estudantil".

Altivo, disciplinado e respeitado, envergava uniforme alinhado, que refletia o zelo de sua mãe com os filhos e despertava elogios dos professores. Eduardo desfilava com garbo, parecia militar. Em 1913, houve um desfile no São Vicente de Paulo, em honra ao general José Caetano de Faria (1855-1920), ex-comandante da 1ª Região Militar e futuro ministro da Guerra. Ao notar sua atitude elegante, o homenageado comentou com o diretor do colégio:

— Aí está certamente um futuro oficial do nosso Exército.

O general era pai do primeiro-tenente José de Faria, instrutor no colégio. Em outubro de 1913, pouco antes de ser diplomado, Eduardo envolveu-se em ruidosa rebelião dos alunos. Motivo: o tenente José de Faria, estimado pelos estudantes, tinha sido transferido de volta ao quartel. Os rebeldes exigiam que ele só fosse removido da função ao término do ano escolar. Uma tremenda algazarra se formou no pátio do recreio, entremeada pelo estrépito da bateção nas carteiras das salas de aula. Foram três dias de manifestações. A agitação só serenou depois que o oficial retomou sua função no colégio, onde permaneceu até o fim do ano.

Mas o movimento estudantil não passou incólume pela direção do colégio. Uma comissão de professores foi nomeada para identificar e punir os líderes da rebelião. Não teve muito trabalho para isso, pois o aluno Eduardo Gomes se apresentou voluntariamente e chamou a si a responsabilidade pela agitação. A comissão disciplinar decidiu expulsá-lo do colégio. Contudo, por ele ter excelente desempenho escolar e por faltarem apenas dois meses para a colação de grau, a direção do educandário abrandou a punição, rebaixando-o de coronel-aluno a soldado-aluno. Como castigo adicional, somente lhe foi permitido colar grau depois de sua turma ter cumprido esse procedimento. No dia de sua diplomação, toda a turma prestigiou a cerimônia.

Ser advogado era o sonho da maioria dos jovens daquela época. Stanley passou no vestibular da Faculdade de Direito de Petrópolis. Eduardo não quis seguir os passos do irmão, pois desejava ser oficial do Exército. Mas não tinha ainda a idade mínima exigida para ingressar na academia militar. Mesmo assim, quis fazer o exame daquele ano. Seu pai o levou à Escola Militar de Realengo para inscrevê-lo no concurso. Dias antes, chovera no Rio de Janeiro. As ruas eram de terra batida. Pai e filho chegaram a Realengo com as botas e a barra das calças sujas de lama. Dois dias depois, o *JB* publicou carta do "constante leitor" dirigindo críticas ao governo "pelos verdadeiros atoleiros em dias de chuva" encontrados em Realengo.

Eduardo foi reprovado naquele exame experimental para a Escola Militar. Preparando-se para o segundo concurso, não deixou de socorrer os colegas que prestariam prova para a Politécnica, ministrando-lhes aulas de matemática. No final do ano, foi novamente reprovado no vestibular. Determinado a ingressar na academia, estudou mais ainda para o concurso de 1915. Em abril do ano seguinte, finalmente cruzou os portões da Escola Militar para efetuar sua matrícula no curso de Oficiais do Exército, depois de aprovado nas provas escritas e orais e também no exame de saúde.

Entrada do Rio de Janeiro pelo grande fotógrafo Marc Ferrez, *circa* 1875: tais foram as vistas testemunhadas pela jovem Jenny quando chegou ao Brasil com seus pais. De longe, a bordo do navio, e do interior das barcas que traziam os passageiros ao Cais Pharoux (atual Praça XV de Novembro), pois os grandes transatlânticos não podiam atracar, por falta de calado.

No hangar preparado para o jubileu de ouro do Correio Aéreo Nacional, no Campo dos Afonsos, fez-se uma longa fila dos que queriam cumprimentar Eduardo Gomes, sentado e tendo à sua esquerda o enfermeiro José. Na outra foto, o Brigadeiro sendo saudado pelo presidente João Figueiredo, cuja figura esconde parcialmente o rosto da aviadora pioneira Anésia Pinheiro Machado. Aparecem também, atrás do presidente, o brigadeiro Délio Jardim de Matos e, atrás do homenageado, o enfermeiro José, de óculos. Era 12 de junho de 1981, ocasião da última aparição e das derradeiras fotos de Eduardo Gomes, que faleceu no dia seguinte.

Fotos: Cecomsaer

Nos 50 anos do CAN, foi exibido o histórico K263 do primeiro voo, inclusive com encenação do ocorrido em 12 de junho de 1931. Outros aviões usados pelo Correio Aéreo foram os C-47, dois deles vistos em voo na foto. Abaixo, o célebre anfíbio Catalina, de enorme utilidade nas pistas aquáticas da Amazônia. A população ribeirinha e os indígenas recebem atenção continuada do serviço criado sob o comando de Eduardo Gomes e que contou com ele como piloto durante todo o seu tempo na ativa.

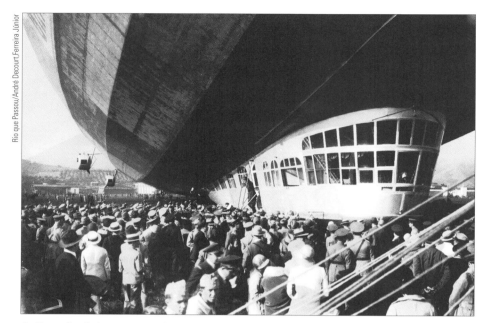

O Zeppelin fazia o serviço de correio aéreo Europa-Brasil, assim como a empresa francesa Aéropostale, ex-Latécoère, que realizava a rota do Correio do Sul, chegando até o Chile, desde meados dos anos 1920. Nas imagens, duas tomadas do que teria sido o primeiro voo do LZ-127 Graf Zeppelin no Campo dos Afonsos em 1930: assistido de longe e de perto pelos curiosos. O Zeppelin teria depois um hangar que ainda subsiste e pode ser visto da estrada Rio-Santos, no perímetro da atual Base Aérea de Santa Cruz (RJ).

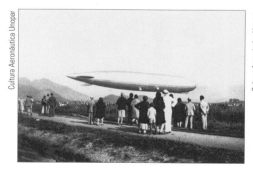

O jovem Eduardo Gomes em foto sem data.

9 DE AGOSTO DE 1935.
Em destaque no grupo, o legendário aviador francês Jean Mermoz (1901-1936), piloto da Aéropostale que foi herói de guerra e pioneiro dos voos noturnos, entre pilotos do CAN e seu comandante, Eduardo Gomes. À esquerda deles, Gabriel Geovanini e Henrique Dyott Fontenelle. À direita, Cantídio Bentes Guimarães, Marquês de Barral e Dirceu Paiva Guimarães. Mermoz fez o primeiro voo postal transatlântico sem escalas em 1930. A motocicleta fez parte da logística do Correio Aéreo, atuando em coleta e distribuição de malas postais e correspondências. No meio da mata, nos anos 1950, o Brigadeiro e o então tenente-coronel Protásio Lopes de Oliveira, de chapéus, buscam localização para implantar um aeroporto em São Gabriel da Cachoeira (AM).

2

Até 1904, a formação de oficiais do Exército era feita na Escola Militar da Urca. Naquele ano, uma rebelião de alunos e cadetes levou o Exército a desativar a antiga escola e, desde então, a formação de oficiais passou à responsabilidade da Escola de Guerra de Porto Alegre, no Rio Grande do Sul. Anualmente, um grupo de oficiais diplomados era mandado estagiar na Alemanha, país cujo alto padrão de ensino militar era referência no mundo. Por influência de um desses grupos de estagiários, o Exército criou a Escola Militar de Realengo, bairro vizinho ao Campo dos Afonsos, subúrbio do Rio de Janeiro, inaugurando-a em 1910. O modelo de ensino espelhava-se na instrução militar alemã. Entretanto, com a derrota da Alemanha na Primeira Guerra Mundial (1914-1918), o modelo de ensino foi substituído pela instrução no estilo francês.

Funcionando em regime de internato, a rotina na academia militar ia das seis da manhã às cinco da tarde. A primeira aula começava às sete horas e o fecho se dava à tarde com a instrução militar. Atividades esportivas, culturais, de lazer e recreativas também faziam parte do programa da escola. Após o jantar, os alunos e cadetes se dedicavam ao estudo suplementar. Às nove horas da noite, era servida uma ceia aos internos. Uma hora depois, soava o toque de recolher. Havia a escala de serviço de 24 horas no Corpo de Alunos. Os cadetes eram escalados para auxiliar o oficial de dia. A disciplina e a instrução eram rigorosas. Os alunos aprendiam a obedecer para depois saber mandar. A escola forjava o cidadão e a sentinela da pátria.

Nos fins de semana e em feriados longos, alunos e cadetes podiam ir para casa, salvo os escalados para o serviço. Com a proximidade das provas de fim de ano, muitos deles trocavam a folga pelo estudo de reforço, trabalhando em grupos e individualmente. Os primeiros dois anos na Escola Militar eram considerados os mais difíceis. O regulamento só tolerava uma repetência e duas disciplinas como dependências. Os desligamentos se davam por desistência voluntária, inaptidão para a carreira militar ou falta grave. No fim do segundo ano, os aprovados recebiam o espadim, símbolo do sabre de Caxias, passando para o terceiro período na condição de cadetes. No último ano, cursavam uma das quatro Armas – infantaria, artilharia, cavalaria ou engenharia –, ao fim do qual eram declarados aspirante-a-oficial e mandados para o estágio obrigatório em unidade operacional. Ao fim do estágio de um ano, eram promovidos a segundo-tenente, iniciando a carreira de oficial.

Eduardo Gomes foi o aluno número 254. Tinha boa estatura, 1m73, e pesava 53 quilos. Com as repetidas sessões de educação física, adquiriu musculatura. Imberbe, tinha boca pequena, cabelos e olhos castanhos claros, rosto oval e nariz aquilino. No segundo ano na academia, já era um rapagão cortejado pelas garotas do bairro. Em Petrópolis e Realengo, ele manteve namoros furtivos, como assinalou o *Jornal da Tarde* em matéria de 1981.

Subordinado à 4ª Companhia de Infantaria, ao fim do primeiro ano, sua melhor nota foi em matemática, 6,5. Nas demais, ficou pouco acima da média de aprovação, que era 4,5. Em 2 de abril de 1917, ao se apresentar após as férias escolares, passou a ser vinculado à 3ª Companhia de Infantaria. No início do ano, sentiu a vista prejudicada. Mandado a exame oftalmológico no Hospital Central do Exército, passou a usar óculos de grau; os médicos constataram que sofria de miopia em grau mínimo.

Cumprindo a tradição militar, o Exército reverencia publicamente os eventos mais significativos da história nacional. Uma dessas reverências é a Batalha de Tuiuti, travada na Guerra da Tríplice Aliança (1864-1870), popularmente conhecida como Guerra do Paraguai. Aconteceu em 24 de maio de 1866, nos pântanos do lago Tuiuti, em território paraguaio, e foi a mais sangrenta batalha daquela guerra, tendo envolvido mais de 50 mil homens, com baixas consideráveis dos dois lados. Nesse confronto, o então poderoso Exército paraguaio foi dizimado, revelando-se em batalha alguns heróis, como o brigadeiro Antônio de Sampaio (Infantaria), o general Manuel Luís Osório (Cavalaria) e o marechal Emílio Luis Mallet (Artilharia), que se tornariam patronos do Exército Brasileiro em suas respectivas Armas.

Em 1916, a Escola Militar de Realengo desfilou em memória da Batalha do Tuiuti. Puxou o desfile de sua turma, como sargenteante, função que cumpriu pelo período regulamentar de seis meses, o aluno 254, indicado pela própria turma. Suas obrigações eram verificar a presença, colocar os colegas em forma e apresentá-los aos chefes militares para o início das aulas. Além disso, era seu representante junto ao comando do Corpo de Alunos e ao comando da Escola Militar. Venceslau Brás (1868-1966), que foi presidente da República no período de 1914-1918, assistiu ao desfile público. "Agradavelmente impressionado com o garbo e a correção dos alunos", mandou elogiá-los. Seis meses depois, na data comemorativa da Independência, outra vez o aluno 254 liderou sua turma em desfile público. Venceslau Brás presidiu o desfile e renovou o elogio a alunos e cadetes, "pelo brilho e carinho com que preservam as esplêndidas tradições do viveiro de futuros generais".

O culto à religião católica era praticado na academia. Os católicos mais fervorosos eram chamados de "Vicentinos". Todos os domingos, eles assistiam missa na igreja de Realengo, celebrada por um padre de nome Miguel, que também praticava ações de benemerência na região. Os Vicentinos contribuíam com obras assistenciais, fazendo doações voluntárias em dinheiro, que recolhiam da cadetada. Anos mais tarde, o bairro vizinho de Realengo recebeu o nome de Padre Miguel, em homenagem ao caridoso pároco de origem espanhola, monsenhor Miguel de Santa Maria Mochon (1879-1947), que desde seus tenros 19 anos vivera à frente da paróquia, onde semeou escolas, bibliotecas e creches. O aluno 254 integrou o grupo dos Vicentinos.

Na turma de Eduardo Gomes, havia outras cabeças privilegiadas, como Luís Carlos Prestes, Antônio de Siqueira Campos, Lysias Rodrigues, Juarez Távora, Cordeiro de Farias e Nina Ribeiro – nomes que se projetaram na história do país. Siqueira e Eduardo tornaram-se grandes amigos, estudavam juntos e por horas trocavam ideias acerca dos problemas nacionais, sobretudo das mazelas sociais bem visíveis por ali, nos arredores da escola. A amizade dos dois seria selada com sangue e bravura em 5 de julho de 1922, no histórico levante do Forte de Copacabana, do qual participaram.

"Plenamente aprovado" com média geral 6, Eduardo ingressou no último ano de academia. Era agora o cadete 374. No início de 1918, coube-lhe saudar em nome dos cadetes veteranos os novos alunos que chegavam à Escola Militar, entre os quais se encontravam o cearense Humberto de Alencar Castello Branco (1897-1967) e o gaúcho Arthur da Costa e Silva (1899-1969), que décadas mais tarde seriam presidentes da República durante o Regime Militar.

Em 17 de dezembro de 1918, a turma de 1916 saiu aspirante-a-oficial do Exército. Eduardo Gomes optou pela Arma de Artilharia. Ele não foi o "zero um" da turma – isto é, o primeiro colocado no jargão militar –, mas saiu como o "zero sete". Ao longo dos três anos passados em Realengo, ajudou os colegas, inclusive de outras turmas, com aulas extras de matemática. Elegante e educado, tratava todos com fidalguia e camaradagem, como atestam os elogios em seu histórico militar. Mandado para o estágio obrigatório no 9º Regimento de Artilharia Montada, em Curitiba (PR), ali manteve a mesma postura. Ao fim do estágio, foi promovido e passou a servir no mesmo regimento.

A Escola Militar esmerava-se na formação profissional. Na parte operacional, havia um paradoxo: o Exército e a Marinha eram tratados como instituições de governo, e não de Estado. Historicamente, o país sofrera invasões e espoliações de suas riquezas naturais. No entanto, para cumprir o papel de defender a soberania nacional, as duas Forças eram sempre improvisadas. Segundo os historiadores, não havia conscientização do governo quanto à importância da defesa nacional. Com o desaparelhamento material, o Exército encontrava tempo para se dedicar muito mais às causas políticas e sociais do que à sua função constitucional. O quadro de deficiências materiais era enorme. Conforme diz o escritor Nelson Werneck Sodré em *História militar do Brasil*, "a cavalaria não tinha cavalos, a artilharia não tinha canhões, a infantaria não tinha fuzis".

O montepio militar era outra lacuna. O militar morto em serviço deixava a família desamparada. Para sanar a questão, o Império aprovou o Projeto Paranaguá em 1883. O Exército considerou a proposta inconsistente no atendimento à questão. O desamparo às famílias dos militares gerou críticas na imprensa. Como reação ao ceticismo do Exército em relação ao projeto proposto pelo Visconde de Paranaguá, que criava uma contribuição obrigatória para o montepio dos militares, o governo proibiu quaisquer membros das Forças Armadas de conversar com jornalistas. A determinação não calou a caserna. Em 1886, o coronel do Exército Ernesto Augusto da Cunha Matos desrespeitou a proibição e acabou censurado e preso, como já havia acontecido com o tenente-coronel Antônio de Sena Madureira três anos antes. O general Deodoro da Fonseca se achava no Sul, como Comandante das Armas do Rio Grande do Sul e presidente da província, e solidarizou-se com o coronel punido. Isso lhe custou o comando, imediato retorno ao Rio e uma transferência para o Centro-Oeste brasileiro. Para o historiador José Maria Belo, os militares, feridos nos seus brios, reagem com energia e despertam na classe maior coesão. E foi o que aconteceu nesse episódio, chamado de Questão Militar.

A Monarquia já havia perdido o alicerce religioso ao mandar prender Dom Vital de Oliveira, bispo de Olinda, e Dom Antônio de Macedo Costa, bispo do Pará, na crise aberta com a Igreja Católica pelo Visconde do Rio Branco em defesa da maçonaria. Agora, perdia o apoio militar. O incipiente movimento republicano se aproveitou da crise para ganhar espaço político. Três anos depois, o imperador Pedro II foi destronado. O governo republicano não aparelhou as Forças Armadas à altura das riquezas nacionais, para garantir a soberania do país, que continuariam exibindo deficiências.

Em 1919, quando assumiu o Ministério da Guerra no governo Epitácio Pessoa, o engenheiro civil e historiador João Pandiá Calógeras (1870-1934) ficou pasmo com a precariedade material que encontrou no Exército. Como civil, sua presença à frente do Exército também causou descontentamento na caserna. Até então, os generais estavam acostumados a servir exclusivamente a ministros militares. Mas a escolha dos ministros é privilégio do presidente da República, não havendo nenhuma norma constitucional que reserve os ministérios militares a oficiais de carreira. A oficialidade jovem compreendia isso, mas se incomodava com a falta de materiais de defesa modernos. Afinal, um artilheiro sem canhão e um marinheiro sem navio não têm razão de ser. Em seu livro, o historiador Boris Fausto diz que, no período, os tenentes se preocupavam também com a má qualidade da educação no país e sonhavam com uma política de reconstrução nacionalista. Embora não tivessem proposta concreta de reformulação institucional, os tenentes se tornaram um barril de pólvora prestes a explodir na defesa dos seus ideais.

A muito custo, em 1916 a Marinha implantara a Aviação Naval, usando para isso uma parte dos recursos orçamentários destinados à alimentação da tropa. O mundo estava em guerra e os submarinos alemães causavam prejuízos à economia, enlutando as famílias nacionais. A aviação era considerada vetor estratégico no patrulhamento da costa brasileira, como tinha previsto o próprio "Pai da Aviação", o mineiro Alberto Santos--Dumont (1873-1932). Em outubro de 1917, o Congresso apreciou o anteprojeto de criação de um serviço de defesa do litoral por meio de aerobotes. Contudo, a iniciativa não prosperou por falta de recursos. Em julho de 1919, o Exército adotou o avião como Arma, graças ao empenho político-administrativo do ministro Pandiá Calógeras.

Eduardo Gomes era primeiro-tenente nessa ocasião e comandava a 2ª Bateria de Artilharia do 9º Regimento. Com a criação da Escola de Aviação Militar, interessou-se em fazer o curso de Aviador. Era oficial de "muito boa conduta civil e militar inteligente, zeloso e dedicado ao serviço, com capacidade de comandar e estimado por seus colegas, estudioso, ponderado e metódico em suas funções", atestou seu comandante, o coronel João Nepomuceno da Costa (1870-1943).

Antes de ingressar na Escola de Aviação Militar, porém, atendeu a convocação para um exercício de adestramento na cidade paranaense de Piraquara. Ao fim da manobra, foi nomeado inspetor da Fortaleza de Paranaguá, na Ilha do Mel, litoral paranaense, uma fortificação de 1769. Somente no início de 1921 seguiu para o curso nos Afonsos. Nos exames médicos preliminares, a miopia o impediu de ser aviador militar categoria

"A". Mas os médicos o consideraram apto para o curso de Observador Aéreo – aviador militar categoria "B". Em 25 de fevereiro, iniciou o curso, saindo aviador no dia 6 julho, quando recebeu o diploma das mãos do próprio ministro Pandiá Calógeras.

Inicialmente, ele estagiou no Serviço Geográfico Militar. Depois, deu instruções na Esquadrilha de Aperfeiçoamento da Aviação do Exército, lá nos Afonsos, e na 1ª Brigada de Artilharia. Nesse período, reencontrou colegas de turma que também fizeram o curso de Observador Aéreo, como Lysias Rodrigues e Ivo Borges. Em janeiro de 1922, foi mandado ao Rio Grande do Sul como integrante da tropa da 1ª Brigada de Artilharia para um exercício militar. Dois meses depois, nos Afonsos, tornou-se instrutor na 3ª Esquadrilha de Observação.

O cenário político era tenso, sobretudo durante a campanha eleitoral. Em junho, Eduardo foi indicado para um curso no Centro de Instrução de Engenharia do Exército. Os ânimos políticos estavam mais exaltados nos quartéis por causa de uma carta anônima que chamava o marechal Hermes da Fonseca (1855-1923) de "sargentão sem compostura" e acusava os oficiais do Exército de "venais". A autoria da carta foi atribuída ao candidato do governo à Presidência da República, o mineiro Arthur Bernardes (1875-1955). Depois, constatou-se que tinha sido forjada por dois políticos da situação, Oldemar Lacerda e Jacinto Guimarães, "dois modelos de crapulice", segundo o historiador Afonso Arinos.

O governo tentava administrar a insatisfação militar quando ocorreu uma revolta popular em Pernambuco. O presidente Epitácio Pessoa mandou o Exército controlar o levante pernambucano. O marechal Hermes da Fonseca (1855-1923), ex-presidente da República e presidente do Clube Militar, exortou os militares a não reprimir a revolta. Epitácio Pessoa tomou a atitude do marechal como indisciplina, mandou prendê-lo e fechou o Clube Militar. A tensão nos quartéis robusteceu. Um levante foi planejado para estourar na madrugada de 5 de julho, no Forte de Copacabana, zona sul da cidade, como forma de revelar o inconformismo do Exército.

O Forte de Copacabana era uma construção poderosa. Projetada em 1808, no mesmo ano da chegada da família real portuguesa ao Brasil, ocupava posição estratégica na entrada da barra, principal ponto de defesa do setor Sul do Rio de Janeiro. Nos anos 1890, o Exército fez planos de modernizar a fortificação, em projeto de autoria do major engenheiro Augusto Tasso Fragoso (1869-1945). Mas a consecução da obra foi postergada. Anos depois, com Hermes da Fonseca à frente do Ministério da Guerra (1906-1908), o Exército ressuscitou o plano e o enviou à empresa Krupp, fabricante de armamentos pesados sediada em Essen, Alemanha, para atualização. Iniciada em janeiro de 1908, a obra foi concluída seis anos mais tarde, com o Forte ganhando *status* de mais avançada praça de guerra da América do Sul. Tinha Bateria Independente de Artilharia de Posição, Batalhão de Artilharia de Posição, Bateria do 4º Grupo de Artilharia de Costa, Bateria Isolada de Artilharia de Costa e quatro cúpulas móveis encouraçadas. Seus canhões de 305mm disparavam tiros com 23 quilômetros de alcance; os de 190mm chegavam a 18 quilômetros e giravam 360 graus; e os tiros de 75mm alcançavam 7 quilômetros, girando 180 graus. O Forte contava ainda com potentes holofotes para iluminação noturna, como diz o coronel Aníbal Barreto em seu livro *Fortificações do Brasil*.

Na antevéspera da insurreição, Hermes da Fonseca foi posto em liberdade. Em sua casa, recebeu a solidariedade de políticos e militares. No momento em que atendia a oficiais do Exército, o tenente Eduardo Gomes chegou à residência. Ali estava a pedido de Siqueira Campos e do comandante do Forte, capitão Euclides Hermes – filho do marechal –, para levar ao ex-presidente a notícia de que a revolta eclodiria no dia combinado. Hermes da Fonseca opôs-se à manifestação. Todavia, diante do argumento de que a revolta não seria cancelada, propôs-se a rumar para o Palácio do Catete, saindo da Vila Militar com uma tropa armada, para destituir Epitácio Pessoa. Dado o recado, Eduardo Gomes retornou para sua unidade nos Afonsos, já decidido a participar do levante. No dia seguinte, véspera da insurreição, apresentou-se ao comandante do Forte, unindo-se aos amotinados.

Na madrugada de 5 de julho, os alunos e cadetes da Escola Militar de Realengo foram despertados a toque de corneta e mandados entrar em forma para receber armas. Meio-sonolentos, indagaram ao instrutor, tenente Odylo Denis, o porquê da mobilização. A Escola Militar aderira à revolta. Naquela altura, contudo, o governo já sabia desses preparativos.

Quando nasceu o sol, os poderosos canhões de Copacabana foram municiados e as casamatas da fortaleza guarnecidas pelos tenentes Alcides Paulino da Franca Vellozo, Delso Mendes da Fonseca e Tales de Azevedo Villas Boas. Siqueira Campos deu o primeiro tiro, como sinal, para outras guarnições, de que o levante tivera início. Ao ouvir o estrondo do canhão no Palácio do Catete, onde se encontrava em alerta, o presidente Epitácio Pessoa consultou o relógio e comentou: "Estão atrasados em 20 minutos".

O tiro fora dado para o alto. Mas o único eco resultante fora o do seu próprio estrondo. Irritado com o silêncio das guarnições aliadas, Siqueira Campos disparou outros três petardos: dois em direção à Ilha de Cotunduba e um sobre a rocha do Forte do Vigia, no Leme. Um quarto disparo foi dado na direção do 3º Regimento de Infantaria, disparado pelo próprio comandante do Forte, com o objetivo de destruir a sala em que o ministro Calógeras assinara a ordem de prisão de seu pai. O alvo não foi atingido, mas sim uma casa da Rua Barão de São Félix, destruída pelo tiro, que matou três pessoas. Outros tiros destruíram parte das instalações do Palácio da Guerra e o pátio do 3º Regimento de Infantaria, causando outras vítimas. O intenso bombardeio varou a noite seguinte. Casas comerciais e residências foram atingidas, com mais mortos e feridos. Os tiros atingiram ainda o Batalhão Naval, a Ilha das Cobras, o Arsenal de Marinha e as entradas do Túnel Novo, onde tropas do Exército se movimentavam para silenciar as bocas de fogo do Forte. Depois de avaliar os estragos, o governo tentou um armistício. Sem sucesso. Então, a Fortaleza de Santa Cruz disparou seus canhões contra o quartel amotinado.

No comando de um canhão Schneider no pátio, o tenente Eduardo Gomes efetuou diversos tiros contra alvos estratégicos. Porém, os tiros disparados pelo outro lado não lhe permitiram manejar o canhão com total segurança. Naquela altura, o fogo já era cerrado e a cidade vivia um pandemônio. Então, junto com sua guarnição, empurrou a pesada peça que operava para o mar.

Nesse ínterim, na Vila Militar, o velho Hermes da Fonseca iniciara sua caminhada armada. Colunas de cadetes, lideradas por Juarez Távora,

Odylo Denis, Oswaldo Cordeiro de Farias, Canrobert Pereira da Costa e outros tenentes, ganharam as ruas do bairro que, anos depois, seria batizado com o nome de Marechal Hermes. No caminho, o contingente de cadetes recebeu a adesão de militares e civis. Ao chegar às imediações da grande avenida da Vila Militar, o grupo de jovens foi recebido a tiros de canhões Saint-Chermont das guarnições locais. Houve baixas entre os meninos, que, orientados pelos tenentes, recuaram. Informado do confronto na Vila Militar, segundo o escritor Fernando Jorge em *Getúlio Vargas e o seu tempo*, Epitácio Pessoa teria comentado com seus assessores: "Que decepção! Não sei o que mais me dói: se vê-la [a Escola Militar] revoltar-se ou se vê-la fugir!".

O país mergulhou no estado de sítio. O ministro Calógeras telefonou para o capitão Euclides Hermes para negociar o fim da rebelião. Este reuniu seus homens e deixou-os à vontade para optar entre render-se ou resistir. Sobraram cinco oficiais e 23 graduados e praças decididos a resistir. Eduardo Gomes ocupou os canhões de 75mm; Newton Prado, Mário Carpenter e Siqueira Campos, os de 190mm, enquanto o de 305mm ficou com Euclides Hermes. Em instantes, uma força naval estacionou na barra e abriu fogo contra o Forte de Copacabana. Euclides apontou seu canhão para os navios, mas a arma emperrou. Siqueira Campos engatilhou um dos 190, fez os cálculos mirando a torre e o convés do *São Paulo*, um dos navios, e disparou um certeiro tiro que obrigou o comandante do navio a deixar o combate. Três aviões da Marinha reforçaram o fogo naval, despejando bombas sobre o Forte. Mas a maioria dos petardos caiu na vizinhança, arrasando quarteirões.

O tenente Siqueira Campos ajustou o seu canhão para atingir o Palácio do Catete, mas não disparou. Na confusão do bombardeio naval, perdeu a tabela matemática de cálculo de tiro. Virando o canhão para os lados do Leme e usando cálculos de cor, disparou outro tiro certeiro, causando estragos e baixas no Forte do Vigia. Calógeras voltou a telefonar para Euclides e ameaçou arrasar a fortaleza caso os insurretos não se rendessem. Para tanto, usaria todo o potencial bélico de que dispunha. O capitão revidou dizendo que, se o governo assim procedesse, ele arrasaria a cidade com seus canhões. Assegurou que dispunha ainda de 80 toneladas de munições. O ministro insistiu na rendição. O capitão pensou melhor e pediu a presença de representantes do Exército para negociar o armistício. O major Egidio Moreira e o tenente Pacheco Chaves foram enviados ao Forte. Mas, no momento em que eram recebidos, aviões da Marinha despejaram mais uma leva de bombas sobre os amotinados. A trégua estava rompida. Os emissários de Calógeras só tiveram tempo de recuar.

Com o fracasso da negociação, o ministro da Guerra voltou a telefonar para o Forte e disse ao capitão Euclides que os pilotos navais não sabiam da trégua negociada. Propôs-se então a discutir pessoalmente com o capitão a rendição dos rebelados. Euclides Hermes consultou Siqueira Campos e Eduardo Gomes, que aprovaram o encontro. Combinaram, entretanto, que, se houvesse mais uma traição do governo, cumpririam a ameaça de bombardear a cidade.

Com um salvo-conduto, o capitão saiu do Forte, rumando para o Túnel Novo. Antes de se encontrar com o ministro, pretendia conversar com seu pai, que estava em Botafogo, detido na própria residência. Ao chegar à porta da casa, porém, foi preso. Levado para o palácio do governo, ali foi obrigado a telefonar para transmitir a Siqueira Campos o ultimato do governo: os rebeldes deveriam sair pela Avenida Atlântica, em coluna de um, desarmados e com as mãos para o alto, para se entregar.

Os amotinados se reuniram para decidir o que fazer. A luta estava perdida. Resolveram não bombardear a cidade, mas não iriam se entregar pacificamente. Siqueira Campos apanhou uma bandeira brasileira e com uma navalha cortou-a em vários pedaços, que distribuiu entre os que concordaram em resistir em praça pública. Um dos pedaços foi reservado para o capitão Euclides. Por fim, armados com fuzis e pistolas, cruzaram os portões de saída. Logo, o civil Otávio Correa, que conhecia Newton Prado e Siqueira Campos e passava pelo local, juntou-se ao grupo. Prado lhe passou um fuzil carregado e munição, ficando com a pistola que portava. O armamento que tinham não valia nada diante do arsenal que os aguardava. Mas estavam decididos a morrer lutando. Durante a caminhada histórica, Siqueira também portava sua pistola. Eduardo Gomes e os outros levavam fuzis nas mãos. Correia, Carpenter e Prado caminhavam pelo meio da rua, com Siqueira Campos à frente. Eduardo ia pela calçada.

Quando chegaram às proximidades do antigo Hotel Londres, esquina com Santa Clara, pararam e beberam água. Populares se aproximaram deles. Não acreditavam que aquele pequeno grupo de bravos estava determinado a lutar contra uma força militar que incluía tropas da brigada policial, do Exército, da Marinha e do Batalhão de Guarda do Palácio do Catete, que já vinham pela Rua Barroso (hoje Siqueira Campos).

Os dois lados se encontraram. O capitão do 3º Regimento de Infantaria, Pedro Crisol, ainda tentou convencer os amotinados a se render em nome do brio do Exército.

– Capitão, nós não viemos nos entregar. Queremos morrer combatendo contra vocês. É inútil, portanto, nos aconselhar – disse Carpenter.

– Vocês estão cometendo um ato de loucura – devolveu o oficial, que, dirigindo-se a Siqueira Campos, comentou:

– O que é isso, companheiro!

Siqueira gritou que não pertencia mais ao Exército e deu um tiro de pistola para o alto. O capitão correu para se proteger, ordenando ao tenente Segadas Viana, líder de outro grupo, que abrisse fogo contra "o bando de loucos", como conta Fernando Jorge.

Um veículo da Brasília Filmes, cujos ocupantes queriam filmar o combate, ficou no meio da fuzilaria. Atingido mortalmente, o motorista bateu com o veículo num poste. Um dos ocupantes do carro exibiu pela janela um lenço branco. O tiroteio continuou. No final, além do motorista morto, o dono da Brasília Filmes, Salvador Aragão, estava ferido pelo choque do carro contra o poste, o cinegrafista Giuseppe Palaia segurava com a mão direita o braço esquerdo também ferido na colisão e o auxiliar Adalberto Matos fora atingido no olho direito por uma bala perdida.

A ordem para o assalto final contra os rebeldes foi dada pelo coronel Tertuliano Potiguara, um dos comandantes da tropa legalista. Considerado um herói no Exército, em 1894, Potiguara combateu na Revolta da Armada e, em 1915, na campanha do Contestado. Lutou em 1918 na Batalha de Saint-Quentin, na França, quase no fim da Primeira Guerra Mundial, e por isso recebera do governo francês a medalha da Legião de Honra. Quando da publicação das cartas falsas ofensivas ao marechal Hermes e ao Exército, Potiguara liderou 120 oficiais, num movimento contra a diretoria do Clube Militar, que se opunha à intervenção do Exército na política.

Com as baionetas armadas, um pelotão avançou contra os rebeldes. O coronel João Nepomuceno da Costa, que fora comandante de Eduardo Gomes em Curitiba, ordenou fogo intensificado, apoiado pela 9ª Companhia do Regimento de Infantaria e pelo 3º Regimento de Infantaria. Um dos amotinados, o soldado Pedro Ferreira de Melo, caiu fulminado no chão. O grupo se separou; uns se entrincheiraram nas areias da praia, buscando a proteção da mureta da avenida, decididos a resistir. Os que correram para o outro lado foram logo fuzilados. O sargento José Pinto de Oliveira caiu ao lado de Mário Carpenter, atingido na cabeça. O civil Otávio Correia, irmão do futuro deputado Adalberto Correia, foi lançado para trás pelo violento tiro que recebeu no peito.

Do outro lado, Prado arrastou-se pela areia, buscando proteção, mas um sargento do Exército se aproximou sorrateiramente e rasgou seu abdômen a golpes de baioneta. Siqueira Campos, ferido no antebraço esquerdo, resistia. Outro sargento, Lindolfo Godinho, da polícia, avançou sobre seu corpo e também lhe enfiou a baioneta no abdômen. Instintivamente, o tenente disparou sua pistola, fulminando o sargento com um tiro certeiro na testa. Eduardo Gomes já fora derrubado pelo tiro de fuzil que levou no fêmur esquerdo. Prado ainda descarregou sua pistola contra um miliciano que se aproximava e o derrubou. Desarmados, ele e Siqueira foram agarrados por soldados do 3º Regimento de Infantaria. O coronel Potiguara impediu que os dois fossem estrangulados.

O combate durou 105 minutos, diria Eduardo Gomes mais tarde, em depoimento à Justiça. Os insubordinados feridos foram levados ao Hospital Central do Exército. Epitácio Pessoa resolveu fazer-lhes uma "visita de caridade cristã". Diante do corpo de Carpenter, o presidente sentiu a frieza do olhar silencioso da mãe do oficial, que chorava o filho morto. No seu governo, Carpenter comandara a guarda do Palácio do Catete. Havia conversado várias vezes com o presidente. O último diálogo ocorrera na véspera do levante, pouco antes de o tenente juntar-se aos rebelados.

O presidente prosseguiu na visita. Imóvel num leito, Siqueira Campos mantinha os olhos fechados e tremia de frio. Epitácio Pessoa fez menção de cobrir-lhe o corpo com uma manta. O tenente abriu os olhos. Ao reconhecê-lo, não suportou sua presença. Num gesto de aparente loucura, arrancou as gazes e a cinta que lhe cobriam o abdômen, deixando à mostra as vísceras. Em seguida, gritou para que tirassem o chefe da nação de sua frente.

Epitácio Pessoa passou para outro leito, enquanto médicos e enfermeiras corriam para atender o desesperado ferido. Com a cabeça apoiada nos braços e uma cinta de gaze envolvendo o peito, Newton Prado recebeu o governante com visível indiferença.

– Tanta bravura perdida numa luta inglória! Não seria preferível que a empregasse um dia em defesa da pátria? – comentou o governante.

– É a vida, presidente! – respondeu o tenente.

Prado morreria poucas horas mais tarde.

A seu lado, Eduardo Gomes permaneceu impassível. O presidente disse-lhe que conhecia seu pai, Luís Gomes, "um homem reto". E complementou:

– Como é que o senhor, ainda tão moço...

Eduardo Gomes não permitiu que o chefe do governo sequer terminasse a frase:

– Perdão, senhor presidente. Mas não há motivo para lamentações. De nada me arrependo. Sei que cumpri o meu dever.

Epitácio Pessoa o contemplou por breve momento. Em seguida, liderando seu *staff*, retirou-se do hospital, segundo narrou Paulo Pinheiro Chagas em *O brigadeiro da libertação*.

No dia 13 de julho de 1925, o Supremo Tribunal Militar (STM) julgou o recurso nº 713/1925, impetrado por um grupo de oficiais do Forte de Copacabana, acusados de desvio de dinheiro público. Naquele julgamento, o egrégio tribunal militar concluiu que o levante de julho de 1922 originara-se, na verdade, seis meses antes, ao aventar a hipótese de que o dinheiro desviado fora supostamente utilizado na preparação da rebelião.

Em janeiro de 1922, o principal acusado no processo, o tenente intendente Newton Prado, era o gestor de finanças da unidade e recebera uma verba para cobertura das despesas. Além de não pagar as contas, Prado ausentou-se do quartel, apresentando-se ao serviço uma semana depois. Com sua morte, em decorrência do levante, a ação penal foi considerada nula. Mas os demais oficiais denunciados responderam pelo crime de responsabilidade por omissão.

Em registro que consta da ata da sessão que julgou o recurso, o promotor sustenta que a rebelião foi planejada em janeiro de 1922; baseia-se no desvio do dinheiro público entregue ao intendente. Segundo o promotor, os demais acusados – o capitão Euclides Hermes da Fonseca e os tenentes Álvaro Cumplido de Saint'Anna, Thales de Azevedo Villas Boas, Antonio de Siqueira Campos, Alcides Paulino da Fonseca Velloso e Rodolpho Pereira dos Santos – não procederam de acordo com o Regulamento Disciplinar do Exército no crime de peculato praticado por Newton Prado. Siqueira Campos e Álvaro Cumplido estavam foragidos na ocasião em que o recurso de apelação foi julgado pelo STM.

O promotor sustentou que o levante originou-se em 24 de janeiro de 1922, quando o Conselho Administrativo do Forte, sob a chefia do capitão Euclides, reuniu-se e entregou ao tenente Prado sete contos, trezentos e dezessete mil, quatrocentos e oitenta e quatro réis (7:317$484), da dotação orçamentária da unidade, para que o intendente efetuasse pagamentos a fornecedores.

Três dias depois, em razão de viagem do comandante do Forte a serviço, Siqueira Campos assumiu o comando interino da unidade. Foi nesse período que Prado passou à situação de ausente, apresentando-se de volta no dia 2 de fevereiro de 1922. Onze dias depois, já de novo sob o comando do capitão Euclides, o Conselho Administrativo reuniu-se para exigir explicações de Prado sobre sua ausência. Segundo o promotor, o capitão Euclides não procedeu como mandava o regulamento disciplinar, incorrendo dessa forma em crime de omissão de responsabilidade, previsto no Código Penal Militar.

A defesa contestou tal argumento, sustentando que Euclides Hermes determinara a instauração da sindicância pelo desvio do dinheiro e que o inquérito havia seguido para a Auditoria Militar. De fato, isso aconteceu. A defesa indagou então aos juízes da corte se os denunciados teriam de fato procedido de forma irregular ao confiar ao intendente dita verba e sustentou que eles não agiram de má-fé, já que era praxe administrativa confiar ao gestor de finanças os recursos da unidade. Argumentou que Siqueira Campos, no exercício do comando interino, dera prazo ao intendente para prestar contas do dinheiro. O promotor quis saber por que o tenente peculatário não foi preso preventivamente. "Ora, não há quem ignore que a responsabilidade nos casos de peculato e desfalque não pode ser apurada antes da prestação de contas", respondeu a defesa, sustentando que, ao não prender preventivamente o intendente, Siqueira Campos evitou cometer um ato arbitrário.

A defesa pediu àquele Conselho de Justiça que impronunciasse os acusados por crime de responsabilidade, "porque assim o exige a Lei, o Direito e a Justiça". A decisão final do STM foi aceitar o pedido da defesa. A Promotoria Militar recorreu:

> O venerando despacho do Conselho de Justiça que impronunciou os acusados deve ser reformado, não só em vista da prova indiscutível da omissão criminosa por eles praticada, como das disposições claras da lei, segundo a qual a pronúncia se justifica pela existência material do delito e indícios veementes de quem seja o seu autor. Agindo contra a letra expressa do "Regulamento Interno de Serviços Gerais", entregaram uma importância pertencente à Nação ao falecido tenente Newton Prado [sic] para efetuar os pagamentos a fornecedores. Nem mesmo diante da confissão do dito tenente, de haver desviado a importância, tiveram contra ele o devido procedimento criminal. Demais, tudo leva a crer que a omissão foi dolosa, pois pouco tempo depois os acusados e o tenente peculatário foram companheiros na rebelião havida naquela fortaleza em 5 de julho de 1922. Quem sabe se por ocasião do fato em apreço já estavam os acusados e o peculatário em combinações sediciosas e assim, por conseguinte, unidos para um interesse comum?

Em 10 de dezembro de 1925, o STM julgou de novo o caso, manteve a impronúncia dos acusados e definiu:

Presentes todos os seus membros, o Doutor Promotor Orlando Carlos da Silva, adjunto em exercício, pelo Senhor Presidente foi aberta a sessão. Apregoados os nomes dos acusados, compareceram apenas o capitão Euclydes Hermes da Fonseca e o 1º tenente Alcides Pinheiro da França Velloso, achando-se os demais réus em lugar ignorado. Em seguida, passou o Conselho de Justiça Militar a funcionar em sessão secreta. Foram convidados os juízes a se pronunciarem [sic] sobre a mesma causa, e apurados os votos a começar do Doutor Auditor, verificou-se por unanimidade, foram os acusados absolvidos do crime que lhes foi intentado.

No dia 25 de janeiro de 1926, foi publicado o acórdão do Supremo Tribunal Militar:

(...) Por estes fundamentos, pois, e pelo mais que dos autos consta, acordam negar provimento a apelação interposta, para confirmar, como confirmam, a sentença do Conselho de Justiça que absolveu os réus, na conformidade de suas conclusões.

O caso foi encerrado. Nas páginas do processo, entretanto, vê-se claramente que, ouvido na sindicância aberta pelo Forte de Copacabana, que originou o IPM, Newton Prado confessa ter desviado o dinheiro público que lhe fora confiado. Porém, não revela em que empregou os recursos. Daí o Ministério Público ter deduzido que o dinheiro foi usado para comprar armas e munições para o levante. Chegou a essa conclusão reforçado pelo fato de que, no dia 6 de julho, pouco antes de o grupo rebelado sair à rua para enfrentar as tropas do governo, o tenente Newton Prado teria dito a curiosos que se encontravam na frente do Forte: "Se alguém quiser entrar, que entre; temos armas em abundância".

3

O estado de saúde de Siqueira Campos era grave – sofrera profundo ferimento na barriga e tivera o antebraço esquerdo amputado em razão do tiro de fuzil que levou durante o embate em Copacabana. O quadro de Eduardo Gomes não era menos delicado. O tiro recebido na altura da virilha fraturou e triturou o osso femural superior. Uma segunda cirurgia corrigiu de vez o deslocamento do osso coxal e parte da região ilíaca inferior. O *Jornal do Comércio*, edição de 9 de julho, comentou a segunda intervenção cirúrgica, realizada na noite anterior, quarta-feira, sem entrar em detalhes. Mas informou que o estado de saúde de Eduardo Gomes se agravara a tal ponto que os médicos tinham "pouca esperança de salvá--lo". Pouco a pouco, os tenentes se recuperaram, levando cada um os sinais e as sequelas que restaram: Siqueira Campos usaria uma prótese como antebraço; Eduardo Gomes exibiria pequeno claudicar da perna esquerda por vários anos.

A imprensa não arredou pé do hospital. No final do dia seguinte ao levante, o general Augusto Tasso Fragoso, nomeado presidente do IPM que investigaria as causas da rebelião e seus responsáveis, esteve no hospital militar para tomar o depoimento dos dois tenentes, acompanhado do capitão Milton de Freitas Almeida, o escrivão. Como advogado de Eduardo Gomes e Siqueira Campos, Stanley Gomes impediu que o depoimento se processasse. Baseando-se no precário estado de saúde de seus clientes, ponderou que nenhum deles tinha condições físicas ou psicológicas para se submeter a qualquer interrogatório naquele momento.

Depois de ouvir a opinião dos médicos que assistiam os dois pacientes, o general e o escrivão retiraram-se do hospital.

Um mês e pouco mais tarde, um repórter ludibriou a vigilância militar mantida sobre os dois revolucionários, que se encontravam à disposição da Justiça Federal desde 6 de julho. Diante de Siqueira Campos, imobilizado no leito, pediu detalhes do combate travado em Copacabana. Sabedor da introversão de Eduardo Gomes, que estava no leito ao lado, Siqueira fez uma graça:

– Pergunte ao Eduardo! Ele é quem melhor lhe poderá informar tudo!

Siqueira Campos era dado a fazer brincadeiras com o amigo. Em 1923, quando estava refugiado na capital uruguaia, foi informado de que provavelmente seria condenado por sua participação no levante de Copacabana. Em carta enviada ao capitão Euclides Hermes, carregou a missiva com o seu bom humor: "Quanto à minha defesa, deixei o Eduardo encarregado de fazê-la. Se eu for condenado, ele cumprirá a pena".

O espírito brincalhão caracterizava a forte amizade entre os dois colegas de turma. Eduardo Gomes, porém, era formal e não escondia a sisudez. Aceitava as brincadeiras de Siqueira sem retribuí-las; apenas sorria discretamente. Também não permitia intimidades de quem quer que fosse.

No hospital, ele não conversou com o repórter, ao contrário do que sugerira Siqueira. Era avesso a publicidade. Tinha plena consciência de sua implicação no levante. Nada alterava sua personalidade nem o levava a fugir das responsabilidades, como deixou claro perante a Justiça meses depois.

O presidente Nilo Peçanha (1867-1924) governara o país de junho de 1909 a novembro de 1910; substituíra o titular, Afonso Pena, que fora vítima de ataque cardíaco subsequente a grave quadro de pneumonia no Palácio do Catete. Depois de anos de atividades parlamentares, foi lançado candidato à Presidência pela Reação Republicana em 1921, mas foi derrotado nas urnas pelo mineiro Arthur Bernardes (1875-1955), consagrando-se a continuidade da política do café-com-leite. Advogado de formação, Peçanha somou-se a Stanley Gomes na defesa de Eduardo Gomes. Ao assistir à audiência preliminar, saiu do tribunal impressionado com a personalidade de seu cliente, que, ao narrar os detalhes de sua participação no episódio, não demonstrou arrependimento nem acusou ninguém, segundo o ex-presidente declarou à imprensa.

Eduardo disse ao juiz que, se necessário fosse, lutaria de novo pelo mesmo ideal, pois acreditava ser este o dever de qualquer cidadão diante de ameaças à Constituição. Idêntico pensamento tinha Siqueira Campos, que certa vez dissera:"À pátria tudo se deve. À pátria nada se deve pedir. Nem mesmo compreensão".

Preocupado com os companheiros do movimento sedicioso, Eduardo soube que os cadetes rechaçados na Vila Militar seriam expulsos do Exército, assim como os militares que reforçaram a marcha do marechal Hermes. Disseram-lhe também que muitas famílias dos graduados implicados com a Justiça estavam passando necessidades. Numa visita que sua mãe lhe fez no hospital, pediu que ela encontrasse uma forma de ajudar essas famílias. Ao irmão, solicitou que defendesse os cadetes.

Dona Jenny procurou líderes influentes, empresários e políticos que simpatizavam com as causas dos tenentes, para angariar doações financeiras. Com o dinheiro, criou um fundo assistencial de ajuda às famílias dos ativistas. O mesmo fundo ajudaria inclusive os que se envolveram depois com a rebelião de 1924, em São Paulo, e reforçaria a articulação do movimento revolucionário de 1930.

Não foi a única. A gaúcha Nuta Bartlett James (1885-1976), que estudou no Colégio Sion de Petrópolis na época em que Eduardo ingressava no Colégio Werneck, também ganhou destaque por defender os revolucionários. Casada com o deputado federal Bartlett George James, Nuta abria a própria casa no bairro de Todos os Santos, no Rio, para os adversários políticos de Epitácio Pessoa sem temer consequências. Alinhada à causa tenentista, colaborou com a Revolução de 1924. Anos mais tarde, ajudou a fundar a União Democrática Nacional (UDN), o partido de oposição ao governo.

Com três meses no hospital, Eduardo foi examinado por uma junta médica. No dia 17 de outubro de 1922, sua licença para tratamento de saúde foi prolongada por mais 60 dias. Recebeu alta no mês seguinte e foi transferido, preso, para uma unidade da Marinha. Desde então, durante bom tempo, não veria seu amigo Siqueira Campos, preso em outra unidade. Mas os dois continuaram em contato, através de Stanley Gomes, que entrou com pedido de *habeas corpus* no Supremo Tribunal Federal (STF) para ambos poderem responder ao processo em liberdade. O STF concedeu o recurso, sob o compromisso de os beneficiados não se envolverem com ações contrárias ao governo.

Em liberdade, Eduardo dedicou-se a ouvir alunos e cadetes excluídos da Escola Militar de Realengo. Seu irmão defendeu os jovens na Justiça, reivindicando a volta deles à Escola Militar. Contudo, perdeu a causa. Eduardo passou a se sentir culpado pelo fim da carreira dos cadetes. Continuaria a defender a volta deles ao Exército, objetivo que seria alcançado em 1930, com a vitória da revolução de 3 de outubro, que levou Getúlio Vargas ao poder.

A liberdade concedida pelo STF durou pouco. Subordinado ao Departamento de Pessoal do Exército, no dia 29 de dezembro de 1922, Eduardo foi pronunciado pelo juiz Vaz Pinto, da 1ª Vara Federal do Rio de Janeiro, como incurso no Artigo 107 do Código Penal, pelo crime de lesa-pátria – "tentativa de mudar a Constituição e a forma de governo no país", como assinalou o juiz em despacho. O indiciado não esperou ser preso e fugiu, caindo na clandestinidade. Poucos dias antes, correra um boato informando que o presidente Arthur Bernardes assumira o governo já trabalhando no bastidor para que todos os que tinham participado do levante fossem condenados pela Justiça ao grau máximo. Se de fato fossem condenados a pena máxima, os tenentes perderiam as patentes e seriam expulsos do Exército. Para os advogados de defesa, se isso se confirmasse, seria uma "injustiça clamorosa". Estavam convencidos de que seus clientes pretenderam apenas "tomar um desforço violento contra Epitácio Pessoa", sem a intenção de derrubar a Carta Magna e o regime. Para Arthur Bernardes, o levante tivera o objetivo de impedir sua posse.

Com os acusados foragidos, os processos contra eles correram normalmente à revelia. Em fevereiro de 1923, Siqueira Campos cruzou o Sul do país e exilou-se no Uruguai. Juarez Távora refugiou-se em Ponta Grossa, no Paraná, em casa de um tenente seu amigo do 13º Regimento de Infantaria. Eduardo Gomes fugiu para o Mato Grosso, onde foi acolhido na fazenda Taquaruçu, da família do marechal Bento Ribeiro, no município de Três Lagoas. Usando o nome falso de Eugênio Guimarães, sobreviveu na clandestinidade dando aulas particulares de matemática para jovens estudantes da cidade. Na ocasião, foi instaurado outro processo militar contra ele e os outros dois tenentes, por crime de deserção.

Empresários, políticos e jornalistas que apoiaram o levante saíram ilesos dos processos a que responderam na Justiça. Entre os militares, 84 oficiais do Exército – 57 dos quais tenentes e 19 capitães – foram julgados e condenados. Os líderes do levante foram sentenciados a mais de dois anos de prisão em regime fechado. A defesa recorreu, mas sem sucesso: foi mantido o enquadramento no artigo 111 do Código Penal. Eduardo Gomes foi denunciado pelo procurador criminal da República no dia em que completou 31 anos: "O primeiro-tenente Eduardo Gomes foi dos mais ativos e eficientes colaboradores da revolta do Forte, tendo confessado que para essa praça de guerra se dirigiu com o fito exclusivo de auxiliar seus camaradas, havendo com esse intuito assumido o comando da torre 6, com a qual fez vários disparos".

O levante de Copacabana originou o Tenentismo, corrente política formada por jovens oficiais contra a situação dominante. Para os historiadores, a insubordinação não tivera pretensões políticas e ficara restrita ao Rio e a Mato Grosso. Os revolucionários foragidos continuaram na clandestinidade. Dois anos depois, reforçaram os preparativos para a Revolução de 1924, em São Paulo, esta, sim, de conotação política. A Força Pública de São Paulo (atual Polícia Militar), que combatera os rebeldes mato-grossenses em 1922, apoiou a nova insubordinação militar.

A Revolução de 1924 começou a nascer no governo do paulista Prudente de Morais (1841-1902), o primeiro presidente civil do país, que governou no período 1894-1898, quando a oligarquia cafeeira assumiu o controle da República. Na década de 1920, a elite perdeu influência política em face da industrialização do país. Mas outras bandeiras desfraldadas pelos tenentes alimentavam o movimento, entre as quais a adoção do voto secreto para acabar com as fraudes eleitorais e a melhoria da qualidade do ensino público. O país vivia em grave recessão econômica, que forçou o governo a tomar empréstimos à Inglaterra. Para conceder o empréstimo, Londres exigiu que a economia brasileira fosse submetida ao controle dos fiscais britânicos. O governo federal concordou com a ingerência inglesa na economia, fato que abasteceu o clima de insatisfação da oposição. Os revolucionários foragidos também discordaram da decisão do governo. Estimulados por Nilo Peçanha, os tenentes passaram a conspirar com regularidade nos fundos do Hospital Pedro Ernesto, no Rio.

Na capital de São Paulo, o clima de descontentamento predominava entre a maioria dos 700 mil paulistanos da época. A insatisfação popular decorria da truculência com que o governador Washington Luís se conduzia para fazer seu sucessor no estado paulista. As greves operárias romperam com a calmaria na cidade e foram reprimidas com violência pela polícia civil, com o registro da morte de um operário. A alta da inflação robustecia a insatisfação popular, assim como a ingerência estrangeira na economia nacional.

Em fins de 1923, o capitão do Exército Joaquim Távora, irmão de Juarez Távora, percorreu unidades militares em São Paulo e contatou seus colegas do Sul, articulando a revolução. Participante ativo do levante de 1922 em Mato Grosso, onde servia na ocasião, Távora abrigou-se na residência de um tenente do Grupo Independente de Artilharia Pesada de Quitaúna, localizado em Osasco (SP). Em São Paulo, os conspiradores reuniam-se num aparelho da Rua Vauthier, no Canindé, e na Travessa da Fábrica, no centro velho da cidade. Este último era o ponto de Eduardo Gomes, Juarez Távora e dois ex-cadetes da Escola Militar – Emídio da Costa Miranda e Diogo Figueiredo Moreira Júnior – e outros conspiradores.

Apoiada por políticos e empresários paulistas, a Revolução de 1924 tinha como objetivo inicial tomar os quartéis da Força Pública, no bairro da Luz, e controlar as secretarias de Estado e o palácio do governo, disparando suas operações no Regimento de Cavalaria e no 4º Batalhão de Caçadores, apoiados pela artilharia de Quitaúna. A tomada da telefônica, do telégrafo e da estação ferroviária fazia parte dos planos revolucionários. A invasão de dois batalhões de infantaria da Força Pública, Corpo de Bombeiros, Secretaria de Justiça, Palácio do Estado e quartel-general da Guarda Cívica, sediados na região da Luz, caberia aos amotinados do 4º Regimento de Infantaria de Quitaúna. As ações seguintes previam consolidar as posições conquistadas e avançar sobre outras forças do governo.

Liderando um contingente, o capitão Joaquim Távora marcharia pela ferrovia rumo a Barra do Piraí, incorporando pelo caminho os militares comprometidos com a revolução. Outro destacamento rebelde seguiria de trem para Santos para ocupar o porto. Se por qualquer motivo os planos falhassem, as tropas em marcha deveriam abrir trincheiras na Serra do Mar para tentar barrar a progressão das forças legalistas que avançassem do litoral para São Paulo. A preocupação rebelde era evitar o sacrifício da população civil e a destruição da cidade, precaução que se revelaria inócua.

Com tudo planejado, o capitão Távora seguiu para o Rio de Janeiro e apresentou os planos ao chefe da revolução, general reformado Isidoro Dias Lopes. O assalto, marcado para 28 de maio de 1924, foi adiado pelo general em um mês. Na nova data, porém, a revolução também não aconteceu. Somente às duas da madrugada de 5 de julho – data dos 18 do Forte de dois anos antes –, Joaquim Távora e Eduardo Gomes deixaram a casa do Canindé e marcharam para Santana, zona norte da capital, onde já se encontravam seus companheiros, iniciando a revolução.

Numa operação silenciosa, os quartéis pré-selecionados foram tomados. O major Miguel Costa, da Força Pública, invadiu o Regimento de Cavalaria; Castro Afilhado e Índio do Brasil subjugaram o 4º Batalhão de Infantaria da Força Pública; Thales Marcondes e Estillac Leal tomaram o 2º Batalhão de Infantaria; e João Batista Netrini e Eduardo Gomes renderam o 1º Batalhão de Infantaria da Força Pública. Estes últimos ainda tiveram que superar um imprevisto: os sargentos do batalhão desconfiaram e reagiram. Os dois rebeldes contornaram a contrarreação.

O governo paulista mobilizou suas forças, reduzidas ao 3º e 5º Batalhões de Infantaria, ao Corpo de Bombeiros e à Guarda Cívica, cerca de 1.500 homens; a revolução contava com mais de 2.600 homens e bom arsenal em armas automáticas, dois canhões de 105mm e munição à vontade. Houve desistências, no entanto. Logo no início, o 4º Regimento de Infantaria de Quitaúna, que se comprometera com o levante, manteve-se leal ao governo. Outro fato que enfraqueceu a revolução foi o contra-ataque assestado aos irmãos Távora pelos quartéis invadidos. Os dois foram presos. Seguiram idêntico destino Castro Afilhado e Índio do Brasil. Isso obrigou os revolucionários a mudar os planos originais e a partir para a luta armada em via pública.

Os canhões do governo abriram fogo contra os quartéis dominados pelos rebeldes. No comando de uma guarnição do 2º Grupo Independente de Artilharia Pesada, Eduardo Gomes deslocou uma peça para o pátio da unidade, fez os cálculos matemáticos, tomando o cuidado de não atingir o exato local onde seus companheiros se achavam aprisionados, e abriu fogo, priorizando o ataque contra o Batalhão de Infantaria, o Comando-Geral da Força Pública, o Palácio do Governo, a Secretaria de Agricultura e a zona do mercado, nas proximidades da Avenida do Estado, perto do Parque Dom Pedro, onde estavam as tropas reservas do governo. Do alto do Hotel Terminus, Estillac Leal monitorava o movimento na cidade, orientando os tiros do colega artilheiro. O bombardeio rebelde fez as tropas legalistas do Largo do Tesouro debandar. Eduardo Gomes virou o canhão para as ruas João Teodoro e Avenida Cantareira, tirando de combate uma das peças da artilharia adversária. Juracy Magalhães recordaria essa passagem no livro *O último tenente*:

> Essa eficácia formidável e ponderada da artilharia revolucionária aniquilou inteiramente as veleidades de ofensiva, que animavam as forças governistas, fazendo vitoriosa a revolução dentro de São Paulo. O presidente do Estado, seus auxiliares civis e os generais do Exército abandonaram imediatamente a cidade, rumando para Guaiaúna.

Da estação ferroviária de Guaiaúna – um bairro então nos limites da capital, próximo à Estação de Vila Matilde e da Penha –, o governador Carlos de Campos, que Washington Luís apoiara, liderou a resistência, assessorado pelo general Abílio de Noronha, comandante da 2ª Região Militar. Na capital paulista, os revolucionários, senhores da situação, cresceram mais ao receber as adesões do 2º Grupo de Artilharia de Montanha de Jundiaí, 5º Batalhão de Cavalaria de Rio Claro, 4º Regimento de Artilharia Montada de Itu e dos remanescentes da infantaria e da artilharia de Quitaúna. No norte e no leste da cidade, porém, o governo já somava mais de 18 mil combatentes, três vezes mais que os rebeldes. Além disso, uma coluna mineira marchava a noroeste e o Destacamento Azevedo Costa, de Itapetininga, cobria o sul, totalizando 30 mil homens.

Com vantagem numérica, o governo contra-atacou nos bairros da Penha e do Ipiranga.

O comando da revolução decidiu localizar a origem dos tiros para responder aos ataques. A solução seria usar um avião para descobrir o local exato das posições contrárias e orientar sua artilharia. Um grupo rebelde tomou o Campo de Marte e sequestrou aviões. Mas apenas dois aparelhos se encontravam em condição de voo. A pioneira aviadora paulista Anesia Pinheiro Machado (1902-1999), que no início da revolução lançara flores do alto, clamando pela paz, envolveu-se com a revolução. No dia 13 de julho, decolou do bairro de Santana, tendo Eduardo Gomes como observador aéreo, e sobrevoou a Penha, o Ipiranga e a Vila Mariana. Esticando o voo até Sorocaba e Santos, ambos observaram as tropas legalistas nessas cidades e lançaram panfletos, pedindo à população local que aderisse à revolução.

As tropas do Exército avançaram mais sobre os rebeldes, disparando tiros que danificaram prédios e casas da cidade, o que obrigou metade da população a fugir para o interior. Os rebeldes recuaram, mantendo a esperança de receber apoio das unidades que haviam prometido apoio à causa. Em vão. Em artigo publicado no jornal *O Globo*, em 1927, Juarez Távora afirmou que eram 57 as guarnições do Exército comprometidas com a revolução. Mas apenas pouco mais de 10% delas confirmaram a adesão.

Ao contrário do irredutível governador Carlos de Campos, que preferia sacrificar a cidade a aceitar as condições dos revoltosos para um armistício, os rebeldes preferiram poupar São Paulo, já gravemente ferida pelos tiros de obuses e bombardeios aéreos, e seguiram de trem para Campinas. Levaram a artilharia e suas guarnições, munições, metralhadoras, infantaria e cavalaria, viaturas, cavalos, tudo embarcado com incrível rapidez, como narrou o jornalista Sérgio Rubens de Araújo Torres, no jornal *Hora do Povo*. Antes de partir, fizeram uma chuva de panfletos de agradecimento à população paulistana:

> Assim, pois, no desejo de poupar São Paulo de uma destruição desoladora, grosseira e infame, vamos mudar a nossa frente de trabalho e a sede governamental. Avante paulistas, que a hora da liberdade se aproxima! Deus vos pague o conforto e o ânimo que nos transmitistes.

O resultado do confronto armado mostrava-se dramático: cerca de 500 mortos, 5 mil feridos e 1.182 prédios destruídos. Alguns historiadores dizem que, na verdade, foram destruídas ou danificadas 2 mil edificações, das quais 103 casas comerciais e indústrias. Entre os mortos estava o capitão Joaquim Távora, covardemente traído na retomada do 5º Batalhão de Infantaria da Polícia Militar. O pendão dos revoltosos voltou a tremular nesse quartel, mas o custo foi alto. O mesmo jornalista Sérgio Rubens de Araújo Torres registra um relato da época sobre como tombou o capitão, alma da rebelião desde seu início.

> Vendo que a resistência era inútil, os legalistas acenaram o lenço branco. Aproximou-se do quartel um pelotão de rebeldes comandados por Joaquim Távora. Os defensores da lei, com flagrante deslealdade, atiraram sobre aquele oficial, atingindo-o em cheio no peito. O capitão Távora, dois dias depois, falecia no Hospital Militar.

A derrota da revolução ocorreria mais dia ou menos dia. Os rebeldes tentaram então negociar a paz em troca de anistia, inclusive para os amotinados de 1922. O governador paulista, mais uma vez, não aceitou a proposta: "A granada é a nossa resposta", ameaçou.

Num último esforço para reverter a situação, Eduardo Gomes se ofereceu para executar um plano audacioso: a bordo de um avião, ele atiraria sobre a cidade do Rio de Janeiro folhetos de propaganda favoráveis à revolução e uma bomba sobre o palácio do governo. O avião da aviadora paulista Tereza de Marzo (1903-1986), um Curtiss *Oriole*, foi preparado com peças e componentes retirados de outro Curtiss, do aviador Edu Chaves, e tanque de combustível suplementar instalado para suportar o longo voo. Em 22 de julho, Carlos Herdler e Eduardo Gomes decolaram do Campo de Marte, sabendo que o combustível daria apenas para a viagem de ida. Se tudo desse certo, na volta, já nas imediações da Serra das Araras, eles teriam de encontrar um campo qualquer para pousar e se evadir. Mas a bruxa estava solta. No voo de ida, quando sobrevoavam o município de Cunha, em território fluminense, o Curtiss apresentou pane mecânica. Herdler teve de pousar o avião em um pântano.

Ao ver o avião "caindo", os moradores da cidade correram para o local, inclusive o delegado de polícia.

– Não se aproximem! O avião pode explodir a qualquer momento! – alertou Eduardo Gomes, detendo a autoridade e os populares.

Após identificar-se como oficial do Exército, disse que estavam em missão, alertou o delegado sobre a carga explosiva e pediu-lhe que interditasse a área, enquanto os especialistas do Exército não chegassem. O delegado isolou a área e providenciou cavalos para os dois aeronautas, que caíram na estrada. A meio-caminho, a dupla decidiu seguir a pé, de volta para terreno paulista, para não deixar rastros, e se internou na mata. Os dois andaram um dia inteiro e mais um pouco. Na cidade de Guaratinguetá (SP), refugiaram-se na fazenda de um colega de Eduardo Gomes. Dormiram o dia todo. À noite, caíram de novo na estrada, ou melhor, na mata, cada um tomando uma direção: Herdler de volta à capital paulista; Eduardo para o Rio de Janeiro, onde se abrigou na casa de seu tio Roberto, irmão de sua mãe, que, informada, foi ao seu encontro.

Eduardo Gomes tentou se comunicar com seus companheiros, para informar o fracasso do voo e se inteirar da situação em São Paulo. Mas os rebeldes já marchavam para o interior do país, na célebre caminhada da Coluna Miguel Costa-Prestes, que terminaria na Bolívia. Ele quis se juntar à coluna. Seu irmão, sempre solidário, deu-lhe os próprios documentos e o embarcou num navio da Companhia de Navegação Costeira. No dia 4 de agosto, o navio chegou à capital catarinense. Um sargento do Exército reconheceu-o no convés e o denunciou à polícia local. Escoltado de volta para o Rio, foi trancafiado numa Casa de Correção.

Stanley Gomes ingressou no Supremo Tribunal Federal com um pedido de *habeas corpus* para que seu irmão respondesse ao processo em liberdade. O pedido foi negado na sessão de 27 de agosto. O ministro Edmundo Muniz Barreto – filho de militar e jurista conservador – declarou em seu voto: "Este homem não há de ser glorificado", segundo publicou o *Jornal do Brasil* de 22 de dezembro de 1974.

No dia 29 de dezembro daquele ano, Eduardo Gomes recebeu pena do Conselho de Justiça do Exército pelo crime de deserção: 7 meses de prisão. Transferido para um quartel do Corpo de Bombeiros, no Campo de Santana, ali permaneceu preso, proibido de receber visita até de seu advogado. Diariamente, dona Jenny ia ao quartel dos bombeiros para tentar ver o filho, mesmo que de longe, à hora do banho de sol dos presos. Um dia, ela se aproximou do oficial de dia e disse-lhe que gostaria de entregar ao filho um litro de leite que trouxera. Realmente, tinha trazido o litro de leite, mas como pretexto para se aproximar do filho. O oficial não permitiu e se propôs a entregar o litro de leite. Aquela mãe, solidária com os ideais de seu filho, pôde apenas acenar para ele de longe.

Em janeiro de 1925, Luís Gomes, com mais de 70 anos, morria lentamente de complicações respiratórias. Seu estado de saúde agravou-se. O neto de Félix Peixoto estava à beira da morte. Stanley ingressou na Justiça com uma petição para que seu cliente visitasse o pai gravemente enfermo. Pedido negado. Luís Gomes morreu em 15 de janeiro. No mesmo dia, Stanley requereu à Justiça que seu irmão pudesse assistir ao enterro do pai. Mais uma negativa.

No fim da manhã de 21 de janeiro, depois de assistir à missa de sétimo dia pela morte do marido, dona Jenny foi ao quartel dos bombeiros. Não lhe foi permitido dar um abraço no filho. Ela não suportou, duplamente abatida pela dor. Suas lágrimas sensibilizaram o oficial de dia, que lhe contou que três dias depois Eduardo seria transferido para São Paulo, onde responderia à Justiça Federal por sua participação na Revolução de 1924. O embarque se daria na estação ferroviária da Central do Brasil. No dia aprazado, ela e Stanley foram à gare. Eduardo estava sob forte escolta. A pobre mulher fez menção de correr para o filho, mas foi barrada e pôde apenas acenar para ele, gritando que o amava muito.

Em São Paulo, Eduardo Gomes foi condenado a seis meses de prisão e encarcerado em cela da Hospedaria dos Imigrantes, usada no período como presídio político, na Mooca. Em outubro de 1925, ganhou a liberdade e retornou a Petrópolis. Em 23 de novembro, o Exército liberou os salários retidos de Eduardo Gomes; afinal, ele ainda vestia a farda militar. Por procuração, sua mãe recebeu os salários atrasados. A pedido do filho, ela destinou parte do dinheiro a uma missão religiosa do Centro-Oeste, para patrocinar a ceia de Natal dos religiosos naquele ano.

Eduardo achava que passaria o fim de ano em Petrópolis, no Edifício Centenário, no centro da cidade, junto com a mãe, os irmãos, a cunhada Francisca, que ele chamava de Chica, e os sobrinhos. Mas, no dia 2 de dezembro, foi novamente preso para responder pela rebelião do Forte de Copacabana. O Natal e o Ano Novo foram passados atrás das grades, no Regimento de Cavalaria Divisionário, em São Cristóvão, no Rio.

Sentindo-se inúteis para o que acontecia fora da prisão, em março de 1926, Juarez Távora e Carlos Saldanha da Gama Chevalier, presos no mesmo quartel, pelo mesmo motivo, planejaram com Eduardo Gomes fugir do regimento. Dona Jenny foi chamada a colaborar com a fuga e levou-lhes pequenas serras de aço para que pudessem cortar as grades. À uma e quarenta da madrugada de 22 de abril de 1926, eles serraram as grades e escaparam da cela. Mas a fuga durou pouco. O oficial de dia, primeiro-tenente Vítor Bastos da Silva, fazia sua ronda noturna e verificou a evasão dos presos. Imediatamente, deu o alarme. A guarda de serviço conseguiu interceptar os tenentes quando ainda estavam no pátio do quartel, a poucos metros do Corpo da Guarda.

O comandante da unidade foi informado da tentativa de fuga. Diante dos presos recapturados, iniciou uma reprimenda aos três. Eduardo Gomes não deixou o coronel prosseguir e sustentou que a fuga era "um direito de qualquer preso". Resultado: um novo inquérito policial militar foi instaurado contra os três por tentativa de fuga.

O governo reforçou a vigilância sobre os presos políticos. Certa manhã de maio de 1926, 26 indiciados que se encontravam presos no Regimento de Cavalaria Divisionário receberam ordem de arrumar suas coisas. Sob forte escolta, todos foram levados ao cais do porto e embarcados num navio. Cada um dos prisioneiros levava às costas um saco de roupas e pertences pessoais. Muitos estavam barbados, vestiam farda, trajes civis ou pijamas. Alguns estavam descalços. A aparência deles não lembrava mais os idealistas de antes. Eram homens nascidos em diferentes regiões do país, engenheiros, cavalarianos, infantes e artilheiros, jovens e velhos, de tenentes a generais. Com o sol raiando e já em águas oceânicas, foram informados de que seguiam para a Ilha de Trindade, a 1.200 quilômetros do litoral do Espírito Santo, a leste de Vitória, pedaço de terra perdido no meio do mar, a caminho da África, que o governo Arthur Bernardes transformara em presídio.

A Ilha de Trindade, com seus 9,2 quilômetros quadrados de área, é uma das principais de um arquipélago vulcânico. Habitada por caranguejos vermelhos, é o local de desova da tartaruga-verde. De difícil acesso, devido aos rochedos que a circundam, obriga os navios a ancorar ao largo. Aconteceu com o navio *Cuiabá*, transporte dos presos, que foram desembarcados em balsas para descer na ilha. Ali, viveriam um longo período de desterro, morando em barracas de lona armadas próximas umas das outras, montadas por eles mesmos. A barraca de Eduardo Gomes recebeu o nome de "Cotinguiba", apelido do tenente sergipano Maynard Gomes, que com ele dividiria a rústica habitação.

Nos primeiros dias, os presos formaram pequenos grupos para conhecer o inóspito território rochoso. Um *plateau* de 80 metros de diâmetro por 350 de altura foi logo batizado por eles de "Monumento 5 de julho". Outros pontos rochosos também ganharam nomes: Planalto General Isidoro, Túnel Tenente Jansen, Areal Costa Leite, Enseada Pedro Ernesto e Enseada Viúva Gomes – esta última por iniciativa de Juarez Távora, em homenagem à mãe de Eduardo. Na ilha havia bodes e cabras selvagens. Sem armas, os presos criaram armadilhas para tentar capturá-los. Nada conseguiram em razão da destreza dos animais nos rochedos. Sem meios adequados, também improvisavam para pescar e conseguiam assim reforçar a alimentação precária. Certa vez, pegaram uma tartaruga-de-pente de 300 quilos.

A cada três meses, um navio da Marinha abastecia a ilha com alimentos e remédios básicos, que não davam para atender a todos. Nessas ocasiões, levava também cartas, jornais e livros mandados por parentes e amigos dos presos. Uma equipe de médicos militares examinava todos eles. Com saúde debilitada, insuficiência de medicamentos, alimentação carente, muitos dos prisioneiros morreram naquela ilha. Mas tiveram sepultamento o mais digno possível, inclusive com cerimônia militar improvisada pelos colegas.

Certa vez, o tenente-coronel Waldomiro Lima, um desterrado, recebeu carta de um amigo, acompanhada de um mapa de tesouro que teria sido enterrado na ilha por piratas. A notícia empolgou a todos, muito mais pelo fato da motivação de procurar o propalado tesouro. O mapa indicava que o baú cheio de pedras preciosas e joias estava enterrado numa gruta. Os prisioneiros passaram dias tentando localizar a gruta, até que encontraram o ponto assinalado. Passaram ainda vários outros dias escavando o local. No fim, encontraram apenas rocha dura nos poços perfurados. Sem nada mais para fazer, voltaram a encetar caminhadas pela ilha. Anos depois, Juarez Távora ironizou o colega de turma: "Quando chegamos à ilha, o Eduardo claudicava da perna esquerda. Mas tantas vezes ele subiu a cratera que hoje deve estar claudicando da direita".

Dona Jenny enviava ao filho livros sobre a realidade socioeconômica e política do país. Entre uma leitura e outra, Eduardo debatia com os colegas os problemas nacionais, como também registrou anos mais tarde Francisco Pereira da Silva, um dos prisioneiros, que morava numa barraca vizinha à "Cotinguiba". Durante sua longa permanência na Ilha de Trindade, Eduardo tornou-se mais retraído, comportamento que manteve até a articulação da Revolução de 1930.

4

Na manhã de 15 de novembro de 1926, o ex-governador de São Paulo e legítimo representante da oligarquia cafeeira do estado, Washington Luís, prestou juramento no Congresso depois de eleito – sem concorrentes – presidente da República para o período 1926-1930. À tarde, seguiu de automóvel para o Palácio do Catete. Arthur Bernardes já o aguardava para lhe passar a faixa presidencial. O novo mandatário decidiu residir no Palácio Guanabara, e não no Palácio do Catete. No governo, revelaria outras surpresas, como nomear um então desconhecido gaúcho chamado Getúlio Vargas para o Ministério da Fazenda – um político inexpressivo "que nada entendia de finanças", como o próprio Vargas diria depois. Um ano mais tarde, eleito governador do Rio Grande do Sul, Vargas deixou a pasta da Fazenda e passou a fazer oposição ao governo.

Washington Luís continuou surpreendendo. Estabilizou a moeda, acabou com a censura à imprensa, libertou os presos políticos sem processo na Justiça, desativou presídios, suspendeu o estado de sítio e permitiu a legalização do Partido Comunista do Brasil (PCB). Desativada a Ilha de Trindade como presídio, um cruzador da Marinha transferiu os presos para a Ilha das Cobras, na Baía de Guanabara. Os políticos da oposição pediram anistia para todos. Aos prisioneiros que tinham processo correndo na Justiça, o governo concedeu apenas liberdade vigiada.

Libertado, Eduardo Gomes voltou a morar em Petrópolis. Solidário com os colegas mais humildes, prestava-lhes auxílio moral e material, como lembraria anos depois seu companheiro de cárcere, coronel

Francisco Pereira da Silva. Em abril de 1927, viajou para a capital paulista, convocado pela Justiça Federal, por seu envolvimento com a revolução de 1924. Preso num quartel da 2ª Região Militar, dois meses depois foi solto por conclusão da sentença. Livre, passou a responder ao juiz federal da 1ª Vara do Distrito Federal pelo levante de 1922. Porém, não era só. Na Justiça Militar, corria outro processo contra ele, por conta da tentativa de fuga do Regimento de Cavalaria Divizioná-rio. Juarez e Chevalier também foram indiciados nesse processo. Na primeira sessão de interrogatório na Auditoria Militar, Eduardo não mentiu e afirmou que tentara a fuga "para prosseguir com o movi-mento revolucionário, buscando reincorporar-se às suas forças".

Até a segunda metade da década de 1920, o Brasil mantivera relação próxima com a Grã-Bretanha para empréstimos e investimentos – he-rança dos tempos da Coroa de Portugal, devedora, entre outras coisas, de sua própria sobrevivência aos britânicos, que garantiram a transferência da família real para o Brasil em 1808. Os EUA eram agora o maior mer-cado para o principal produto de exportação brasileiro, o café. Ao longo da Primeira República, os ingleses fizeram diversos empreendimentos no Brasil, notadamente em São Paulo e Rio de Janeiro, além de abrir nova fronteira econômica para o café no Norte do Paraná. Nos anos 1920, houve maior volume de produtos norte-americanos importados pelo Brasil, superando as importações provenientes da Grã-Bretanha. Mas o Brasil tinha a maior dívida externa da América Latina, seguido de Ar-gentina e Chile. Em serviço da dívida, pagava um quinto das exportações. Com o dinheiro externo, o governo mantinha o Estado e financiava a infraestrutura de portos e ferrovias.

Segundo diz o escritor Boris Fausto em *História concisa do Brasil*, os serviços básicos das maiores cidades estavam nas mãos de empresas estran-geiras. O caso mais notável era o da Light & Power, empresa canadense fundada em Toronto em 1899, que, a princípio, atuou em São Paulo e, a partir de 1904, no Rio de Janeiro. A Light desbancou uma companhia paulista de transporte de bondes e assumiu o controle do fornecimento e da distribuição de energia elétrica. A industrialização do Brasil caminhava devagar e dependia fundamentalmente de investimentos em infraestrutura.

Fausto diz que, em termos de economia de exportação, a produção recebia pouco investimento estrangeiro, mas que o investimento externo esteve presente de várias formas: no financiamento à comercialização, no transporte ferroviário e marítimo, no seguro das mercadorias e na exportação. Naquele período, a falência de algumas instituições bancárias brasileiras fortaleceu mais o capital externo. O London and Brazilian Bank, maior banco inglês, tinha em depósitos mais reservas do que o Banco do Brasil. Em 1929, os bancos eram responsáveis pela metade das transações brasileiras.

Mas a condição da maioria da população no país era dramática. No interior, os movimentos sociais surgiram com conteúdo religioso. Nas capitais, as greves exigiam melhores salários e condições de trabalho. No Rio, apareceram o socialismo importado e um sindicalismo que clamava por aumento de salário, jornada de trabalho mais curta e reconhecimento oficial para essas organizações corporativas. Segundo os historiadores, o operariado não queria revolucionar a sociedade, apenas obter melhores condições de trabalho e um mínimo de direitos.

Se, antes, os próprios patrões e empregados resolviam suas desavenças sociais, nos anos 1920, o governo interveio nessa relação. Novos contornos desenharam a política e os processos eleitorais e novos métodos de administração foram introduzidos na estrutura do Estado. No curso da disputa eleitoral, estourou a insatisfação militar. Durante anos, o Tenentismo personificaria Eduardo Gomes como uma de suas mais notáveis expressões. Esse movimento tampouco pretendia revolucionar a sociedade, mas chamar a atenção do governo para as mazelas sociais e exigir mudanças que tornassem o país mais justo.

O objetivo dos tenentes era purificar o país e a instituição militar. Neste âmbito, eles desejavam tornar a atividade do Exército extremamente operacional, voltada unicamente para a defesa da soberania nacional. No campo social, clamavam por melhores níveis na educação, no trabalho e por condições dignas de vida para o povo. Demandavam ainda eleições isentas de manipulações e o voto secreto. Porém, não tinham propostas claramente definidas para o país, o que causava pouca ou nenhuma disposição do governo de atender aos seus anseios. Então, as conspirações armadas ganhavam forma.

Na segunda metade da década de 1920, foi articulada uma conspiração contra Washington Luís no norte de Minas Gerais. O governo tomou conhecimento disso. Surgido o comentário de que o governo prenderia os militares implicados com a Justiça, como medida de precaução a novos levantes, muitos dos revolucionários caíram na clandestinidade. Eduardo Gomes fugiu para Campos, interior do Rio de Janeiro, usando o nome falso de Edmundo Goulart. Na cidade fluminense, deixou o bigode crescer e obteve emprego de topógrafo na fazenda de um coronel do Exército, Francisco Mota. Ali trabalhou na construção de um ramal ferroviário, no quilômetro 64 da ferrovia Campos-Cardoso Moreira. Residindo numa casa simples da propriedade, toda noite lia jornais e manuseava livros à luz de uma lamparina a querosene.

Concluída esta ferrovia, trabalhou depois na construção da Estrada de Ferro Vitória-Minas. Era profissional competente, estimado pelos peões. O patrão quis promovê-lo a gerente da nova empreitada. Ao dar-lhe a notícia, pediu-lhe que apresentasse o diploma de topógrafo. Não seria problema exibir o diploma se ele assim o desejasse. O curso de Oficial de Artilharia do Exército lhe dava a habilitação. A grande questão, no entanto, é que ele teria de revelar sua identidade se apresentasse a carta patente de oficial. Diante disso, no final de 1928, decidiu voltar ao Rio e se entregar ao Exército.

Ao ser informado da prisão do irmão, Stanley Gomes recorreu à Justiça Federal na tentativa de descaracterizar o crime de tentativa de fuga, pois sabia de antemão que Eduardo acabaria condenado na Justiça Militar, sobretudo porque o governo fazia pressão para que os implicados fossem condenados e presos, devido à comentada conspiração. No recurso que impetrou, sustentou que o delito cometido por Chevalier, Juarez e Eduardo devia ser "encarado como elemento de ligação entre todas as fases do mesmo crime continuado" e alegou conflito de jurisdição, "a fim de que desapareça a infração militar, elementar, como é crime político". O recurso fracassou:

> Acordam [os magistrados] julgar que não é o caso de conflito de jurisdição,
> porque não há dois ou mais juízes que se julguem igualmente competentes

para processar e julgar os suscitantes pelo crime de que são acusados na justiça militar.

Stanley conversou com seu irmão sobre a decisão, informando-o de que os réus não ficariam livres da acusação militar. Eduardo decidiu então fugir de novo. No dia 12 de abril de 1929, apenas o tenente Chevalier foi levado ao tribunal para o julgamento; Juarez Távora também se evadira. O Conselho de Justiça Militar decidiu:

> O tenente Chevalier alegou falsidade do auto de apreensão das serras que serviram para a prática do crime que lhe é atribuído. Considerando que contra ele não existem provas, pediu sua absolvição com este fundamento. Mas o Egrégio Supremo Tribunal Militar em vários de seus acórdãos recomenda e insiste em que os tribunais inferiores obedeçam e apliquem a lei militar de conformidade com a jurisprudência por ele firmada.

A defesa dos implicados recorreu ao Superior Tribunal Militar, que julgou o recurso, em parte citado *ipsis litteris* a seguir:

> Acordaram [os juízes] dar provimento à apelação interposta para reformar, como reformam, a sentença apelada e condenar os apelados-apelantes nas penas do grau submáximo do Art. 107, ou seja, a dois anos e quatro meses de prisão simples. Mas, em obediência a nova jurisprudência do Egrégio e Venerando Superior Tribunal Federal, intérprete máximo da Const. e das novas Leis, em seus últimos arestos, consideram o crime de evasão absorvido pelo crime político praticado pelos apelados que tentaram evadir-se da prisão, pois obedeciam ao intuito confessado e verificado de ganhar o campo das forças revolucionárias. Acordam finalmente em absolver os apelados, não pelas razões invocadas pelo Conselho de Justiça, nem pelas supostas nulidades oferecidas pelos apelantes, mas tão somente pelos fundamentos dos Acórdãos referidos, que constituem jurisprudência firmada pela competência incontestável da Suprema Corte da Justiça Brasileira.

Livre de uma acusação, faltava ainda à Justiça Federal julgar Eduardo Gomes pelo levante de Copacabana. No dia 15 de julho de 1929, foi proclamada a sentença contra os implicados pelo levante de 5 de julho de 1922:

> (...) por todos os motivos, portanto, e pelos mais que dos autos constam, o Conselho de Justiça, julgando procedente por unanimidade de votos a acusação intestada contra o referido 1º tenente Eduardo Gomes, o condena por maioria de votos a pena de 2 (dois) anos e 04 (quatro) meses de prisão.

A sentença foi pesada. Na realidade, o crime de tentativa de fuga influíra no processo federal, contribuindo para aumentar a pena. Os advogados acreditavam que os tenentes recebessem punição mais branda, que poderia ser cumprida em prisão militar. Mas a de dois anos e quatro meses de reclusão significava para Eduardo Gomes sua exclusão imediata do Exército e o fim de sua carreira militar.

Stanley Gomes recorreu ao Superior Tribunal de Justiça, que se manifestou:

> O curador nomeado para a defesa do 1º tenente Eduardo Gomes não se conforma com a sentença. Essa referência não é graciosa: basta considerar que ele foi um dos daquele pequeno grupo de bravos que, em 1922, decidindo-se pela morte, partiram do Forte de Copacabana para o campo de uma peleja desigual, levando consigo os retalhos da bandeira nacional como atestado do amor pela pátria e do sacrifício extremo a que por ela se imolavam. Um soldado que dá mostra de tal dedicação patriótica e de tanto amor pelos brios do Exército não deve nem pode ser banido das fileiras com a pecha infamante de deserção.

Arthur Bernardes, apelidado de "Calamitoso", por suas ações autoritárias e repressivas e pela perseguição implacável que moveu contra seus opositores, tinha um lado positivo, segundo o historiador Hélio Silva: a firmeza com que tratou o nacionalismo durante seu governo. Já o jornalista Assis Chateaubriand não via qualidades em Bernardes e o considerava o único responsável pelas revoltas militares do seu tempo, inspiradas no governo imoral e na perseguição cerrada que empreendeu aos inimigos políticos – uma de suas iniciativas foi, por exemplo, criar "o mais tétrico dos campos de concentração da época", a prisão de Clevelândia, em plena selva amazônica, para nela aprisionar opositores. O Tenentismo já pregava a moralização da política e a liberdade democrática. Porém, somente em 1930, Bernardes empunharia tal bandeira ao sentir na própria pele o que seus adversários sentiram ao tempo em que governou o país.

Em 1924, a missão financeira inglesa no Brasil havia apontado sérios riscos econômicos devido às emissões recorrentes de papel-moeda, e os credores internacionais temeram que o país não cumprisse os pagamentos da dívida externa. Além disso, a pouca disposição do governo de ajudar os cafeicultores, devido à crise nas contas públicas, levou Arthur Bernardes a sofrer pesadas críticas dos agricultores e políticos paulistas. Safras e mais safras excedentes de café foram compradas pelo governo de São Paulo para suavizar o prejuízo dos fazendeiros. O governo paulista também regulou a exportação do café via Santos.

Em 1926, foi criado em São Paulo o Partido Democrático (PD), cujo objetivo era trabalhar por reforma política, voto secreto e obrigatório, assumindo ainda a defesa da minoria, a independência dos três poderes e atribuindo ao Judiciário o papel de fiscalizador eleitoral. A proposta foi assimilada pela classe média paulista, embora, nos redutos da área rural, o Partido Democrático defendesse as mesmas práticas coronelistas do Partido Republicano Paulista (PRP). Em 1929, Washington Luís apoiou o também paulista Júlio Prestes para as eleições presidenciais e rompeu com a política do café-com-leite – pois seria a vez de concorrer um mineiro para o cargo máximo da República. Assim, os antigos aliados viraram oposição e bandearam-se para o lado de Vargas, formando a Aliança Liberal, que defendia sobretudo os trabalhadores, a anistia e a reforma política.

Com a crise na Bolsa de Nova York, em outubro de 1929, o café, que caminhava com dificuldade, despencou em valor de mercado. Os produtores brasileiros tomaram empréstimos a juros elevados para manter suas plantações. Já endividados, correram para o governo federal, pedindo moratória para seus débitos e concessão de novos financiamentos. O governo negou a ajuda. Uma onda de descontentamento tomou conta de São Paulo. Mas não houve ruptura definitiva dos cafeicultores paulistas com a República, e as eleições, já marcadas para março de 1930, foram confirmadas. Júlio Prestes venceu o pleito contra o candidato da AL, Getúlio Vargas. A oposição contestou, sustentando que a máquina do governo tinha produzido votos fantasmas. Vargas confiava que venceria o pleito no Rio Grande do Sul. Porém, entre os gaúchos, só obteve 982 votos contra 298.627 computados a Júlio Prestes!

A oposição se fortaleceu ainda mais com a adesão dos tenentes. Uma das exceções foi Luís Carlos Prestes, que, à última hora, se declarou contrário à nova revolução, por achar que as forças dissidentes eram joguete nas mãos de Inglaterra e EUA pelo controle da América Latina. Sob influência do comunismo, que estudara na Bolívia e na Argentina, onde se exilara em 1928, Prestes fundou a Liga de Ação Revolucionária (LAR) em 1930 e, parafraseando suas palavras, passou a ser um joguete nas mãos de Moscou, para onde iria a convite em 1931.

No dia 26 de julho, o político paraibano João Pessoa foi assassinado no Recife. A morte do governador da Paraíba e candidato derrotado à Vice-Presidência, embora crime passional, foi usada pela oposição em favor do interesse político. A manobra incluiu o traslado do corpo para o Rio de Janeiro, onde velório e cortejo fúnebre mobilizaram praticamente a metade da irada população carioca. A conspiração cresceu liderada pelo alagoano Aurélio de Góis Monteiro (1889-1956), oficial do Exército, amigo de Vargas desde 1906, quando cursou a Escola de Guerra de Porto Alegre. Em 1924, Góis Monteiro combatera o Tenentismo e as forças de Luís Carlos Prestes no Nordeste.

Na ocasião, o tenente Juarez Távora voltou ao Brasil – encontrava-se refugiado no Uruguai – e conseguiu emprego numa olaria de São Cristóvão, no Rio de Janeiro, perto do Regimento de Cavalaria Divisionário. Descoberto e preso, foi recolhido à Fortaleza de Santa Cruz, em Jurujuba, na ponta oriental de Niterói (RJ). No início de 1930, Távora recebeu a visita do tenente Juracy Magalhães, que lhe comunicou o teor de uma carta enviada da Argentina por Luís Carlos Prestes (que ainda não se havia decidido pelo comunismo). Era um pedido para que Távora fugisse da prisão e fosse para a Paraíba a fim de articular a revolução contra Washington Luís.

Eduardo Gomes e o tenente Lourival Seroa da Mota — que depois seria nomeado por Getúlio Vargas interventor no Maranhão, seu estado natal, para o período de 1931-1933 — executaram um plano para tirar Juarez Távora da prisão. Segundo Juracy Magalhães, em O último tenente, ele mesmo se encarregara de conceber a operação da fuga, para que Távora, por ordem de Luís Carlos Prestes, pudesse participar de rebelião na Paraíba. Assim, numa manhã de fevereiro de 1930, usando um barco alugado, cruzaram a Baía de Guanabara rumo a Jurujuba para "pescar" nas imediações da Fortaleza de Santa Cruz. Távora estava ciente de que seria resgatado por eles. À hora marcada, usando lençóis como corda — a popularmente chamada "Tereza" —, fugiu da fortaleza. Entretanto, ao cair nas pedras, machucou-se e despertou a atenção da sentinela que, ao ver o barco de pesca próximo, disparou contra seus ocupantes. Eduardo gritou para a sentinela:

— Não atire! Já estamos saindo. Viemos apenas recolher a rede!

Juarez foi medicado e seguiu para a Paraíba. Enquanto isso, no Rio de Janeiro, os conspiradores passaram a se reunir nos fundos do hospital dirigido pelo médico Pedro Ernesto Baptista para preparar a Revolução de 1930 — bem depois, em abril 1936, quando o nome Pedro Ernesto já batizava uma Casa de Saúde do Rio de Janeiro e o personagem se tornara prefeito do Distrito Federal, este foi preso a mando do governo da União e perdeu o mandato por "vehementes [sic] indícios contra sua pessoa de ter cooperado no movimento subversivo de novembro" — isto é, na Intentona Comunista de 1935. Mas ainda se caminhava para a rebelião que iria derrubar Washington Luís, impedir a posse de Júlio Prestes e entronar Getúlio Vargas no poder pelos próximos quinze anos. Para isso, Luís Carlos Prestes deixou seu refúgio em Buenos Aires, onde ficara exilado, e esteve no Rio Grande do Sul num encontro secreto com Vargas, ocasião em que apresentou os planos revolucionários, voltando em seguida para a Argentina. Semanas depois, Oswaldo Aranha, da liderança do movimento, enviou a Prestes 85 mil dólares para ajudá-lo nos preparativos da revolução. Naquela altura, porém, Prestes já tinha desistido dessa luta, por estar comprometido com o comunismo. Mas não devolveu o dinheiro recebido dos companheiros, usando os recursos mais tarde para alavancar suas próprias ambições ideológicas, segundo Juracy Magalhães no livro *O último tenente*.

Meses antes, no dia 9 de dezembro de 1929, Stanley Gomes entrara no STF com uma petição para que seu irmão respondesse aos processos em liberdade. O recurso foi atendido. Burlando a liberdade vigiada concedida, Eduardo Gomes viajou para Porto Alegre na primeira semana de julho de 1930, atendendo ao chamado dos líderes da conspiração. Apresentado a Vargas, firmou compromisso com o levante que se organizava. Como contrapartida, exigiu que todos os revolucionários de 1922 e 1924 implicados com a Justiça, inclusive os alunos e cadetes que haviam marchado a favor do marechal Hermes em 1922, fossem anistiados. Esta deveria ser uma das primeiras medidas administrativas de Vargas no poder, em caso de êxito da revolução – o que, como registra a história, foi cumprido. De volta ao Rio, ele passou a alinhavar o movimento, juntamente com seus companheiros. Diz Paulo Pinheiro Chagas, em *O brigadeiro da libertação*, que, no dia 11 de julho, Eduardo Gomes mandou um bilhete ao tenente Godofredo Tasso Tinoco, que se achava refugiado em Campos, convocando-o para a luta. Assinou o bilhete como Edmundo Goulart:

> Amigo Godô, um forte abraço. Grato pela pronta resposta. Resta só escolher o navio. Penso que o melhor deles é o *Comandante Capella*, com saída a 17 [de julho de 1930], pois os outros são menores. Além disso, escolhendo esse dia, poderás vir no trem de terça, passar a quarta aqui conosco e seguir na quinta. Se preferires outro buque, escolhe-o à tua vontade. Sem mais, abraça-te o Edmundo.

Naquele mês, o Uruguai sediava o primeiro campeonato mundial de futebol. A Seleção Brasileira participou do certame, mas foi eliminada na primeira fase. Na tarde de 26 de julho, no Estádio Centenário, de Montevidéu, durante a semifinal da Copa, a Argentina goleou a seleção dos EUA por 6x1, credenciando-se para disputar o título com o Uruguai, o outro finalista, que derrotaria os argentinos na grande final por

4x2. Enquanto a Argentina goleava os norte-americanos, por volta das cinco da tarde, João Pessoa foi assassinado numa confeitaria do Recife. Manipulado pela oposição, o crime desencadeou manifestações no país que aceleraram o ritmo da revolta. O movimento que tiraria Washington Luís do poder explodiu finalmente em 3 de outubro. Talvez ciente da importância do movimento em sua vida, ou pressentindo os lances do futuro próximo, Getúlio Vargas começou naquele dia o *Diário* no qual registrou os eventos da política nacional até 1942. Embora gente de peso como o próprio Washington Luís e o comandante da 3ª Região Militar, general Gil Dias de Almeida, duvidassem do ânimo dos mineiros de fazer a revolução, meia hora antes do levante em Porto Alegre, Getúlio anotou, deixando no ar outro sinal de sua tendência de autodestruição caso a revolução fracassasse:

> Quatro e meia. A hora se aproxima. Examino-me e sinto-me com o espírito tranquilo de quem joga um lance decisivo porque não encontrou outra saída. A minha vida não me interessa e sim a responsabilidade de um ato que decide o destino da coletividade. Mas esta queria a luta, pelo menos nos seus elementos mais sadios, vigorosos e altivos. Não terei depois uma grande decepção? Como se torna revolucionário um governo cuja função é manter a lei e a ordem? E se perdermos? Eu serei depois apontado como o responsável, por despeito, por ambição, quem sabe? Sinto que só o sacrifício da vida poderá resgatar o erro de um fracasso!!

O movimemto foi deslanchado às 17h25. Caso a revolução fracassasse, Getúlio estaria sujeito às mesmas leis que alcançaram os tenentes revolucionários da década anterior. O Código Penal, em vigor por força do Decreto nº 847, de 11 de outubro de 1890, artigo 107, rezava:

> Tentar diretamente e por fatos mudar por meios violentos a Constituição política da República ou a forma de governo estabelecida. Pena: de banimento aos "cabeças"; e aos corréus a reclusão por 5 a 10 anos.

E, por força da Lei nº 1.062, de 29 de setembro de 1903, a pena para os "cabeças" era de reclusão de 10 a 20 anos, sendo o crime inafiançável.

No Nordeste, para onde Juarez Távora se havia deslocado com o objetivo de organizar as forças contra o presidente da República em fim de mandato, o levante começou no dia seguinte. No dia 6, o jornal *The New York Times* noticiava que 80 mil homens estavam na luta – com pleno apoio do império de comunicação do jornalista Assis Chateaubriand (1892-1968), os Diários Associados.

Eduardo Gomes foi destacado para a frente de combate de Minas Gerais, onde se registrou, inesperadamente, a resistência do 12º Regimento de Infantaria de Belo Horizonte ao golpe. No comando das forças em Barbacena (MG), ele esperava contar com pelo menos 600 revolucionários para se contrapor às forças do governo. Mas só tinha 70 homens. Destes, a metade lutava contra o 11º Regimento de Infantaria de São João Del Rei e a outra parte preparava-se para a luta em Juiz de Fora. Na madrugada de 4 de outubro, o tenente Tasso Tinoco foi incumbido por ele de tentar convencer os operários de uma obra ferroviária em Lafaiete, cerca de 700 trabalhadores, a aderir à revolução. Tinoco não tinha ninguém para acompanhá-lo nessa missão. Argumentando sobre a dificuldade de ir a Lafaiete, recebeu de Eduardo Gomes a seguinte resposta.

– Pouco importa, Tasso. Vá sozinho. Lá chegando, eles te obedecerão.

A indiferença pelo perigo continuava latente em Eduardo Gomes, para quem essa era a primeira qualidade de qualquer revolucionário. Em 1924, ele rendera sozinho e desarmado o quartel que fora enviado para tomar. Lograra a proeza confiando tão somente na sua coragem. Era um destemido. Agora, atribuía igual papel ao companheiro Tinoco, que ainda recorreu a outros revolucionários e foi desaconselhado de ir a Lafaiete. Eles estavam informados de que a maioria dos operários da ferrovia era contrária à revolução, pois trabalhava ali contratada pelo governo. Mas era fundamental para a frente mineira contar com mais aliados, um apenas que fosse. Tinoco decidiu aventurar-se. Antes de partir para Lafaiete, lembrou-se de um momento de risco que passara ao lado de Eduardo. Deflagrada a luta, ele fora chamado pelo histórico amigo para a região de conflito, em Juiz de Fora. Depois de caminhar dois quilômetros, Eduardo Gomes parou e disse que deveriam voltar. Ironicamente, Tinoco retrucou:

– Não, Eduardo. Continuemos. O inimigo está perto, já vamos encontrá-lo. Então, ou lhe cairemos nas mãos ou uma bala nos deixará estendidos por aqui. Vamos prosseguir.

O destemido líder sorriu de leve ao assimilar a advertência. Essas atitudes incomuns que assumia inspiravam a confiança e a admiração dos companheiros. Mas também os deixava inquietos. Tinoco não sabia. Para Eduardo, aquela caminhada era uma espécie de ronda. Ele tinha conhecimento da presença de sentinelas aliadas na região, catorze soldados que ele próprio armara e distribuíra em pontos estratégicos. Esses homens encontravam-se camuflados, mas certamente dariam o alarme em caso de perigo. Em 1924, quando usou apenas a coragem para render o quartel paulista, tinha certeza de que convenceria o oficial de dia a entregar-lhe o comando da unidade, como de fato aconteceu. Agora, confiava que o companheiro também conseguiria cumprir a missão.

Tinoco partiu sozinho para Lafaiete, valendo-se apenas de seu corpo avantajado – 1m90 de altura e forte como um touro. No meio da multidão de operários da ferrovia, ele se impôs e enalteceu os ideais da revolução. Ao final, convenceu dez operários que, armados com carabinas de caça, voltaram com ele para a frente revolucionária, cumprindo assim a arriscada missão. Quando Tinoco apareceu em Barbacena com aquele minguado grupo de operários, Eduardo abriu um sorriso e o cumprimentou. Tinha mais um punhado de homens corajosos e afinados com os ideais da revolução.

Uma semana depois, chegaram a Barbacena os primeiros reforços expressivos: 350 homens liderados pelo tenente Nelson de Melo, outro idealista que, após conversar com Eduardo Gomes, só teve tempo de tomar um gole de água antes de montar num cavalo e disparar para outra missão na região de Igrejinha, orientado a estabelecer contato com forças amigas. Eduardo Gomes ficou aguardando sua volta. Mas as horas se passavam e nada de o tenente retornar. Não se contendo mais, convocou Tinoco:

– Tasso, vamos buscar o Nelson!

E lá se foram os dois corajosos a bordo de um automóvel Ford, com motor pipocando pela estrada de terra, em busca do amigo que não chegava. No meio do caminho, observaram uma figura distante galopando na estrada na direção deles. Eduardo Gomes ajeitou os óculos, apurou a vista e animou-se:

– É o Nelson!

A despeito de sua indiferença ao perigo, ficava cristalina sua preocupação pela segurança dos companheiros. Afinal, o mito tinha alma.

Apoiadas por um grupo de aviadores do Exército, entre os quais se destacava outro bravo combatente e figura legendária, o tenente Casemiro Montenegro Filho, as forças revolucionárias de Barbacena avançaram determinadas rumo à vitória na frente mineira. Militares, políticos e populares formavam os contingentes, a maioria integrada por civis mobilizados de última hora, com lenços vermelhos em volta do pescoço. À frente da tropa desajeitada, Eduardo Gomes. Ao entrar em Juiz de Fora, Tasso olhou para o líder e disparou um cumprimento carregado de irreverência:

– Bravo, Eduardo! Que belo esquadrão de cavalaria!

Meio sem jeito, Eduardo Gomes respondeu:

– Que fazer, Tasso? Trouxeram-me, como vês. Mas são homens valentes!

De fato, valentia foi o que não faltou àquele contingente.

Dias depois, no Palácio Guanabara, Washington Luís conversou ao telefone com o general João de Deus Menna Barreto (1874-1933). A revolução já era considerada vencedora e o mandatário ainda resistia à ocupação do palácio presidencial, embora até sua própria segurança se tivesse passado para o outro lado. Diante do presidente, no dia 24 de outubro, os generais Augusto Tasso Fragoso e Menna Barreto comunicaram-lhe que uma Junta Governativa Provisória havia sido formada – composta por eles dois e mais o almirante Isaías de Noronha (1874-1963). Em nome dela, Fragoso, como chefe da Junta, requereu a Washington Luís que renunciasse ao cargo. Mas o presidente se recusou, o que exaltou os ânimos do lado de fora do Guanabara. Prevendo a iminente invasão do palácio pelos populares, os generais chamaram Dom Sebastião Leme da Silveira Cintra (1882-1942), arcebispo do Rio de Janeiro, para convencer Washington Luís a deixar o palácio sem que fosse necessário recorrer à força. A missão foi aceita pelo personagem, que tinha desembarcado no Rio poucos dias antes, em 19 de outubro, chegando ao Brasil como príncipe da Igreja de Roma, pois havia recebido a púrpura cardinalícia em 3 de julho de 1930 das mãos do papa Pio XI. A ideia surtiu efeito e o cardeal Leme conseguiu levar o presidente deposto em seu automóvel, rumo ao Forte de Copacabana, onde ele ficaria detido em segurança. Naquela mesma data, 24 de outubro, a Junta Provisória assumiu o governo, comunicando a todos os governadores dos estados a nova situação política no país.

No dia 25 de outubro, os membros da Junta Provisória telegrafaram a Vargas pedindo sua urgente presença no Rio para entregar-lhe o governo. Vargas liderava seu batalhão de revolucionários, viajando de trem desde o dia 10 de outubro, disposto a tomar o palácio do governo no Rio, o que foi evitado pelos militares da Junta. Em 3 de novembro, o homem do "sorriso afável, jovial, brincalhão, irônico, bonachão, de boa memória, quieto, baixo, algo corpulento, dono de formidável autodisciplina, que gostava de fumar charutos", como o biógrafo Ivar Hartmann o descreveu no livro *Getúlio Vargas*, assumiu o governo, em cerimônia no salão nobre do Palácio do Catete. Durante o evento, uma notável ausência foi sentida pelos revolucionários: Siqueira Campos, que deveria ter liderado a luta em São Paulo.

Na tentativa de dissuadir Luís Carlos Prestes do seu inesperado desinteresse pela revolução, Siqueira Campos, acompanhado do tenente João Alberto, viajou para Buenos Aires em maio de 1930. A empresa aérea francesa Latécoère explorava voos regulares de Paris a Buenos Aires, com escalas em Casablanca, Dacar, Natal, Rio de Janeiro e Montevidéu, voando a linha aeropostal que disponibilizava alguns assentos para o transporte de passageiros. Os tenentes embarcaram num Laté 28. Em Buenos Aires, Siqueira não logrou êxito. Prestes já estava irremediavelmente apaixonado pelo comunismo. No voo de volta, o avião francês caiu no Rio da Prata, no Uruguai. Toda a tripulação morreu afogada. Siqueira também sucumbiu nas águas do rio. João Alberto sobreviveu, graças ao colete salva-vida que seu amigo retirara do avião e lhe passara durante o acidente.

A morte do bravo tenente de 1922 causou forte impacto nos revolucionários e também nas mulheres que o admiravam. A formosa escritora e poeta Rosalina Coelho Lisboa (1900-1975) era uma delas. Cortejada por autoridades da República, anos depois, já casada com Antônio Larragoitti, dono da empresa Sul América Seguros, ela homenageou o ídolo morto, mandando construir uma estátua de bronze do tenente no mesmo local em que os revolucionários de 1922 tombaram mortos e feridos.

Siqueira morreu solteiro. Dizia para os amigos que seus ideais revolucionários o impediam de formar uma família, pelos riscos e imprevistos que enfrentava, e não queria deixar viúva. Eduardo também nunca se casou. Tinha na ocasião uma bela admiradora, Babinha Marques Couto, neta do almirante Custódio de Mello, que o conhecera por meio de Siqueira no bairro carioca de Santa Teresa, em casa de uma família paraibana que ambos frequentavam e que apoiava o Tenentismo. Nessa residência, os tenentes entabulavam rodas de conversa sobre a situação política nacional.

A propósito, na noite do levante do Forte de Copacabana, em 1922, Babinha soube do massacre aos rebelados pela imprensa e correu para o local. Ali lhe contaram que Siqueira Campos e Eduardo Gomes tinham sobrevivido gravemente feridos. Nunca mais, porém, ela teve contato com qualquer dos dois.

Os rebeldes que a história consagrou como "18 do Forte" saíram com revólveres e fuzis do Forte de Copacabana para enfrentar as tropas do governo de Epitácio Pessoa. Do levante de 5 de julho de 1922, sobreviveram apenas os dois que andavam na calçada: tenentes Eduardo Gomes, de quepe, e Antônio de Siqueira Campos, cabelos ao vento. O fotógrafo desconhecido capturou a mesma caminhada para a morte sob outro ângulo.

Soldados, repórteres, médicos e uma ambulância fazem bloqueio no Túnel Velho, do lado de Copacabana, mas os rebelados foram detidos por balas e baionetas ainda na Avenida Copacabana. Deu no *Chicago Tribune* de 6 de julho: a insurreição já estava vencida.

Do Forte de Copacabana, aqui em vistas modernas, os poderosos canhões Krupp foram disparados sobre diversos alvos governamentais na cidade em 1922, mas aviões e navios também bombardearam a fortaleza. Num costão de pedras semelhante, mas totalmente inóspito, os revoltosos foram despachados para o degredo: era a Ilha de Trindade, perdida no meio do Atlântico.

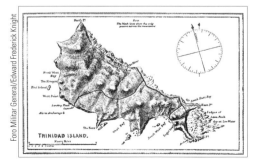

Nas origens do Levante de 1922: ofensas ao Exército, feitas pelo candidato à Presidência, Arthur Bernardes, em carta que só depois se descobriu ser forjada. Houve manifestações contra a candidatura do político mineiro e a revista *O Malho* deu capa sobre a inquietação provocada pelo incidente da carta falsa e também sobre a transição presidencial, que não representou mudança na composição do poder.

NOS ARRAIAES DA MENTIRA
– O que é isso? É a revolução?
– Não! Pior! Muito pior! É a Verdade que nos ameaça.

"(...) os que forem venais, que é quase a totalidade, compre-os com todos os seus bordados e galões."

A MESMA CHAMMA
Ao apagar das luzes ellas mais se acendem

91

1922: O ANO EM QUE TUDO ACONTECEU. Uma exposição universal comemorou o Centenário da Independência. A Semana de Arte Moderna se propôs a revolucionar as artes, encabeçada por Mário e Oswald de Andrade, sentado na frente. As mulheres pontificaram no movimento, vendo-se a partir da esquerda Patrícia Galvão, Elsie Lessa, Tarsila do Amaral, Anita Malfatti e Eugênia Álvaro Moreyra. Houve ainda eleições, 18 do Forte, estado de sítio – Ernesto Nazareth compôs até um samba dedicado ao ano em que a República Velha começava a morrer.

Trincheiras da Revolução de 1924: a segunda revolta tenentista durou 23 dias e foi o maior conflito bélico já ocorrido na cidade de São Paulo. Eduardo Gomes e os irmãos Juarez e Joaquim Távora participaram dela. Para vencê-la, o governo federal utilizou o chamado "bombardeio terrificante" com aviões, atingindo em especial bairros operários, Brás e Mooca, e de classe média, como Perdizes. O jornal paulista *O Combate*, pró-governo, comemorou na capa da edição de 29 de julho a derrota dos revoltosos, que rumaram para o Sul e formaram a Coluna Miguel Costa-Prestes.

Os ventos da insurreição voltaram a soprar em São Paulo: na Revolução Constitucionalista de 1932, o estado se opôs em peso ao Governo Provisório de Getúlio Vargas. Na foto, batalhão festivo da cidade de Ourinhos.

Os "Gaviões de Penacho" José Ângelo Gomes Ribeiro e Mário Machado Bittencourt ladeiam um oficial diante do Curtiss Falcon *Kavuré-y*, antes do ataque fatídico aos navios legalistas em Santos.

Na outra foto, no centro do grupo de vencedores de 1932 em Minas Gerais, Eduardo Gomes em uniforme de combate. O avião Waco armado com bombas, preservado no Museu Aeroespacial, é um dos "vermelhinhos" que lutavam contra os paulistas.

Fevereiro de 1937, o 1º Regimento de Aviacao recebe o general José Félix Estigarríbia, futuro presidente do Paraguai, que aparece à paisana entre o diretor da Aviação Militar, general Coelho Netto (de farda branca) e o tenente-coronel Eduardo Gomes.

NEWS REVIEW OF CURRENT EVENTS

Dr. Getulio Vargas Becomes the New President of Brazilian Republic.

By EDWARD W. PICKARD

GREETED everywhere by cheering throngs and showered with flowers, Dr. Getulio Vargas made a triumphal progress from southern Brazil, through Sao Paulo to Rio de Janeiro, and assumed the presidency of his country. This was the culmination of the revolutionary movement which he had so skilfully led. The military junta that took over the government

As forças paulistas insurgiram-se contra o Governo Provisório de Getúlio Vargas, que comandou a Revolução de 1930, ponto final da política do café-com-leite e da República Velha. O líder se encontrava em Itararé quando os chefes militares derrubaram Washington Luís. Depois, deram posse a Vargas em 3 de novembro no Palácio do Catete. Na primeira fila, a partir da esquerda, de uniforme escuro, almirante Isaías de Noronha, general Menna Barreto, Vargas e general Tasso Fragoso. O jornal *The New York Times* registrou o evento.

Eduardo Gomes sentado no centro. Com esse grupo de oficiais do 1º Regimento de Aviação, o ainda major combateu a Intentona Comunista no Rio de Janeiro em 1935.

5

A Revolução de 1930 rompeu com o predomínio da oligarquia do café-com-leite, forjou uma nova geração de políticos e um Estado mais comprometido com o bem-estar da população. Habilidoso, simpático e sedutor, Vargas era mestre no jogo político. Oferecia a seus adversários cargos públicos para transformá-los em peças de seu tabuleiro. Eduardo Gomes não tinha vocação para a política e não pleiteou nem aceitou cargo no governo, muito menos se deixou seduzir pelo discurso carismático do líder gaúcho. Seu maior objetivo era reaver a carreira militar que lhe havia escorrido pelos dedos e ajudar a reerguer o país dentro de preceitos de justiça social e democracia. Apoiaria as conquistas sociais do novo governo, mas sua veia revolucionária jamais deixaria de pulsar.

Um mês depois de assumir o poder, Vargas cumpriu o acordo que fizera com os tenentes, anistiando todos os que tiveram seus direitos cassados. Eduardo Gomes voltou ao Exército amparado pelo Decreto nº 19.395, de 8 de novembro de 1930.

Juarez Távora foi convidado a compor o governo. Relutou no início, mas rendeu-se ao carisma de Vargas e aceitou o Ministério da Viação e Obras Públicas, no qual permaneceu por apenas um mês, depois de arrepender-se por tê-lo aceito. Vargas não ficou satisfeito com a devolução do cargo e o convenceu a aceitar a Interventoria Militar no Norte e no Nordeste, para ajudá-lo a consolidar os ideais da revolução. Nomeado chefe de uma Delegacia do Norte por decreto secreto, Távora ganhou o controle de todos os interventores do Nordeste brasileiro, o que lhe valeu a alcunha de "Vice-Rei do Norte". Passou também a integrar uma espécie de comando revolucionário, denominado Conselho Consultivo, o assim chamado "Gabinete Negro", encabeçado pelo próprio governante e formado por Oswaldo Aranha, Pedro Aurélio de Góis Monteiro – que fora o comandante militar da rebelião vitoriosa –, Pedro Ernesto, general José Fernandes Leite de Castro, Ary Parreiras e o tenente pernambucano João Alberto Lins de Barros (quando este, que era interventor federal em São Paulo, ia ao Rio de Janeiro), entre outros. Esse grupo se sobrepunha ao gabinete ministerial, tomando decisões e definindo os rumos da revolução.

Os políticos que tinham feito parte do governo deposto, presos pela revolução, começaram a ser deportados em 17 de dezembro. Diariamente, uma leva de exilados era mandada para o exterior. Washington Luís seguiu para os EUA no terceiro grupo. Ao avaliar o sofrimento do presidente deposto, Vargas registrou no diário um claro sinal de sua tendência ao suicídio:

> Quantas vezes desejei a morte como solução da vida. O Sr. Washington Luís provocou a tormenta e esta o abateu.

Eduardo Gomes apresentou-se ao Departamento de Pessoal do Exército e cumpriu os trâmites burocráticos de praxe. Readmitido em 15 de novembro de 1930, foi promovido a capitão, com data retroativa a 13 de janeiro de 1925. Uma semana depois, recebeu nova promoção, a major, a contar de 9 de fevereiro de 1928. Nomeado para servir no gabinete do ministro da Guerra, general José Fernandes Leite de Castro (1871-1950), chegara a pensar em não retornar ao quadro de aviadores, pois isso atrasaria a promoção de colegas mais jovens, que se encontravam havia mais tempo na atividade.

O retorno dos anistiados realmente abriu uma crise no Exército, conhecida como "o caso dos rabanetes e picolés", por influir na hierarquia e atrasar a promoção dos militares mais jovens. Eram considerados "picolés" os que reagiram friamente aos que aderiram tardiamente à Revolução de 1930. E estes chamavam de "rabanetes" os adesistas de última hora, porque seriam "vermelhos por fora e brancos por dentro". Na hora das promoções, os "picolés" foram considerados mais antigos do que os "rabanetes", que protestaram e receberam punição disciplinar. A tensão gerada chegou a tal ponto que derrubaria o ministro Leite de Castro, substituído no cargo pelo general Augusto Inácio do Espírito Santo Cardoso (1867-1947). O governo solucionou o impasse criando quadros especiais para os dois casos. Eduardo Gomes foi integrado ao quadro de aviadores militares. Tratado pelos colegas mais jovens de "O Velho", por sua experiência e seu passado de lutas, um de seus amigos mais íntimos a partir de então foi o tenente Casemiro Montenegro Filho, que lutara a seu lado em Minas. Anos depois, Montenegro se tornaria figura de proa na história, ao construir as bases da moderna indústria aeronáutica brasileira, o Instituto Tecnológico de Aeronáutica (ITA), e um centro de pesquisas tecnológicas, ambos em São Paulo.

O major Eduardo Gomes foi classificado no gabinete do ministro da Guerra. Em 13 de março de 1931, foi brindado pelo coronel Euclides Hermes da Fonseca, o comandante do Forte de Copacabana em 1922, a esta altura na reserva, com um depoimento pessoal que passou a constar do seu histórico militar:

> Apresentou-se solidário com os seus companheiros na tarde de 4 de julho, pondo-se à disposição do comandante, para que os seus serviços fossem aproveitados. A sua colaboração evidenciou as qualidades admiráveis que possui. Calmo, ponderado, sangue-frio, durante toda a ação. Na manhã de 6, quando já era reduzido o número da guarnição, assumiu o comando da torre 6, pronto para entrar em ação, tendo feito vários disparos. Neste mesmo dia, deixando o quartel de combate do Forte, com mais dezessete companheiros, marchou a fim de dar combate, a peito descoberto, à tropa que sitiava a Praça Serzedelo Correa, aonde recebeu um ferimento na perna esquerda, com fratura exposta. Atualmente, é major, servindo no Gabinete do Senhor Ministro.

O "velho revolucionário", aos 35 anos, sentia-se cansado pelos anos que passara preso e na clandestinidade. Desejava pôr sua vida pessoal em dia e também dedicar mais tempo a sua mãe, dona Jenny. Então, no dia

21 de abril de 1931, requereu férias. O governo havia depositado em sua conta bancária os atrasados referentes a promoções e salários a que tivera direito. Já de férias, desceu de Petrópolis e foi ao Palácio São Joaquim, residência da Arquidiocese do Rio de Janeiro, no bairro da Glória. Admirava a missão social que os salesianos praticavam no interior do país e queria conhecer monsenhor Dom Pedro Massa, que pregava na Amazônia e, naquele momento, estava de passagem pelo Rio. No encontro com o sacerdote, elogiou as obras de caridade da Igreja. Ao final da breve passagem, entregou ao missionário um envelope fechado. Quando ele saiu, o prelado de São Gabriel da Cachoeira (AM) abriu o envelope: dentro havia um cheque de 10 mil cruzeiros, quantia significativa na época, e uma mensagem do doador, dizendo que o dinheiro era "uma contribuição para as Missões".

Sensibilizado com o gesto de caridade e desejoso de agradecer ao militar, na manhã seguinte, o padre subiu a serra e foi a Petrópolis. Contudo, não encontrou o doador em casa. Eduardo saíra para caminhar, hábito que preservaria por anos; algumas vezes, inclusive, pedalava uma pesada bicicleta pelas ruas da cidade. De tanto que caminhara na Ilha de Trindade, havia superado o problema na perna esquerda.

Dona Jenny recebeu o salesiano. Ao saber o motivo da visita, disse ao religioso:

– O senhor nada tem que agradecer. Como o senhor deve saber, o governo mandou pagar aos oficiais anistiados o soldo relativo ao tempo em que estiveram afastados do serviço. Eduardo achou que não devia desfrutar um dinheiro que não ganhou com o seu trabalho, e o destinou, por distribuição equitativa, às obras salesianas.

Dom Pedro Massa não esqueceu a generosidade. Dez anos mais tarde, elevado à dignidade episcopal com a prelazia do Rio Negro, um dos paraninfos de sua sagração foi Eduardo Gomes, então já coronel.

Em 1931, o Exército criou o Grupo Misto de Aviação, no Campo dos Afonsos. Para implantar e comandar a unidade, o general Leite de Castro, ministro da Guerra, pensou em um oficial que tivesse qualidade de liderança e senso de organização. Eduardo Gomes, que servia em seu gabinete, foi o escolhido para assumir tamanha responsabilidade.

A aviação militar brasileira precisava expandir-se. As grandes viagens aéreas no mundo, na década de 1920, tinham comprovado a importância do avião para a integração dos povos. Na revolução de 1930, os pilotos do Exército haviam cumprido missões aéreas contra as forças legalistas de Washington Luís nas cidades mineiras de Juiz de Fora e Belo Horizonte. Portanto, achavam ser mais do que hora de romper de vez com os limites de voo impostos pelo rigor da instrução francesa, que, desde julho de 1919, se restringia ao chamado "Cilindro dos Afonsos". Tratava-se de uma área imaginária de 10 quilômetros quadrados, que ia, ao norte, até Santa Cruz e, ao sul, não ultrapassava o bairro do Engenho Novo.

O Grupo Misto de Aviação recebeu aviões de bombardeio e caças. Seu comandante cercou-se dos tenentes Casemiro Montenegro Filho, Nelson Freire Lavenère-Wanderley, Henrique Dyott Fontenelle, José Vicente Faria Lima, Joelmir Campos de Araripe Macedo, Clóvis Monteiro Travassos, Antônio Lemos Cunha e outros, para levar avante sua missão. O general José Vitoriano Aranha da Silva, que fora comandante da Escola Militar de Realengo por alguns meses de 1930 e estava à testa da Diretoria de Aviação Militar do Exército, o apoiou na organização da primeira unidade estratégica da aviação militar brasileira. No escopo das missões da unidade, os pilotos anteviam a prestação de serviços públicos e a integração do território nacional, sintonizadas com o discurso do governo de modernizar a estrutura do país. O general Leite de Castro incluiu no leque de missões o serviço de transporte de malas postais, inclusive como parte do adestramento dos pilotos.

O ministro Leite de Castro, a quem se atribui a ideia de criar o serviço de correio aéreo no âmbito militar, lembraria seus pioneiros em setembro de 1944:

> Se não fosse essa fé maior, qual teria sido a sorte reservada à minha pequena ideia do Correio Aéreo Militar? Qual teria sido o seu fim se, para ampará-la e dar-lhe vida, ela não contasse com a ação patriótica, sábia, inteligente e dedicada de Eduardo Gomes – nome por todos os títulos querido e respeitado entre os brasileiros? E dos aviadores que lhe seguiram as pegadas, guiados por Lemos Cunha, Nelson Freire Lavenère-Wanderley, Montenegro Filho, Sampaio Macedo e outros belos pilotos?

Assim reza a história oficial, mas a crônica daqueles tempos pioneiros conta que, na verdade, o ministro só fez ceder aos pedidos e às pressões daqueles aviadores do Exército. Por um lado, eles queriam romper a velha orientação francesa, que, na Primeira Guerra Mundial, havia definido os tais 10 quilômetros para o emprego tático do avião – um engenho ainda precário naquela época, mas de evolução muito rápida. A distância considerada recomendável e suficiente havia sido ultrapassada de muito. Por outro lado, sonhavam que o avião fosse colocado a serviço do desenvolvimento do Brasil. Inaugurar o serviço aeropostal seria, para eles, o primeiro passo na consecução desse ideal.

A primeira correspondência oficial do Brasil é a carta histórica do escrivão Pero Vaz de Caminha (1450-1500), datada de 1º de maio de 1500, relatando ao rei de Portugal a descoberta da nova terra pela armada de Pedro Álvares Cabral. Naquela época, Portugal não tinha sistema postal organizado e contratava à Inglaterra a prestação do serviço. Em 1673, a Corte Portuguesa estabeleceu o Correio-Mor das Cartas do Mar, visando obter autonomia postal, em especial entre suas colônias e Lisboa. No entanto, as comunicações entre o Brasil e Lisboa só ganharam impulso a partir de 1798, quando a Inglaterra criou os Correios Marítimos.

Em 1808, Dom João VI aprovou o primeiro Regulamento Postal do Brasil, visando beneficiar também as relações de negócios da Colônia e a troca de correspondência entre suas províncias do interior. Na ocasião, o regente rompeu o acordo de Correios Marítimos com a Inglaterra, serviço que se encontrava suspenso devido à invasão de Portugal pelas tropas de Napoleão. No reinado de Pedro II, o correio abraçou outras províncias, com a adoção da franquia postal para jornais, revistas e livros. Com a invenção do telégrafo, o serviço ganharia maior expressão e desenvoltura

Em 1840, a Inglaterra criou o primeiro selo adesivo, *"Penny Black"*, como parte de sua reforma postal. O pagamento da correspondência passou a ser feito pelo remetente, e não mais pelo destinatário. Dois anos depois, o Brasil adotou reforma à moda inglesa, lançando em agosto de

1843 o "Olho-de-Boi", primeiro selo postal brasileiro, com valores gravados de 30, 60 e 90 réis. No ano seguinte, 1844, eram criadas a função de carteiro e a figura do condutor de mala postal, com a entrega de cartas em domicílio.

No regime republicano, o serviço postal foi incorporado ao Ministério da Instrução Pública, Correios e Telégrafos e logo depois transferido para o Ministério da Indústria, Viação e Obras Públicas. Nos anos 1920, usou os dirigíveis Graff Zeppelin para transportar malotes postais. Por meio de avião, a primeira mala postal aérea foi transportada de Natal ao Rio de Janeiro em 24 de novembro de 1927. Antes, por navio, uma correspondência levava 20 dias para chegar ao destinatário, do Rio de Janeiro a Belém do Pará. A entrega de cartas no interior do país era feita por carteiro a pé, a cavalo ou em lombo de mula. Com o avião, os Correios ganhariam velocidade e melhor desempenho.

Em 1931, o Governo Provisório promoveu a fusão dos Correios com os Telégrafos, do que resultou a criação do Departamento de Correios e Telégrafos (DCT), subordinado ao Ministério da Viação e Obras Públicas, com sede na Praça XV de Novembro, no Rio. Por essa época, a aviação francesa, pioneira no voo aeropostal na América do Sul, explorava uma rota que partia de Natal (RN) com destino a Buenos Aires, Argentina.

Criado o Serviço Postal Aéreo Militar (Spam), o Exército selecionou os aviões que seriam usados no serviço. Inicialmente, foram escolhidos os biplanos Curtiss de treinamento, que tinham pertencido à Escola Militar de Aviação. Assinado o contrato com o DCT, o primeiro malote, com duas cartas, chegou ao Campo dos Afonsos na manhã de 12 de junho de 1931, para ser transportado à capital paulista. Os tenentes Casemiro Montenegro e Lavenère-Wanderley, escalados para o voo, decolaram no início da tarde, no Curtiss *Fledgling* de matrícula K-263. A despeito de alguns imprevistos ao longo do voo, a missão foi um sucesso. A previsão era que eles pousassem no Campo de Marte, zona norte da capital paulista. Contudo, já no início da região montanhosa do Rio de Janeiro, fortes ventos de proa diminuíram a velocidade do avião. Com isso, chegaram a São Paulo com quase duas horas de atraso. Já era noite quando sobrevoaram a capital paulista à procura do ponto de descida. Naquele tempo, não havia sinalização noturna nos campos de pouso. Por sorte, viram o hipódromo da Mooca iluminado e ali aterrissaram. Em seguida, pularam o muro do prado, tomaram um táxi que os levou à agência central dos Correios, próxima ao Vale do Anhangabaú, onde entregaram o malote aos funcionários que já os aguardavam. Começava assim a epopeia do Correio Aéreo Nacional, que tantas e importantes contribuições sociais daria ao país.

Ao mesmo tempo que o Correio Aéreo era organizado e deslanchava, seu chefe, Eduardo Gomes, recebia de Casemiro Montenegro aulas práticas de pilotagem. No dia 18 de junho, uma semana depois do primeiro voo postal para São Paulo, ele passou à condição de aviador militar, categoria "A". A partir daí, também participaria das missões aeropostais voando pelo Brasil, atividade que cumpriria até os últimos dias de sua permanência no serviço ativo.

A aviação militar no Exército cresceu no país. Em outubro de 1931, o Grupo Misto de Aviação virou 1º Regimento de Aviação. Eduardo Gomes foi confirmado no comando interino da nova unidade. Paralelamente, fez o curso de Aperfeiçoamento de Oficiais Superiores, que concluiu em 24 de dezembro.

Desde o início da República, o Brasil era um verdadeiro celeiro de conspirações. Em meados de 1932, irrompeu uma revolução em São Paulo. O descontentamento paulista com o Governo Provisório começou devido à escolha do interventor no Estado. Como conta Juracy Magalhães em *O último tenente*, São Paulo tinha liberais de prestígio. Vargas, porém, optou pela solução tenentista e indicou o pernambucano João Alberto Lins e Barros como delegado e interventor no estado, querendo assim prestigiar o amigo de Siqueira Campos, morto no rio da Prata.

Pressionado por políticos paulistas, gaúchos e mineiros para instalar a Assembleia Nacional Constituinte, Vargas inicialmente aprovou o Código Eleitoral, que consagrou o voto secreto e obrigatório para os eleitores, reconhecendo também às mulheres o direito de votar. Essas providências acalmaram os ânimos contrários, mas não foram suficientes.

João Alberto era um personagem de romance, segundo Juracy Magalhães: alto, bonitão, tocava piano, fazia poemas e encantava as moças. Gostava de lutar e parecia não ter medo. Sua biografia fascinava Vargas, que o considerava um herói. O tenente terminou a vida como a começou: modestamente. Nunca se aproveitou da amizade ou da admiração que despertava em Vargas para galgar cargos ou amealhar fortuna. Homem de caráter, foi praticamente por imposição que aceitou o cargo de delegado do governo em São Paulo. Anos depois, em junho de 1955, faleceu de ataque do coração. Morava num modesto apartamento da Rua Djalma Ulrich, em Copacabana. Nos últimos dias, vivia sem dinheiro, ajudado por amigos, que nunca lhe faltaram. Até morrer, ajudou vários companheiros da Coluna Prestes que passaram a viver na pobreza, repartindo com eles sua pensão de militar na reserva. No mesmo prédio da Djalma Ulrich, morava uma jovem das melhores famílias de São Paulo, Ruth de Almeida Prado, que admirava seu espírito de luta e de solidariedade. Ruth tornou-se sua amiga. Compreendeu a razão da penúria do velho oficial e passou a ajudá-lo, inclusive com doações em dinheiro. Mas João Alberto era um idealista romântico: com o dinheiro que recebia da amiga, ele reforçava sua solidariedade aos antigos colegas.

Ao assumir a interventoria em São Paulo, o nordestino de 33 anos, romântico e envolvente, não conquistou a velha oligarquia paulista nem os partidários de Miguel Costa, que era o secretário de Segurança do Estado. Amigo do interventor, certa vez Miguel Costa debelou uma primeira tentativa de golpe contra João Alberto, sem, entretanto, conseguir mudar os rumos do destino. Pressionado pelos políticos locais, João Alberto renunciou em julho de 1931, sendo substituído por Laudo Camargo, que também não se demorou no posto e cedeu a vez para o coronel Manuel Rabelo. Naquele período no governo federal, José Maria Whitaker, de tradicional família paulista, renunciou ao cargo de ministro da Fazenda do Governo Provisório, sendo substituído pelo gaúcho Oswaldo Aranha.

Sabedor do descontentamento paulista pelas nomeações de interventores não naturais do Estado, Vargas pediu a opinião de Eduardo Gomes para indicar um novo interventor. O comandante do Grupo Misto de Aviação sugeriu o nome do paulista Armando de Salles Oliveira (1887-1945), sócio do jornal *O Estado de S. Paulo*, que apoiara a revolução. O chefe do Governo Provisório, no entanto, nomeou um militar, Valdomiro Lima, que tampouco esquentou a cadeira da interventoria. Em seguida, nomeou Pedro de Toledo (1860-1935). Com este houve uma trégua, mas por pouco tempo. Os paulistas continuaram se considerando "invadidos e tutelados" pelos interventores indicados por Vargas e desconfiavam de suas intenções de confirmar as eleições diretas e livres. O engenheiro paulista Armando Salles só iria governar São Paulo mais tarde, no período 1933-1936, como interventor nomeado e, a partir de 1934, como governador eleito pela Constituinte.

Em maio, inflamados manifestantes lotaram a Praça do Patriarca, na capital paulista, dirigindo duras críticas ao Governo Provisório. Estudantes, intelectuais e homens do povo exigiam autonomia para governar o estado. Pedro de Toledo entusiasmou-se com os comícios e substituiu seu secretariado, indicado por Getúlio, por elementos da Frente Única Paulista. A atitude do interventor agradou o povo, mas a manifestação prosseguiu. Em grandes desfiles pelas ruas, lojas de armas e munições foram saqueadas e redações dos jornais getulistas sofreram ataques. O governo federal reagiu. Houve confrontos, tiroteios e mortes. Quatro estudantes morreram.

A revolução estourou em 9 de julho de 1932, liderada pelos generais Isidoro Dias Lopes e Bertoldo Klinger. Contou inicialmente com o apoio de rebeldes mineiros inspirados por Arthur Bernardes e de rebeldes gaúchos incentivados por Borges de Medeiros, João Neves da Fontoura, Lindolfo Collor e Batista Luzardo. Em vários outros Estados, atraiu aliados. A aliança, porém, não se confirmou, em razão do boato de que São Paulo não queria apenas uma nova Constituição para o país, mas também se separar do Brasil, formando uma nação independente. Isso assustou os aliados.

Alzira Vargas do Amaral Peixoto, filha de Getúlio, comentou no livro *Getúlio Vargas, meu pai*:

> (...) a revolução constitucionalista não era nem uma coisa nem outra. Não era uma revolução; era uma represália. Não era constitucionalista, pois apenas contribuiu para perturbar a constitucionalização do país. E, por incrível que pareça, não era paulista. O fermento veio do Rio Grande do Sul e a massa

que se serviu da juventude e do solo bandeirante como campo de batalha era feita de grãos de ódio de todos os reacionários de todos os tempos e de todos os Estados".

Fato é que o movimento paulista tomou dimensões gigantescas e sensibilizou a população do estado. As donas de casa doavam joias e alianças para fortalecer a revolução e famílias tradicionais juntaram-se a pessoas simples em apoio aos combatentes voluntários. O Exército sediado em São Paulo e a Força Pública aderiram à causa paulista. O interventor Pedro de Toledo tentou compor-se com Vargas, mas renunciou ao cargo. Aclamado pelo povo paulista, reassumiu o governo e empunhou a bandeira de São Paulo. Até então, o movimento ainda contava com a ajuda de guarnições militares do Centro-Oeste e do Sul do país. Mas essa formação não estava mais coesa. Além disso, líderes revolucionários de peso, como Eduardo Gomes, Eurico Gaspar Dutra, João Alberto, Juarez Távora, Góis Monteiro, Oswaldo Aranha e outros mantiveram-se leais ao Governo Provisório.

Mesmo assim, os paulistas acharam que poderiam desfechar um ataque fulminante às forças do governo federal, suficiente para fazer Vargas transigir ou render-se. No final, entretanto, viram suas condições bélico--militares reduzidas e acusadas de praticar o movimento separatista. A maioria dos tenentes dedicava-se à caserna. Investido do dever de debelar a revolução, Góis Monteiro misturou sua liderança militar a intenções políticas. Como pretexto para unir o Exército sob a bandeira do restabelecimento da hierarquia, numa jogada política inteligente, deslocou o Tenentismo, uma força já desorganizada, para junto da oficialidade experiente. A partir daí, ajudou a alimentar a paixão de Vargas pelo poder. Junto com o general Dutra, em 1937, reforçaria o golpe do Estado Novo.

À revolução paulista restou uma força limitada. Mas o entusiasmo revolucionário não feneceu. Sem equipamentos para enfrentar as tropas legalistas – a Marinha bloqueou o porto de Santos, para não permitir ao movimento receber suprimentos – e isolados do resto do país, os paulistas utilizaram o rádio para incentivar a população do estado a aderir à revolução, despertando maior solidariedade a sua causa em terras bandeirantes.

Mesmo assim, as deficiências materiais da revolução eram muitas, incluindo a falta de uma aviação de combate. A Força Pública de São Paulo tivera em 1913 um grupo de aviação, criado pelo presidente (governador) do estado, Francisco de Paula Rodrigues Alves (1848-1919), uma iniciativa que não prosperou por razões orçamentárias, técnicas e operacionais, tendo sido desativada pouco antes da Primeira Guerra Mundial. Reativado em 1920, revelou pilotos notáveis nessa fase. Com a vitória da revolução de Vargas em 1930, o Governo Provisório proibiu aos estados dispor de artilharia e de aviação, conforme o Decreto nº 20.348, de 29 de agosto de 1931. Sem aviação própria estratégica, a cavalaria da Força Pública invadiu o Campo de Marte e sequestrou quatro aviões do Exército para compor o Grupo Misto de Aviação bandeirante, que seria criado por Pedro de Toledo. Depois, mais dois aviões civis do Aero-Club Bandeirante, um Morane-Saulnier e um Curtiss *Jenny*, de particulares, foram requisitados. Por fim, três Nieuport, um Tiger Moth, um Fiat e um Henriot, também de particulares, foram sequestrados, improvisando-se assim uma frota. Os aviões, no entanto, não eram apropriados para missões de combate aéreo.

Quando da invasão ao Campo de Marte pela cavalaria paulista, três pilotos do Correio Aéreo ali se encontravam a serviço: os tenentes Nicanor Virmond, que aderiu à causa paulista; Geraldo Guia de Aquino, que escapou do cerco; e Casemiro Montenegro, que, preso, por ingerência de amigos revolucionários, foi solto sob o compromisso de não fugir da cidade nem tomar parte na luta, mantendo-se, portanto, na neutralidade.

As batalhas travadas entre as forças revolucionárias e as tropas do governo federal foram dramáticas, inclusive no âmbito da aviação. Eduardo Gomes foi mandado comandar um destacamento do Exército na cidade de Resende (RJ), quase fronteira com o estado sedicioso. A deficiência material na aviação paulista era visível. Mesmo assim, os pilotos bandeirantes lutaram com bravura, ficando conhecidos como "Gaviões de Penacho".

O então major Lysias Rodrigues (1896-1957) lutou pela aviação paulista. Era excelente piloto. Praticou inclusive atos de extrema coragem. Durante um confronto aéreo ocasional com três aviões do Exército, tinha como observador aéreo o tenente Mário Bittencourt, que logo que avistou os aviões "inimigos" disparou sua metralhadora, atingindo um dos adversários e tirando-o do combate. Em seguida, a arma emperrou. Acreditando que não sairia vivo do embate, Lysias investiu o próprio avião contra um dos aparelhos. Três vezes o piloto legalista evitou o choque e abandonou a luta, convencido da intenção suicida do piloto constitucionalista – para alívio de Bittencourt, que, desesperado, gritava a Lysias que parasse com aquela loucura, conforme contou o coronel Edilberto de Oliveira Melo no livro *O salto na Amazônia e outras narrativas*.

Os "Gaviões de Penacho" infligiram perdas consideráveis ao Exército, atacando inclusive tropas acantonadas em pontos do Estado. Em Resende, Eduardo Gomes reuniu seus pilotos e recomendou-lhes que fossem igualmente impiedosos com os pilotos paulistas. Sua aviação usava na ocasião aviões Waco CSO novos, pintados de vermelho e, por isso, apelidados de "vermelhinhos". As tropas em terra se deslocavam sem usar camuflagem. Os pilotos, de um lado e do outro, hesitavam em atacar grupos em terra, temendo estar bombardeando seus próprios aliados. Certa vez, um piloto atacou as tropas do então coronel Dutra, em Amparo. Era um "vermelhinho" que saiu das nuvens já cuspindo fogo e só parou de atirar quando a munição acabou. Quando este pousou em Resende, Eduardo Gomes correu para o avião e ordenou ao piloto que decolasse de novo, justificando a ordem: "É que tem um vermelhinho castigando as tropas do Dutra! Vai lá socorrer!". Só então o piloto, tenente Nero Moura, viu que atacara a tropa errada. Ele próprio narrou tal equívoco no livro *Um voo na história*.

A aviação do Exército assumiu o predomínio no ar. Numa última sortida da aviação paulista, no dia 24 de setembro, três aeronaves decolaram de Campinas para Santos, com a missão de atacar os navios da Marinha ali fundeados e tentar liberar o porto. Localizaram o cruzador *Rio Grande do Sul*, ancorado ao largo, próximo ao Forte de Itaipu. Entretanto, quebrando a formação de ataque, num gesto impulsivo, o piloto, tenente José Ângelo Gomes Ribeiro, considerado o principal ás do Grupo Misto de Aviação do Estado de São Paulo – como era denominada a aviação rebelde –, passou pelos demais companheiros voando tão velozmente na direção do vaso de guerra que não evitou o choque com o mar. Seu observador era Mário Machado Bittencourt, advogado paulista que voava por esporte e, durante a Revolução Constitucionalista, foi promovido a primeiro tenente por bravura. Surpreendidos, os pilotos sobrevoaram o local em que os destroços da aeronave *Kavuré-Y* desapareciam no mar e abortaram a operação de ataque. Poucos dias depois, a aviação rebelde começou a receber um tipo de avião mais moderno, o Curtiss Falcon, comprado no Chile. Mas, naquela altura, a revolução já vivia seus instantes finais. O conflito terminou em 3 de outubro. Os líderes da revolução foram presos. Muitos deles se exilaram no exterior. Em 1934, todos foram anistiados pelo governo.

A família do tenente Gomes Ribeiro protagonizou também à perfeição a profunda tristeza que envolve uma guerra civil. O moço, morto aos 31 anos, era filho do general João Gomes Ribeiro Filho (1871-1947), que, à época, comandava a 1ª Região Militar, no Rio de Janeiro, e lutava contra os rebeldes constitucionalistas de São Paulo. O general seria guindado ao Ministério da Guerra por Getúlio Vargas e chefiou a pasta no período 1935-1936.

Em novembro de 1932, Góis Monteiro, comandante do Destacamento do Exército no Leste, enalteceu em boletim da unidade que comandava o comportamento de Eduardo Gomes à frente do grupo de aviação de Resende, destacando as suas características "competência, calma, técnica e dedicação" com que combateu a Revolução Constitucionalista. Na mesma ocasião, o ministro da Guerra, general Augusto Inácio do Espírito Santo Cardoso, o elogiou "pela maneira criteriosa e patriótica com que se dedicou à causa Nacional".

6

Em abril de 1933 – um mês depois de as eleições na Alemanha consagrarem o Partido Nazista, já o maior daquela República, e o chanceler Adolf Hitler (1889-1945) adquirir poderes ditatoriais –, Eduardo Gomes deixou o comando do 1º Regimento de Aviação para realizar o Curso de Estado-Maior do Exército. Na ocasião, foi elogiado pelo diretor de Aviação do Exército por "sua inteligência, capacidade administrativa e dedicação ao serviço". Dois meses depois, frequentava o curso quando foi promovido a tenente-coronel. No fim do ano, após a conclusão, retornou ao comando interino do 1º Regimento de Aviação, exercendo também, cumulativamente, a chefia da Seção de Rotas e Bases Aéreas da Diretoria de Aeronáutica.

No Regimento de Aviação, adotou a prática da educação física na unidade – 50 minutos de ginástica todas as manhãs. Fazia jus, assim, à longa tradição militar da educação física cultivada no Brasil e, ainda, à política educacional do governo Vargas, que compreendia atividades físicas ao lado das intelectuais e também artísticas, concretizadas nas aulas de solfejo e canto orfeônico. Implantou também cursos preparatórios às escolas militares, como forma de incentivar soldados e graduados que desejassem progredir na carreira, em aulas ministradas à noite por sargentos e oficiais instrutores voluntários. Ele próprio doava o material escolar aos alunos. Um destes, o sargento Luís de Souza Cavalcante, se lembraria, anos mais tarde, desse período.

O sargento Cavalcante servia sob as ordens de Eduardo Gomes e, com outros colegas de farda, estudava num curso preparatório na Rua dos Ourives, atual Rua Miguel Couto, no centro do Rio de Janeiro. Passando a frequentar o curso preparatório criado nos Afonsos, ganhou mais tempo para se dedicar aos estudos. Em 1937, foi aprovado para a Escola Militar de Realengo. Terminou a carreira militar no posto de general-de--brigada. Em 1954, entrou para a política. Foi deputado federal, governador de Alagoas e senador da República. Em junho de 1981, em discurso no Senado, falou da iniciativa do antigo comandante: "Devo toda a minha trajetória de oficial do Exército a Eduardo Gomes".

Em 1934, a Carta Magna foi discutida e elaborada na Assembleia Nacional Constituinte, inaugurada em 15 de dezembro de 1933, reunindo 214 parlamentares eleitos pelo voto direto e mais 40 representantes de sindicatos recomendados pelo próprio governo, a exemplo do que se fazia na Itália de Mussolini e na Alemanha de Hitler. Um semestre depois, em 16 de julho de 1934, a nova Constituição era promulgada. Getúlio Vargas foi eleito presidente do Brasil – indiretamente – pelos próprios constituintes, que eram em maioria seus aliados, com mandato de quatro anos. Também foi previsto que, em 1938, seriam realizadas eleições presidenciais livres para escolher o sucessor de Vargas.

Enquanto o Brasil iniciava a nova fase constitucional, Eduardo Gomes integrou, em 1935, a comissão militar de planejamento da expansão da aviação do Exército e participou da comissão de recebimento de um lote de aviões franceses adquiridos pelo Exército. Naquele mesmo ano, também presidiu o inquérito militar técnico que apurou as causas de um acidente sem vítimas ocorrido com o avião Lioré et Olivier matrícula K-612, que quebrou o trem de pouso quando decolava para uma missão rotineira de adestramento. Ainda em 1935, viajou ao Recife comandando uma esquadrilha que participou das comemorações do Dia do Soldado, 25 de agosto. Em setembro, viajou para o Sul, liderando uma esquadrilha que integrou os festejos do Centenário da Revolução Farroupilha, na capital gaúcha.

Por essa época, a União Soviética era considerada a terceira potência industrial do mundo, com posição de vanguarda no Leste Europeu. Internamente, no entanto, o país vivia uma realidade social dramática: um povo despojado das condições mínimas de vida e sem liberdade. Ao menor sinal de contestação ao regime imposto por Josef Stálin – que governou a União das Repúblicas Socialistas Soviéticas (URSS) de 1927 a 1953 com planejamento econômico agressivo, voltado para a coletivização da agricultura, a eliminação da propriedade privada em todas as instâncias e o desenvolvimento industrial –, a polícia perseguia e encarcerava os opositores em campos de trabalho na Sibéria (*gulags*). Os adversários mais renitentes do governo eram fuzilados, como conta Geoffrey Blainey em *Uma breve história do século XX*.

Já em 1922, o romancista russo Máximo Gorki afirmara que a tragédia da Revolução Russa advinha "do legado cultural da sua população atrasada, nada tendo a ver com os malefícios causados pelos bolcheviques 'alienígenas'", segundo o historiador Orlando Figes em *A tragédia de um povo, a Revolução Russa 1891-1924*. Para Figes, os russos eram vítimas e protagonistas de seu próprio infortúnio: tinham se livrado dos imperadores sem conseguir sua cidadania, tornando-se "escravos rebeldes". Apesar disso, porém, a utopia de uma sociedade igualitária que se tornava socialismo real carreava para a URSS muitos apoios em todo o mundo, assim como no passado a Revolução Francesa havia apavorado as cabeças coroadas de toda a Europa enquanto incendiava corações e mentes em prol do republicanismo. Com a fundação da Internacional Comunista, em 1919, teve início a exportação do modelo, via estimulação para que em cada país fosse fundado um partido comunista.

No Brasil não foi diferente. A segunda metade da década de 1910 assistiu a greves e muita movimentação de sindicatos, grupos anarquistas e mesmo "maximalistas", isto é, marxistas adeptos da ideologia bolchevique. O operariado industrial urbano era pequeno: em 1920, cerca de 275 mil, numa população total de 30 milhões, três quartos dela vivendo no campo. Apesar disso, houve disposição para fundar o Partido Comunista Brasileiro em 25 de março de 1922, principal resultado do I Congresso Comunista, realizado em Niterói (RJ), reunindo militantes maximalistas de associações de trabalhadores, como advogados, gráficos, alfaiates, barbeiros, pedreiros e jornalistas – cujo representante, Astrojildo Pereira (1890-1965), foi o dínamo da iniciativa, reconhecida dois anos depois pela III Internacional Comunista. Ora posto na ilegalidade, ora saindo da clandestinidade em sua longa história, o "Partidão" foi a primeira agremiação do gênero a atuar em âmbito nacional no Brasil.

Em meados da década de 1930, o Partido Comunista Brasileiro capitaneou a formação da Aliança Nacional Libertadora (ANL), reunindo profissionais liberais e militares antifascistas. Do outro lado do espectro político, a Ação Integralista Brasileira (AIB) era favorável a um regime corporativo-sindicalista, inspirado no fascismo italiano. Um conflito entre as duas facções ideológicas resultou na morte de um operário, atingido por um tiro que teria sido disparado da sede da Ação Integralista. Luís Carlos Prestes, o "Cavaleiro da Esperança" do Tenentismo, depois de ter sido seduzido pelo comunismo em seu exílio na Bolívia e na Argentina, na sequência da dissolução da Coluna Miguel Costa-Prestes, fora residir em Moscou a convite do governo, em 1931. Em abril de 1935, já arrolado como membro do PCB, voltava ao Brasil casado com Olga Benário e com uma missão: iniciar a revolução comunista em terras brasileiras, sob orientação de Moscou. Vargas, no entanto, ciente de que o comunismo promovia ações extremistas, proibiu as atividades da Aliança Nacional Libertadora, como narrou em carta a Oswaldo Aranha, embaixador em Washington, em 25 de novembro.

Foi assim: Prestes encontrou o recém-constituído movimento da ANL, do qual, mesmo ausente, fora aclamado presidente de honra. Apesar do enorme crescimento da organização, que promove comícios em diversas cidades, seu presidente não sai da clandestinidade. Nas ruas, o encontro de comunistas e integralistas sempre desanda em conflitos. Até que em 5 julho de 1935, durante comemorações das revoltas tenentistas de 1922 e 1924 promovidas pela ANL, foi lido por Carlos Lacerda um manifesto de Prestes propondo a derrubada do governo e exigindo "todo o poder à ANL". Vargas aproveitou a grande repercussão do manifesto para, com base na Lei de Segurança Nacional, promulgada em abril, ordenar o fechamento da organização seis dias depois do evento.

O capitão do Exército Agildo Barata Ribeiro havia lutado na revolução de 1930. Desgostoso com o Governo Provisório, lutou ao lado dos paulistas na Revolução Constitucionalista de 1932. Expulso do Exército, entrou para o comunismo. Com a anistia de 1934, voltou à tropa, mantendo seus princípios ideológicos. Em 1935, no Rio, foi preso por suspeita de conspirar contra o governo constitucional. Detido numa unidade de Infantaria, na Urca, recebeu um bilhete de Prestes no qual o líder comunista dizia que ele deveria "levantar-se às duas horas da madrugada de 26 para 27 do corrente [novembro de 1935] e iniciar a execução das missões constantes do plano anexo por mim rubricado". Era o levante comunista, que já tivera início em Natal e no Recife nos dias 23 e 24 de novembro, respectivamente. Três dias depois, irrompeu no Rio, na Escola de Aviação Militar e no 3º Regimento de Infantaria. Durante a invasão dessas unidades, na calada da noite, os comunistas mataram vários militares a golpes de baioneta enquanto estes dormiam.

Eduardo Gomes estava informado sobre as ações subversivas no Nordeste. Portanto, manteve-se vigilante à frente do Regimento de Aviação, onde passou a dormir. No meio da madrugada, sua unidade e a Escola de Aviação Militar, na Praia Vermelha, foram invadidas em operações facilitadas por militares dessas divisões comprometidos com o movimento. Da sacada de sua sala no prédio do comando, andando de um lado para o outro, Eduardo Gomes respondeu aos disparos dos invasores, ocasião em que um tiro de fuzil lhe atravessou a mão direita. Os comunistas foram derrotados. Com a mão ferida na tipoia, ele continuou de prontidão no quartel até a plena consolidação da vitória.

Mais uma vez de peito aberto, demonstrou que era homem de coragem e de espírito democrático. Outra prova de coragem daria no mês seguinte, durante solenidade comemorativa da aviação militar na unidade que comandava. Com todo o contingente formado, iniciado o Hino Nacional pela banda militar na abertura da cerimônia, ele observou que um grupo de integralistas estendera os braços à frente do corpo, fazendo a saudação fascista. De imediato, mandou interromper o hino, convocou um assessor e ordenou-lhe que retirasse os fascistas do quartel, pela falta de respeito que demonstraram ao hino. Só autorizou o reinício da cerimônia depois que o grupo deixou o evento. É preciso lembrar que os integralistas gozavam da simpatia de Vargas e só se apartaram do governante após a decretação do Estado Novo, em 1937, que promoveu a dissolução de todas as agremiações políticas, inclusive a AIB. No ano seguinte, houve o Levante Integralista – uma tentativa de derrubar Vargas, que levou cerca de 1.500 militantes à prisão.

O sentimento de amor à pátria e o destemor de Eduardo Gomes não passaram despercebidos. Em 9 de dezembro, o general José Antônio Coelho Neto, diretor de Aviação do Exército, fez constar em boletim a atitude do comandante do Regimento de Aviação durante a invasão dos comunistas ao quartel:

> (...) para consolo nosso, quando na escuridão da noite tudo ao redor de si era ainda tumulto e confusão, o 1º Regimento de Aviação reagia intrepidamente ante a ameaça dos traidores que inesperadamente o atacavam, e, numa repulsa formal contra a desordem, com a confiança, a calma e a certeza da vitória, batem-se heroicamente na defesa da causa da Pátria até o completo triunfo. O seu heróico comandante, tenente-coronel Eduardo Gomes, ferido logo ao início da áspera luta, mas consciente do seu valor e sereno na sua bravura, soube, desassombradamente e sem esmorecimento (...) dar-nos o exemplo máximo de grandeza moral e patriótica e de excepcionais qualidades de soldado. Tornou-se, assim, o tenente-coronel Eduardo Gomes, mais uma vez, credor de minha profunda admiração e de meu grande reconhecimento. Louvo-o com orgulho pela sua ação serena, enérgica e decisiva, pela sua bravura indômita, pelo alto valor de seus excepcionais predicados de caráter e pelos seus sentimentos de patriotismo e de grande amor pelo Brasil, que ele acaba de servir com tanta honra, abnegação e lealdade militar.

A "ação serena, enérgica e decisiva" de Eduardo Gomes nesse episódio deixou-lhe uma sequela – ele não conseguiu de imediato restabelecer totalmente os movimentos da mão direita, ferida durante o atentado comunista. Orientado pelos médicos do Exército a buscar tratamento especial na Alemanha, em julho de 1936 requereu licença para viajar à Europa com esse objetivo. Vargas admirava as qualidades do bravo revolucionário. Não conseguira, porém, atraí-lo para o governo e quis saber até onde ia sua honestidade. Preparou-lhe então uma armadilha. Por meio de um burocrata, mandou pedir que lhe fizesse o favor de entregar um documento sigiloso ao adido militar do Brasil em Paris. Para tanto, ofereceu-lhe pagamento extra, que foi prontamente recusado. Eduardo Gomes alegou que Paris estava no seu caminho e não lhe custaria nada prestar favor ao Estado.

Com tudo pronto para a viagem, um dia antes do embarque, ele foi à Pagadoria do Exército receber seu soldo. Ao consultar o saldo da conta, verificou que o pagamento extra prometido por Vargas fora incorporado ao seu salário. Ele questionou o depósito e quis devolver o dinheiro a mais. O caixa explicou-lhe que a devolução dependia de burocracia, demandando várias horas de atendimento. O dirigível Graff Zeppelin partiria no dia seguinte para a Europa. Eduardo Gomes decidiu que faria a devolução na volta. Ele embarcou para a Alemanha com sua mãe. Tão logo o dirigível decolou do aeroporto de Santa Cruz, Vargas telefonou para a Pagadoria do Exército. Numa autêntica quebra de sigilo bancário, soube que o dinheiro permanecia na conta do beneficiado. Comentou então com seu ajudante-de-ordens:

– Dobrei a espinha do Eduardo!

Não dobrara. Ao regressar, a primeira providência de Eduardo Gomes foi dirigir-se à Pagadoria do Exército e devolver o dinheiro depositado indevidamente em sua conta, como publicou o *Jornal da Tarde* em 1981. Ele continuaria apoiando o governo, pelo menos até novembro de 1937, quando Getúlio Vargas tornou-se ditador do Brasil.

Em 30 de setembro, já se encontravam em andamento as campanhas para as eleições presidenciais de janeiro de 1938. A disputa se daria entre o escritor e jurista paraibano José Américo de Almeida (1887-1980), que fora interventor e governador da Paraíba e duas vezes ministro dos Transportes de Vargas, e o engenheiro paulistano Armando de Salles Oliveira, também interventor e governador de São Paulo. Ou seja, ambos apoiadores da Revolução de 1930 e um deles – José Américo – candidato do governante.

Mas Vargas maquiavelicamente denunciou um suposto complô comunista para tirá-lo do poder – o denominado "Plano Cohen" –, cancelou as eleições presidenciais e proclamou o Estado Novo. Para os historiadores, Vargas queria manter-se no poder. Como a Constituição de 1934 o impedia de disputar a reeleição, tramou-se o golpe de estado, que contou com o beneplácito de ministros do governo, como Oswaldo Aranha e Eurico Gaspar Dutra, e de amigos e colaboradores. Era necessária apenas uma motivação, e o comunismo serviu como pretexto. Anunciando o novo regime pelas ondas do rádio para todo o país, o ditador disse:

> O Estado, na ordem nova, é a Nação, e deve prescindir, por isso, dos intermediários políticos, para manter contato com o povo e consultar suas aspirações e necessidades. Hoje, o governo não tem mais intermediários entre ele e o povo. Não há mais mandatários e partidos. Há, sim, o povo no seu conjunto e o governante, dirigindo-se diretamente a ele.

Era 10 de novembro quando o presidente emparedou a Constituição de 1934. Naquela manhã, Eduardo Gomes chegou cedo ao Regimento de Aviação, como habitualmente fazia. Ao cruzar o Corpo da Guarda, notou que havia um clima diferente na unidade. Algo estava no ar, e não eram os aviões. Em conversa com seus oficiais, foi informado de que, por ordem superior, os aviões do Regimento estavam proibidos de levantar voo. Sabedor de sua intolerância ao arbítrio, o governo havia tomado precauções para manter o histórico líder de mãos atadas: assim que ele chegou, tropas da Vila Militar cercaram o Regimento de Aviação e a Escola de Aviação Militar. Sitiado, tentou comunicar-se com os militares de sua linhagem. Estes também se encontravam imobilizados. Acuado em seu ambiente de trabalho, enquanto a democracia estertorava, o tenente-coronel não quis sacrificar seus comandados em mais uma luta de poucos contra tantos. No terceiro dia de confinamento no quartel, demitiu-se do cargo e foi para casa, como forma de demonstrar sua revolta contra a brutalidade do governo. Foi por gestos assim que Eduardo Gomes havia se tornado figura respeitada e admirada entre políticos, militares e população.

O Estado Novo se impôs, não sem antes tentar atrair os adversários para o golpe. O ministro Odilon Duarte Braga (1894-1958) demitiu-se da pasta da Agricultura; Pedro Aleixo (1901-1975), presidente da Câmara dos Deputados, enviou mensagem ao Palácio do Catete criticando duramente a decisão de Vargas de mandar fechar o Congresso.

Quanto a Eduardo Gomes, dois dias depois de sua retirada do quartel, recebeu em Petrópolis um grupo de políticos dispostos a reagir contra o golpe de Vargas. Após ouvir atentamente a proposta deles, levantou-se e pediu aos políticos que se retirassem de sua casa, tendo concluído que o que eles queriam era simplesmente trocar uma ditadura por outra. Vargas soube disso. Por precaução, manteve Eduardo Gomes fora do comando da tropa.

O autoritarismo prevaleceu com o golpe. O governo prendeu seus adversários políticos, extinguiu os partidos e deportou muitos de seus desafetos, descarrilando de vez o ideário tenentista. Eduardo Gomes não se intimidou. Em outra atitude considerada corajosa, ele desceu a serra petropolitana e foi ao cais do porto solidarizar-se com seus companheiros que partiam para o exílio, entre estes o paulista Armando de Salles Oliveira.

O cancelamento das eleições inspirou resistências. Porém, a polícia do Estado Novo manteve-se vigilante sobre os opositores. Os generais Dutra e Góis Monteiro apoiaram o golpe de Vargas e ganharam novos espaços no governo. Eduardo Gomes, que repudiou a violação à Constituição, foi designado para uma função administrativa na Diretoria de Aeronáutica do Exército. No dia em que transmitiu o cargo de comandante do Regimento de Aviação, recebeu do diretor de Aviação Militar outro elogio:

> Por ter deixado no dia 15 do corrente [dezembro de 1937] o comando do 1º Regimento de Aviação, louvo o tenente-coronel Eduardo Gomes, oficial de raras e inconfundíveis virtudes militares, de elevado espírito de classe, de inquebrantável dedicação profissional, de decidida energia e destacada coragem; sua ação de comando, que durante dois anos e meio exerceu (sic), teve o cunho marcante de sua personalidade de escol. Dotado de admiráveis qualidades de chefe, infatigável, inteligente e culto, amando sua arma com abnegação, compreendendo com esclarecida visão o alcance prático de judiciosas iniciativas e do muito que em prol do Brasil pode cumprir a aviação militar, amigo de seus subordinados, sabendo congregá-los junto a si, num espírito constante de lealdade, de disciplina consciente e afetuoso respeito, sua passagem no comando do 1º R.Av. foi eminentemente profícua, construtora e feliz. Enobreceu-a no acerto e na justiça de seus atos e soube honrá-la até no sacrifício de seu próprio sangue, na hora amarga da luta, quando com indômita bravura, salvaguardando a dignidade de seu Regimento, dirigiu

a heróica e vitoriosa resistência do Campo dos Afonsos ao assalto contra o mesmo perpetrado pela traição dos desviados companheiros na noite trágica de 27 de novembro de 1935. A leal, honesta e valiosa cooperação prestada, de maneira inequívoca, a esta Diretoria pelo tenente-coronel Eduardo Gomes, durante o largo tempo em que comandou o 1º R.Av., fazem-no credor de meus sinceros agradecimentos e da certeza de que, no novo posto que lhe for confiado, continuará a servir a aviação militar com o mesmo prestimoso concurso de magnífico exemplo de sua admirável expressão moral, de sua idoneidade profissional e técnica e de seu trabalho inteligente e realizador.

Por suas atitudes de lealdade ao direito constitucional, Eduardo Gomes inspirava receio nos adeptos do arbítrio. Dedicado à instituição militar, ele era de uma probidade exemplar. Semanas antes de deixar o comando do Regimento de Aviação, recebeu em seu gabinete a visita de dois diretores de uma empresa fornecedora do Exército, que lhe ofereceram um automóvel de presente. De pronto, recusou a oferta.

— Mas, coronel, o senhor merece realmente uma homenagem sincera como esta — disseram-lhe os executivos.

— Cumpro no Exército apenas o meu dever — respondeu.

— O senhor devia aceitar o automóvel pelos relevantes serviços que presta à Nação — insistiram os visitantes.

Meditando por instantes, resolveu aceitar o presente. Ao tomar conhecimento da oferta e de sua aceitação, seus adversários imaginaram que ele se havia rendido ao crime de concussão. Mas surpreenderam-se dois dias depois, quando um assessor lhe comunicou a chegada do automóvel ao quartel. Secamente, e sem se preocupar em ver o presente, ordenou:

— Providencie para trocar a pintura pela nossa e mande pôr o número a seguir das viaturas da aviação militar do Exército. E faça o processo de incorporação do bem ao patrimônio público.

Em seguida, despediu-se do assessor, tomou o trem da Leopoldina e foi para sua casa. O automóvel foi devidamente incorporado ao patrimônio da União. E chegou a ser requisitado pelo Palácio do Catete para transportar autoridades que visitavam Vargas.

Eduardo Gomes passaria vários anos fora do comando de tropa. Em 18 de outubro de 1938, como chefe do Serviço de Bases e Rotas Aéreas, ele fiscalizou rotas no trecho Rio-Foz de Iguaçu. Em seguida, demarcou o campo de aviação de Campo Grande (MT). Mas o que gostava de fazer era voar pelo Correio Aéreo Militar. E voava pelo Brasil, fazendo cumprir com rigorosa pontualidade as escalas de voo do serviço. Se por impedimento de última hora um piloto deixasse de cumprir o voo, ele mesmo tomava seu lugar. Era chefe zeloso de suas equipagens. Muitas noites, em Petrópolis, ele insistiu ao telefone com a Estação Rádio dos Afonsos para obter notícias das tripulações em viagem. A esse propósito publicou o *Jornal do Brasil*, em setembro de 1945:

> O seu devotamento, em caso de irregularidades, resultava em mensagens prontamente enviadas ao ponto obscuro da viagem. Se após vinte e quatro horas não se tivesse resposta, providenciava o envio de outros aviões para localizar, socorrer e salvaguardar os interesses dos pilotos acidentados. Não dormia antes que toda a segurança e assistência tivessem sido postas ao alcance dos pilotos, cuja situação estivesse a reclamá-las.

Não tergiversava no cumprimento do contrato assinado com o Departamento de Correios e Telégrafos desde o início, em 1931. Certa vez, ele voava a rota do Norte junto com um tenente. O ano era 1935, os céus, os da Bahia. Ao pernoitar na escala que antecedia a de Porto Seguro, deu um balanço na mala postal restante: apenas uma carta para a próxima parada. O tenente que o acompanhava propôs então que, devido às previsões de chuva em Porto Seguro, a carta fosse entregue na volta da missão. Com sua voz mansa e persuasiva, "O Velho" discordou:

— As cartas precisam chegar logo aos destinatários. E outras cartas podem estar em Porto Seguro esperando o avião do Correio para levá-las ao Norte.

Em outra ocasião, naquele mesmo ano, um piloto decolou de Fortaleza de volta ao Rio. Ao pousar em Petrolina (PE), encontrou um telegrama do "Velho", que se encontrava na capital cearense: "Deveis regressar, pois aqui deixastes uma das malas que deveriam seguir no avião de hoje". O piloto voltou a Fortaleza e apanhou a mala com dez cartas.

Os pilotos, por sua vez, eram igualmente idealistas. Para eles, nada era pior do que cair no desagrado do chefe, pois sabiam que ele não era de punir com rigor os faltosos – ele tinha motivos pessoais para isso. Mas, quando um subordinado transgredia o RDE – Regulamento Disciplinar do Exército –, ele admoestava o transgressor e o afastava de seu convívio direto por trinta dias. Ao final da "sentença", voltava a tratar o subordinado como antes. Era o seu jeito de consertar um ato de indisciplina. Em caso de reincidência, repetia a "punição", ao final da qual eliminava de vez o infrator do seu relacionamento pessoal, transferindo-o de unidade.

Em meados de 1936, usou desse expediente para corrigir uma falta cometida por um piloto do Correio Aéreo. Era um jovem tenente que, escalado para voar no trecho Rio-Vitória, o procurou para dizer que o avião que lhe fora destinado não tinha condição de voo. Eduardo Gomes resolveu conferir. Após inspecionar a aeronave, da cabine falou que o oficial tinha razão e o dispensou. Sem perda de tempo, ligou o avião e decolou. Horas depois, chegava aos Afonsos um telegrama dizendo que ele estava em Vitória, onde fizera a entrega do malote postal. No dia seguinte, ao regressar ao Rio, soube que o tenente havia tentado ludibriar a escala de voo, simplesmente porque conhecera uma jovem na região e marcara encontro com ela para a mesma noite em que deveria estar em Vitória. Eduardo Gomes decidiu cortar o mal pela raiz e não passou a mão na cabeça do tenente, aplicando-lhe seu método de punição. Meses depois, o mesmo tenente tornou-se um dos pilotos mais voados do Correio Aéreo, tamanho o constrangimento que passou por ser ignorado pelo "Velho" durante os trinta dias de "castigo".

Nos anos 1930, uma epidemia assolou Foz do Iguaçu – ainda município precário, mas já dono do Parque Nacional do Iguaçu, criado graças à intercessão do Pai da Aviação, Alberto Santos-Dumont, que passou pelas cataratas em 1916 e pediu ao governador paranaense que desapropriasse a área, então pertencente a um uruguaio, e a transformasse em patrimônio público. O Correio Aéreo transportou medicamentos para os enfermos da cidade. Ao final, a população homenageou os "valorosos oficiais pelos serviços prestados". Durante a Segunda Guerra, o CAN transportou maiores volumes de cartas do que todas as companhias comerciais juntas e ainda apoiou a Cruz Vermelha, realizando transporte de medicamentos a vários pontos do país, sobretudo nos locais onde não havia ferrovia ou navegação fluvial.

Eduardo Gomes liderava essas missões. Só deixava de voar se tivesse de cumprir outras demandas, como em junho de 1936, quando seguiu para os EUA em viagem de instrução. No período, conviveu estreitamente com os pilotos norte-americanos, sendo elogiado pelo governo dos EUA pelo "gentil tratamento e excelente cooperação" que dispensou aos colegas do curso. Ao voltar ao Brasil, aplicou o aprendizado que adquirira no exterior, tendo sido habilitado inclusive para voo noturno, numa época em que não havia ainda equipamentos confiáveis de radionavegação.

No interior brasileiro, o avião era uma curiosa novidade. Os pilotos mais antigos contam que, no começo, eram recebidos com desconfiança pela população. Há fotos clássicas dos primeiros anos do CAN mostrando guerreiros indígenas que apontam suas flechas contra o monstro de prata voando baixo – imagens obtidas em seus primeiros contatos com o homem branco. Às vezes, os pilotos precisavam fazer duas ou três passagens rasantes sobre o campo, gesticulando para que as pessoas deixassem a área livre para o pouso. Outro fato curioso eram os pedidos que recebiam:

– Seu tenente, me faça o favor de comprar em Belém um par de botinas!

– Poderia me trazer do Recife dois quilos de açúcar?

E os pedidos eram atendidos.

Muitas experiências inusitadas ocorreram nesse período. Certa vez, na cidade de Peixe, no Araguaia – hoje no estado de Tocantins –, ao ouvir barulho de um avião chegando, a população correu para o campo de pouso. Até o vigário montou um cavalo e dirigiu-se ao aeródromo. Era um Waco vermelhinho, pilotado por Eduardo Gomes. No momento em que o avião se dirigia para a pista de táxi, uma vaca que pastava no campo disparou em direção ao biplano. Eduardo Gomes não conseguiu evitar o desastre. O avião foi praticamente destruído pelo animal enfurecido. A vaca foi dominada pelos populares e ele saiu ileso dos escombros. Livre do susto, ajeitou os óculos. Ao ver o padre, exclamou:

– O reverendo por aqui? Naturalmente é o vigário local?

— Não, sou o bispo de Porto Nacional, Dom Alano Du Noday.

— Muito prazer em conhecê-lo. Eu sou o coronel Eduardo Gomes.

Assim teve início a amizade entre os dois. Eduardo Gomes não pernoitou na cidade. Junto com o bispo, um dominicano de origem francesa nomeado para o cargo em Porto Nacional pelo papa Pio XII em 1936, embarcou numa canoa para a sede do episcopado, onde ficou hospedado por oito dias. Nesse período, enquanto aguardava o socorro chegar do Rio de Janeiro, conheceu o trabalho que os dominicanos desenvolviam no Brasil Central junto às comunidades indígenas e sertanejas. Conheceu-lhes a pobreza e o sacrifício e presenciou a devoção das freiras na tarefa educacional, comprovando a penúria dos meios à disposição dos sacerdotes. De volta ao Rio de Janeiro, comentou com seus pilotos sobre a figura singular de Dom Alano, percorrendo a cavalo os sertões que naquele tempo pertenciam ao estado de Goiás para abrir escolas.

A partir de então, ele passou a comprar livros, tabuadas, cadernos, lápis, quadros negros para as crianças pobres das margens do Tocantins e do São Francisco. A imprensa destacou sua ação. Um exemplo foi a matéria publicada pelo *Correio da Manhã* de 31 de agosto de 1945:

> Os aviões levantavam voo do Rio e faziam mais uma vez a rota do Tocantins, levando, de permeio com as cartas, encomendas e jornais – os livros, lousas, cadernos e lápis, primeiros elementos para reanimar a instrução que minguava. Quando não levavam quantias em dinheiro, doadas do próprio bolso pelo então coronel Eduardo Gomes, para que com esse dinheiro se preenchessem as lacunas educacionais por acaso ainda não sanadas com o material escolar por ele mesmo arranjado e obtido.

O Correio Aéreo solidarizou-se com os freis dominicanos – Dom Alano Du Noday (1899-1985) em Porto Nacional e, em Conceição do Araguaia, Dom Sebastião Thomas (1876-1945) e Frei Pedro Secondi (1901-1992), este último seria mais tarde um dos fundadores da Pontifícia Universidade Católica do Rio de Janeiro. Em apoio às missões religiosas, o CAN tornou-se instrumento da educação, como destacou o mesmo *Correio da Manhã* em 29 de setembro de 1945:

As principais necessidades atendidas pelos aviões eram, em primeiro lugar, a correspondência e, depois, o material escolar para os longínquos lugares, sem nenhum meio de transporte.

Eduardo Gomes seguia rigoroso padrão ético. Não fazia concessões gratuitas nem mesmo a religiosos, assim como não autorizava seus pilotos a agir de forma diferente. Certa vez, uma enchente do Araguaia reteve Frei Secondi num povoado onde, em matéria de transporte, só se podia contar com os aviões do Correio Aéreo. O dominicano não teve dúvidas. Mandou um telegrama para o coronel, pedindo um avião. A resposta foi simples e curta: "Sim, dentro das possibilidades do Correio".

As ordens aos pilotos eram no sentido de atender primeiramente às comunidades carentes, sem privilégios ou privilegiados. Eduardo Gomes fazia questão de manter intactas as missões originais. Por tal postura, despertava a admiração nos subordinados, como narrou o brigadeiro Nero Moura no livro *Um voo na história*:

> Eduardo Gomes "era um sujeito formidável. Incutia respeito, coragem, tinha muita ação de comando. Não podíamos afrouxar porque ele era calmo, não gritava, mas quando dizia: "Vamos fazer, vamos voar" não tinha conversa. Comandava mesmo. Era um homem de decisões e de atitudes, que exigia, mas também fazia.
>
> O Eduardo costumava sair num aviãozinho de observação [durante a revolução paulista de 1932], para tirar fotografias, e sempre levava o Macedo, que era um dos oficiais antigos e tinha muita intimidade com ele, chamava-o até pelo nome – nós, não; nós o chamávamos de major. O Macedo tentava argumentar: "Mas, Eduardo, é uma loucura a gente sair nesse avião! Os paulistas estão aí com os Falcons, podem nos abater". E o Eduardo respondia: "Não tem importância, eles não vão nos encontrar. E depois, é muito difícil abater o avião no ar". Ele tinha essa teoria. Então, saía para tirar fotografias [das posições paulistas], sobrevoava Campinas e voltava. O Macedo chorava quando era convocado. "Esse homem é louco". Mas o Eduardo o fazia ir, e a nós também. Não tinha conversa. Agora, fora das missões, brincávamos muito, contávamos anedotas, e ele achava graça.

O governo de Vargas sempre mantivera boas relações com o governo da Alemanha, desde a chegada do nazismo ao poder, em 1933. O relacionamento germano-brasileiro adquiriu dimensão extraordinária em termos comerciais, políticos, diplomáticos e militares. Isso causou certo temor em Washington. A partir de 1937, com o Estado Novo, a preocupação norte-americana aumentou. Afinal, além de simpático a regimes de exceção, Vargas agora se transformara em ditador, dispunha de plenos poderes num país estratégico do Atlântico Sul. Washington receava que a política comercial protecionista da Alemanha e a propaganda nazi-fascista colocassem em risco o liberalismo econômico e a democracia política do mundo ocidental. A administração do democrata Franklin D. Roosevelt (1882-1945) não permitiria ver fracassar sua denominada "Política de Boa Vizinhança". Os EUA queriam manter uma cooperação concreta com os Estados americanos para lutar contra as ideologias de Hitler e Mussolini.

Na paisagem política mundial, expandia-se uma era das ditaduras. Agressão japonesa na China, que resultou na Segunda Guerra Sino-Japonesa (1937-1945); invasão da Abissínia (Etiópia) pelo expansionismo fascista da Itália (1935); guerra civil na Espanha, deflagrada em 1936, com o ditador Francisco Franco recebendo apoio de Adolf Hitler, que procedia rapidamente ao rearmamento e à preparação da soldadesca sob o disfarce das práticas esportivas na Alemanha... Na leitura norte-americana, todos esses episódios turbulentos e mais a influência crescente do nazi-fascismo no Novo Mundo eram a receita ideal para um confronto armado em algum momento. A América Latina, no entendimento dos EUA, não poderia manter cooperação estreita com a Alemanha, em razão das políticas intervencionistas proclamadas por Hitler. E muito menos o Brasil, que, desde a Primeira Guerra Mundial, mantinha com os EUA forte relacionamento no campo militar através da recém-criada aviação naval brasileira. Nos anos 1930, as missões militares norte-americanas no Brasil estavam voltadas para o Exército e para a Marinha. Porém, sem muito entusiasmo. Não obstante essa apatia, os vizinhos do norte haviam prometido o arrendamento de seis contratorpedeiros à Marinha do Brasil. Mas, em setembro de 1937, as negociações fracassaram. A Argentina interferiu no negócio, afirmando que a locação dos navios desencadearia uma corrida armamentista na região e contribuiria para destruir o pan--americanismo. Em termos de compra de materiais militares, o governo brasileiro voltou então as atenções para a Alemanha, visando à modernização material do Exército.

A influência alemã era sentida também nas comunicações aéreas, desde 1927, quando da criação do Sindicato Condor e de sua filial, a Viação Aérea Rio-Grandense (Varig), que funcionava sob o controle parcial da Lufthansa. Em 1934, brasileiros de origem alemã fundaram a Viação Aérea São Paulo (Vasp), subvencionada pelos estados de São Paulo e Goiás. A Alemanha também obtete participação acionária na companhia aérea paulista e comandava essas empresas com pessoal de navegação e equipamentos alemães. As concessões obtidas pela Varig e pela Vasp cobriam parte importante do território, avançando pelo litoral e tendo a única linha para as regiões interioranas do Oeste. A concessão mais importante obtida pelo Sindicato Condor alcançava mais de 5 mil quilômetros de linhas. Pela costa atlântica, ia de Natal a Buenos Aires, com escalas em cidades importantes do país. As rotas aéreas dominadas pelas companhias de aviação alemãs cobriam três quartos do território sul-americano. A Alemanha detinha o controle dos meios de comunicações e de transporte. Com a guerra na Europa, os aviões da Condor em voo pelas linhas na costa brasileira passaram a transmitir para os nazistas o quadro de defesa e a posição dos navios mercantes na região. Os italianos não agiam de forma diferente.

Embora os interesses do Brasil tivessem sido contrariados no caso da locação dos contratorpedeiros, o Conselho de Segurança Nacional concedeu à Pan American Airways (Pan Am) licença para explorar a linha aérea Rio de Janeiro-Buenos Aires via Assunção, como forma de compensar as vantagens concedidas à Alemanha e à Itália, ainda que o Itamaraty e o Ministério da Guerra fossem contrários a essa concessão. Eduardo Gomes também discordava, mas seu ponto era outro: enviou correspondência a Oswaldo Aranha, datada de 20 de setembro de 1937, combatendo o favoritismo de Vargas pelas empresas estrangeiras em detrimento das companhias aéreas brasileiras. O livro *O Brasil vai à guerra*, de Ricardo Seitenfus, fala do conteúdo da carta:

> (...) o caso escabroso [a concessão à Pan Am] onde a venalidade e a ausência de patriotismo dos homens que a Revolução inocentemente elevou a posições de responsabilidade e que hoje traem tão miseravelmente o Brasil. E eles só se salvam pela inteligência com que revogam nossas leis e entregam a Pátria ao estrangeiro.

Na avaliação de Eduardo Gomes, as condições nas quais a concessão fora feita eram por demais vantajosas para a Pan Am, ilimitada no tempo, sem reciprocidade e comportava várias escalas de voo intermediárias, prejudicando assim as companhias nacionais. Por isso mesmo, a Panair dominaria totalmente os céus do Brasil até 1965. Mas a própria Pan American, por intermédio de sua subsidiária brasileira, a Panair do Brasil, cumpriria papel relevante na construção dos primeiros grandes aeródromos brasileiros, muitos dos quais foram transformados em bases aéreas, sobretudo no período da Segunda Guerra Mundial, quando o país alinhou-se com os EUA na luta contra os países do Eixo – Alemanha, Itália e Japão.

O Brasil vai à guerra é a tese de doutorado defendida pelo professor Seitenfus em 1980 no Instituto de Altos Estudos Internacionais da Universidade de Genebra, Suíça. Trata-se de uma bem documentada análise das relações do Estado Novo com as ditaduras alemã e italiana. No capítulo que chamou de "As linhas aéreas do Eixo", o autor diz que as Linhas Aéreas Transcontinentais Italianas (Lati) e a Lufthansa tinham filiais na América do Sul, como a Sociedad Colombo-Alemana de Transportes Aéreos (Scadta) e a Sociedad Equatoriana de Transportes Aéreos (Sedta), que, no período da guerra, se beneficiaram do monopólio de rotas aéreas dadas em concessão pelo governo, empregando pilotos e técnicos de nacionalidade ou ascendência germânica.

Segundo Seitenfus, especialista em questões internacionais, as primeiras empresas aéreas brasileiras mantinham vinculação com os interesses alemães. A Condor, filial da Lufthansa, assim como a Varig e a Vasp, tinham capital, pessoal de navegação e material alemães. Somente os aviões da Lufthansa e da Lati ligavam São Paulo e Rio à Europa. Até o início de 1940, as atividades dessas companhias de aviação funcionaram normalmente. O primeiro movimento a despertar a preocupação dos norte--americanos foi o pedido feito pela Condor para estender a rota aérea do litoral brasileiro para além da embocadura do rio Amazonas ao norte do rio Oiapoque.

O pedido chamava atenção, porque não havia na ocasião nenhum centro urbano de porte na região que justificasse a concessão. Portanto, só poderia haver interesses de ordem estratégico-militar sob tal demanda. Com isso, a Condor poderia se aproximar das Guianas – Francesa, Inglesa e Holandesa (as duas últimas países independentes, hoje denominadas República do Suriname e República Cooperativa da Guiana) – e das bases dos EUA ao norte da América do Sul e no Caribe, assim como do Canal do Panamá. Os serviços de inteligência identificaram ações de espionagem de tripulações estrangeiras em favor dos nazistas. Com a nova linha, se concedida, a Condor teria acesso mais fácil à movimentação de navios dos Aliados no litoral brasileiro, no Mar do Caribe e no Pacífico e melhores condições de repassar informações para a Marinha de Guerra alemã sobre as posições dos navios mercantes e de guerra dos Aliados.

Em sua análise, Seitenfus afirma que, em julho de 1940, o Departamento de Estado norte-americano entrou em contato com o governo brasileiro para manifestar sua opinião a respeito das concessões aéreas ítalo-germânicas no Brasil. Para os EUA, o fato de o Brasil conceder novas rotas aéreas à Alemanha representava um perigo de fato para a soberania brasileira, sobretudo porque as aeronaves utilizadas e suas tripulações eram alemãs, o que dificultava o controle de suas atividades.

A observação era pertinente. Em setembro de 1940, a polícia gaúcha revelou que pessoas ligadas à Varig e ao Sindicato Condor desenvolviam ações "subversivas e antipatrióticas". No âmbito do governo, havia quem defendesse a nacionalização das companhias aéreas em operação no Brasil, o que implicaria investir vultosos recursos em formação de pessoal qualificado e na substituição das aeronaves. O Brasil não tinha condições de caixa para isso naquele momento. A solução aventada seria conceder novas rotas aéreas à Pan American no país, por intermédio da Panair do Brasil. O Departamento de Estado convenceu a Pan Am a investir na infraestrutura aeroportuária brasileira. O segundo passo seria o governo brasileiro eliminar da Condor, Vasp e Varig as tripulações estrangeiras e as naturalizadas brasileiras, exigindo como pré-condição que tais profissionais fossem brasileiros natos.

Paralelamente às conversações bilaterais, em outubro de 1940, a administração do Porto do Pará (Snapp) e o Serviço de Navegação da Amazônia permitiram à Condor explorar a linha aérea de Tabatinga, na Amazônia, até Iquitos, no Peru. Washington voltou a pressionar o governo brasileiro contra tal concessão, alegando que isso possibilitaria à Alemanha penetrar na Amazônia. Apurando o assunto, o ministro da Viação e Obras Públicas, João Mendonça Lima, foi informado pela Snapp de que o próprio Vargas, durante visita ao Pará, havia concordado com a concessão. O presidente negou o fato e anulou a autorização.

Os germanófilos brasileiros eram contrários à americanização das comunicações aéreas do país. As concessões mais importantes da Condor, como a rota Rio-Buenos Aires e Porto Alegre-Rio, não foram transferidas de imediato para a Panair. O Departamento de Estado norte-americano insistiu na transferência – até porque a companhia nascera da antiga Nyrba, companhia fundada em 1929, cujo nome descrevia sua rota: Nova York-Rio-Buenos Aires. Em meados de 1941, o governo brasileiro decidiu não conceder novas linhas aéreas às companhias ligadas aos interesses alemães e beneficiou a Panair, dando-lhe as rotas aéreas Rio-Assunção, Brasil-Guiana Holandesa, Belém-Manaus-Porto Velho e Belém-Rio de Janeiro. Como contrapartida, a empresa aérea ficaria responsável pela modernização e construção dos aeroportos de Salvador, Maceió, Recife, Fortaleza, Belém e Macapá.

No sentido de anular as concessões feitas à Lati, em novembro de 1941, o governo dos EUA enviou relatório ao Palácio do Catete informando que os submarinos italianos e alemães em operação na costa brasileira vinham recebendo das tripulações da Lati informações privilegiadas sobre a localização dos navios mercantes dos Aliados e de países neutros. O Brasil sabia que as companhias aéreas ligadas ao Eixo desenvolviam ações subversivas; desde agosto de 1940, quando passou a transportar a mala diplomática brasileira para a Europa, a Lati vinha violando a correspondência, fotocopiando e alterando o correio diplomático e confiscando documentos brasileiros importantes.

O Brasil protestou contra tais irregularidades. A diplomacia italiana prometeu tomar providências e solicitou ao seu Ministério do Interior, o órgão responsável pela segurança no setor, que a censura tivesse fim. Mas a polícia italiana não levou em conta a orientação. Diante disso, logo após a entrada dos EUA na guerra, em dezembro de 1941, o governo brasileiro finalmente se convenceu de que era preciso encerrar o domínio das empresas alemãs e italianas nas comunicações aéreas no Brasil. A partir de então, novas medidas foram adotadas, visando maior participação da Panair do Brasil nas rotas aéreas brasileiras.

A companhia dominou os céus do Brasil por muitos anos e já não tinha 100% de suas ações em mãos norte-americanas em 1965, quando suas operações foram encerradas por dívidas contraídas com o governo e fornecedores. Eduardo Gomes teve a ver com isso: quando foi ministro da Aeronáutica do primeiro governo militar, sob a presidência do marechal Humberto de Alencar Castello Branco (1897-1967), foi quem assinou o ato que cassou o certificado de operação da Panair, repassando suas linhas internacionais para a Cruzeiro e para a Varig — já então empresas aéreas sem ligação nenhuma com a Alemanha nazista. Mas, desde 1938, o Brigadeiro vinha acompanhando de perto a situação das companhias aéreas no Brasil.

7

A Segunda Guerra Mundial teve início em 1º de setembro de 1939, quando os exércitos da Alemanha invadiram a Polônia. Seis semanas mais tarde, o submarino alemão U-47 burlou a segurança de Scapa Flow, um dos maiores portos naturais do mundo, localizado na Escócia. No fundo da baía, a tripulação preparou duas levas de torpedos. No primeiro ataque que empreendeu, rasgou o casco do vaso de guerra *Royal Oak*, da Marinha Real Britânica; no segundo, acabou de afundar o navio. A façanha deixou clara a fragilidade da defesa naval britânica. Naquele instante, já soando como crítica, uma anedota inglesa dizia que a Inglaterra estava sempre se preparando para a guerra que passou...

A ameaça submarina fazia centenas de vítimas de várias bandeiras mar afora quando o presidente dos EUA, Franklin Roosevelt, analisou um estudo sobre escolta naval aos mercantes aliados, pedindo a seus almirantes que elaborassem um plano de defesa para o Hemisfério Sul. A proteção dos comboios se daria "em águas navegáveis no Atlântico Norte e Sul, a oeste do meridiano de 25°W", às principais linhas de abastecimento dos Aliados. As escoltas não podiam afastar-se muito dos comboios nem romper suas densas concentrações nos flancos. Os aviões de patrulha deveriam detectar os submarinos, destruí-los ou forçá-los a se manter submersos para garantir que a travessia dos mercantes ocorresse sem incidentes.

A Inglaterra foi cogitada como responsável pelo patrulhamento aéreo aos navios. Naquela altura da guerra, em 1942, contudo, os ingleses precisavam de fornecimento externo para sua própria sobrevivência, lutavam bravamente na África contra os exércitos do general Erwin von Rommel e defendiam-se do brutal bombardeamento a Londres, com quase absoluta dependência da ajuda material dos EUA. Portanto, não tinham condição de fazer o patrulhamento necessário. O Brasil foi chamado a participar dessa operação no Atlântico Sul. Sua posição estratégica em relação ao continente africano seria de vital importância para as operações de guerra das forças anglo-americanas na África do Norte. Contudo, antes disso, os EUA teriam de eliminar aquela velha anedota inglesa que se aplicava também ao Brasil.

Já em 20 de janeiro de 1941, o governo brasileiro criou o Ministério da Aeronáutica. Na mesma data, instituiu as Forças Aéreas Nacionais, o braço armado da nova pasta, que teve o nome modificado, quatro meses depois, para Força Aérea Brasileira (FAB). Para dirigir a nova secretaria de Estado, Vargas chamou o advogado gaúcho Joaquim Pedro Salgado Filho, seu amigo e velho parceiro de turfe: "Antes de tomar posse, li *O Conde d'Abranhos*", anotou o ministro no seu diário, fazendo alusão ao romance do português Eça de Queiroz, cujo personagem ocupa a pasta da Marinha de Portugal sem nunca ter colocado os pés num navio. Até então, a experiência militar de Salgado Filho se resumia ao breve período que passara como ministro do Superior Tribunal Militar, cargo que deixou para assumir a nova função.

A fusão da Aviação Naval com a Aviação do Exército dera vida à Força Aérea Brasileira: 421 aviões transferidos para a Aeronáutica no final de janeiro ainda ostentavam o símbolo de cada Arma e suas cores originais. Segundo consta do diário do ministro Salgado Filho, desse total, apenas 30 aviões estavam em boas condições para treinamento militar, sendo "a maioria, monomotores inadequados para a função defensiva do país".

O efetivo da pasta teve idêntica procedência. Oficiais e civis foram selecionados com base no mérito profissional para compor o *staff* que ajudaria o ministro a organizar a nova Arma e suas bases aéreas, com um detalhe desafiador: o orçamento público, sempre curto para novos investimentos. A agravar a situação, a guerra também sangrava a economia brasileira.

Em fevereiro de 1942, Getúlio Vargas reuniu-se com o chefe do Estado-Maior de cada uma das Forças, com o Conselho de Segurança

Nacional e com o ministro das Relações Exteriores para analisar o Acordo de Cooperação Militar Brasil-EUA (que seria assinado no ano seguinte). Na ocasião, a embaixada norte-americana no Brasil entregou ao ditador brasileiro mensagem do presidente Roosevelt, pedindo autorização para instalar em Natal um contingente militar com a finalidade de cuidar da manutenção dos aviões de guerra que se dirigiam à África. O pedido requeria permissão para construir no Nordeste brasileiro galpões, alojamentos, armazéns de subsistência e depósitos subterrâneos de gasolina de aviação. O governo autorizou o pedido. Logo surgiu o boato, identificado pelos órgãos de inteligência como de origem nazista, de que militares norte-americanos haviam ocupado o país. O Palácio do Catete manteve a autorização. Pelo pacto, longamente negociado, em troca do uso das bases militares nordestinas, os EUA financiariam a construção da primeira usina siderúrgica brasileira. Para selar o acordo, Roosevelt encontrou-se em Natal com Vargas, que ainda tentou garantir para o Brasil um assento no Conselho de Segurança da ONU, mas sem sucesso.

Quando da criação do Ministério da Aeronáutica, trinta pilotos formados pela Marinha e pelo Exército no final de 1940 foram transferidos para a Força Aérea, que carecia de aviões, bases aéreas e de mais pilotos para cumprir o patrulhamento aéreo do litoral. O tratado de cooperação militar Brasil-EUA facilitaria a organização da instituição, não obstante a resistência dos germanófilos quanto ao alinhamento do Brasil com a grande nação do Norte.

Em janeiro de 1941, Eduardo Gomes se encontrava no Rio Grande do Sul, inspecionando campos de pouso no interior do estado. Naquele ano, ele fez o curso de adaptação ao avião NA-44, da Missão Norte-Americana de Aviação Militar, no qual realizou cerca de 50 horas, inclusive em voo por instrumento. Integrou uma comissão da Aeronáutica responsável pela padronização da rede de comunicações rádio para a aviação brasileira em geral e não deixou de cumprir missões pelo Correio Aéreo Nacional.

Em outubro, foi aprovado o cronograma da Aeronáutica. Cinco Zonas Aéreas foram criadas no país. Em novembro, Eduardo Gomes foi promovido a brigadeiro. Retornando ao comando de tropa, foi nomeado comandante da 2ª Zona Aérea, que compreendia oito estados – Piauí, Ceará, Rio Grande do Norte, Paraíba, Pernambuco, Alagoas, Sergipe e Bahia – e tinha sede na capital pernambucana. Iniciava assim mais uma importante fase de sua vida. Tinha 45 anos e seus cabelos estavam cheios de fios brancos nas têmporas.

Como parte da organização da Força Aérea Brasileira, também foram criados na mesma ocasião os quadros de oficiais Aviadores, de Saúde, Infantaria de Guarda, Intendência, Engenharia e Auxiliares da Aeronáutica. Mas o fato que mais chamou a atenção da imprensa no período foi o discurso do ministro da Guerra, general Eurico Dutra, pelo transcurso do quarto aniversário do Estado Novo, durante almoço oferecido ao chefe do governo. A Marinha também homenageou o ditador com um banquete que promoveu a bordo do navio-escola *Almirante Saldanha*, no porto do Rio.

Em 1940, Franklin Roosevelt fora eleito para o seu terceiro mandato presidencial – seria ainda reeleito para um quarto período, caso único e irrepetível nos EUA. Desde sua chegada à Casa Branca, em 1932, conseguira resgatar a economia do fundo da chamada "Grande Depressão", usando uma série de programas inéditos – o famoso *New Deal* –, abrindo mão inclusive do "padrão ouro". No seu terceiro mandato, o 32º presidente norte-americano teria pela frente um novo desafio: livrar a Inglaterra do colapso total.

Em termos de créditos externos em dólares, o Império Britânico encontrava-se exaurido. Além disso, suas reservas internas chegavam ao perigoso limite de 2 bilhões de libras esterlinas. Sem suprimento externo, não resistiria por muito tempo. O presidente Roosevelt decidiu socorrer o país-irmão. A solução seria arrendar ou emprestar materiais à Inglaterra. Em 11 de março de 1941, o Congresso dos Estados Unidos aprovou a Lei de Locação e Arrendamento (*Lend-Lease Act*), que salvaria também outros países comprometidos pela ameaça nazista.

Esse começo foi difícil. Da gigantesca escala de produção dos EUA, metade seria usada internamente; a outra metade, pela Inglaterra e demais Aliados, segundo as necessidades e prioridades de guerra de cada um. O patrulhamento aéreo aos comboios mercantes seria fundamental para escoar a produção de armas. Em Washington, o *Lend-Lease* envolveu cerca de cem pessoas do governo que tiveram de remover severos obstáculos. O principal era o próprio setor industrial, como conta Robert E. Sherwood em *Roosevelt e Hopkins*. Como mobilizar a indústria e fazê-la "passar da situação de paz para a de guerra com um mínimo de confusão, desperdício e perdas"? O Exército, responsável pelos suprimentos, sabia os motivos da urgência. Para chegar ao tamanho das necessidades materiais, os generais e coronéis usaram como base o número de combatentes norte-americanos para estabelecer a quantidade aproximada dos itens necessários, de escovas de dente a armamentos, prevendo gastos da ordem de 7 bilhões de dólares.

No início de 1941, ainda não se sabia quanto tempo duraria a guerra. Como era preciso produzir mais do que Alemanha, Itália, Japão e seus estados satélites juntos, a sociedade norte-americana teve a impressão, e o temor, de que o país não estava se preparando para a "defesa", mas para a guerra "estrangeira", contrariando a neutralidade pela qual optara. Para o povo norte-americano, a palavra "ultramar" soava como força expedicionária, destaca Sherwood. Afinal, a memória do acontecido na Primeira Guerra Mundial ainda não se havia desvanecido: mantendo-se neutro e participando apenas como fornecedor das nações em confronto até 1917, os EUA tinham acabado por entrar na guerra, enviando forças que lutaram na Europa até a vitória da Tríplice Entente, em novembro de 1918.

A relutância da indústria americana também era pertinente. Não se faz conversão de maquinário para produzir armas de guerra da noite para o dia. Os principais empresários do país logo se mostraram contrários à ideia. Havia outro motivo: as vendas de bens de consumo e de automóveis exibiam bons índices de crescimento. Assentado em valores democráticos, o governo não tinha autoridade legal para determinar a conversão das linhas de produção nem como dar garantias de longo prazo para as encomendas. O industrial que expandisse a produção sem previsão de demanda e prazo, tradicionalmente garimpados por análises de mercado e pesquisa de consumo, poderia acabar na falência. Os "gargalos" de transporte, matérias-primas, prioridades e distribuição eram outro fator considerado. Além disso, os mercantes eram poucos para transportar as volumosas produções. Um fato inusitado, entretanto, levou a indústria dos EUA a aderir em peso à produção de armamentos: o traiçoeiro ataque japonês a Pearl Harbour, em 7 de dezembro de 1941, que mexeu com os brios da maior nação democrática.

Os EUA importavam material estratégico da América Latina. Em maio de 1941, fixaram um volume anual das compras do Brasil em 500 mil toneladas de manganês, 100 mil de bauxita, 6 mil de cromo, 1,6 tonelada de berilo, 600 quilos de níquel e 300 mil quilates de diamantes industriais. Com sua entrada na guerra, no final daquele mesmo ano, os volumes subiriam. Mais adiante, Washington ainda teria de compensar as exportações brasileiras, para não torná-las ociosas, devido à ruptura dos laços do Brasil com as nações do Eixo, de acordo com as pressões feitas pelos EUA.

Os entendimentos para a presença militar norte-americana no Nordeste brasileiro, mantidos entre a Casa Branca e o Palácio do Catete, passaram a caminhar bem, até que houve um impasse no dia 25 de julho: uma esquadrilha norte-americana foi retida em Belém, por ordem do general Dutra, por estar sendo conduzida por pilotos ingleses. Na verdade, a decisão do ministro da Guerra era uma tentativa de desforra por uma ação da Inglaterra no ano anterior. Em 1938, o Exército havia encomendado equipamentos militares à indústria alemã Krupp. Em novembro de 1940, o mercante *Siqueira Campos* trazia para o Brasil o material adquirido quando a Marinha de Guerra britânica interceptou o navio ao largo da costa portuguesa. O Brasil protestou e cogitou romper relações com os ingleses. Londres considerou legal a atitude de sua Marinha. O navio brasileiro transportava armas produzidas pela Alemanha, considerada nação inimiga pela Inglaterra na ocasião. Os EUA mediaram a questão. O *Siqueira Campos* foi liberado.

Solucionado o incidente, o governo brasileiro autorizou a Panair do Brasil – fundada em 1929 e incorporada pela Pan American Airways em

1930 – a iniciar, com financiamento norte-americano, as obras de infraestrutura aeroportuária em Belém, Amapá, São Luís, Fortaleza, Natal, Recife, Maceió e Salvador, a fim de atender à presença militar norte-americana no país. No fim de julho, a FAB recebeu as primeiras aeronaves "fortalezas voadoras" e outros aviões fornecidos pela indústria norte-americana.

A despeito das pressões internas e externas, o Estado Novo ainda hesitava em romper relações com a Alemanha. Conhecidas figuras brasileiras de expressão tinham simpatia pelo regime nazista, como o próprio presidente da República e seus principais generais. Vargas, aliás, fez um discurso simpático ao Eixo, a bordo do encouraçado *Minas Gerais*, quando a França foi subjugada pelos alemães em junho de 1940. Anualmente, o ditador brasileiro enviava ao ditador alemão, Adolf Hitler, mensagem de felicitações em abril, quando este aniversariava. Por uma razão comercial: a Alemanha tornara-se importante parceiro do Brasil desde o início do Governo Provisório. Comprava grandes volumes de insumos e respondia com a mesma generosidade em armamentos e produtos de emprego geral. O próprio Hitler incentivara o intercâmbio. Em 1933, em conversa com Hermann Rauschning, presidente do Senado da cidade de Dantzig, revelou: "Construiremos uma nova Alemanha no Brasil. Ali temos tudo o que nos interessa".

Mas havia no Brasil também quem defendesse a liberdade democrática e essa frente passou a criticar com veemência a posição de neutralidade do país frente à guerra. Para estes, o Brasil deveria aparelhar as Forças Armadas e se alinhar com os EUA. Por outro lado, os germanófilos recordavam o alto custo de preparo das Forças Armadas no mar, na terra e, agora, no ar. A lengalenga durou até 31 de agosto de 1942, quando o Brasil finalmente declarou guerra ao Eixo. A partir daí, o país colecionaria sucessivas perdas de mercantes e de vidas humanas em seu próprio mar territorial, famílias enlutadas e prejuízos à economia.

Em função do comando que recebera, Eduardo Gomes mudou-se para o Recife no final de 1941. Enquanto sua casa não ficava pronta, morava no Grande Hotel da cidade. Um dia, os jornalistas Assis Chateaubriand e Ademar Vidal (1900-1986) passaram pelo Recife e se hospedaram no mesmo hotel. Da recepção, viram o Brigadeiro andando de um lado para o outro, solitário e pensativo. Chateaubriand apresentou-lhe o colega. Na rápida conversa que travaram, enquanto aguardava a condução que o levaria ao QG da 2ª Zona Aérea, Eduardo Gomes disse-lhes o motivo de preocupação:

– Nesta madrugada, os japoneses destruíram a esquadra norte-americana no Havaí.

Era o caldeirão da guerra que se completava.

Ademar Vidal, figura de destaque na Paraíba, tornou-se amigo do Brigadeiro. Semanas depois, manteve um segundo encontro com o comandante da 2ª Zona Aérea. Vinha de João Pessoa, onde morava, e desceu no aeródromo do Ibura (atual Aeroporto Internacional dos Guararapes), no Recife, de onde embarcaria em outro voo para o Rio de Janeiro. Combinara tomar o café de manhã no quartel-general, com Eduardo Gomes. Durante o desjejum, o ajudante-de-ordens entregou ao Brigadeiro um cartão de visita de uma autoridade política local que acabara de chegar: o prefeito do Recife, Novaes Filho, que se atrasara para o café da manhã. "O prefeito deve ter esperado muito", diria Vidal depois, em depoimento ao *Jornal do Brasil*.

O Brigadeiro acompanhou o jornalista ao pátio de embarque. Ali, Vidal conheceu mais um traço da personalidade do ilustre revolucionário. No pátio, estavam duas freiras que pareciam nervosas. Eduardo Gomes cumprimentou-as e perguntou se estavam com algum problema. As religiosas responderam que o avião do Correio Aéreo, no qual deveriam ter embarcado para o Rio de Janeiro, saíra antes do horário previsto. O Brigadeiro foi à sala de tráfego, verificou o relatório de decolagem e mandou a torre entrar em contato com o piloto. Por ordem dele, o avião deveria retornar ao aeroporto e apanhar as freiras.

O jornalista despediu-se e embarcou no seu avião, praticamente vazio, no qual se encontrava um velho amigo do Brigadeiro, o agora general Nelson de Melo, com a esposa e a filha. Vidal pensou: "As duas freiras bem que poderiam ter vindo neste avião quase vazio, em nossa companhia". O que ele não sabia é que Eduardo Gomes não tolerava decolagens fora de hora, nem antes nem depois.

Em março de 1941, a Base Aérea de Natal ficou pronta. Imediatamente, Eduardo Gomes determinou o início do patrulhamento aérea marítimo no litoral nordestino, de Natal até Salvador, área que seria posteriormente aumentada. A Força Aérea Brasileira iniciou a missão, mas sua frota não acompanhava o ritmo das necessidades de guerra. Não tinha nem pilotos nem material suficiente e adequado para combater os corsários alemães. O Brasil ainda não tinha rompido relações com o Eixo. Porém, Eduardo Gomes não hesitou em travar sua "guerra particular" contra os alemães no mar brasileiro, como os norte-americanos comentariam mais tarde.

O coronel reformado Gustavo Borges, veterano piloto do Correio Aéreo Nacional, cumpriu missões de patrulha aérea em Natal. Foi um dos oficiais responsáveis pela montagem do primeiro sistema de controle do tráfego aéreo no Brasil e serviu sob as ordens de Eduardo Gomes. Nos anos 1950, com a patente de major, ele escapou do atentado a Carlos Lacerda na Rua Toneleros por um voo para Goiás, que o impediu de participar da segurança do jornalista e deputado, conforme narrou ao jornalista Geneton Moraes Neto e se encontra publicado em seu livro *Dossiê Brasil*. Aquela noite fatídica, em que morreu o major-aviador Rubens Florentino Vaz, agravou a crise política que levaria Getúlio Vargas ao suicídio em agosto de 1954.

Carioca de Botafogo, Borges nasceu em 22 de junho de 1922. Estudou no Colégio Santo Inácio e em Petrópolis. Na adolescência, por circunstância familiar, mudou-se com a mãe para a Suíça, onde passaram dois anos. Em Genebra, completou o ensino secundário e aprendeu a falar francês. De volta ao Brasil, prestou exame para a Escola Naval em 1939. Queria ser piloto. Com a criação do Ministério da Aeronáutica dois anos depois, optou por se transferir para a Força Aérea Brasileira, no curso de Aviador da Escola de Aeronáutica. Com os sucessivos torpedeamentos dos mercantes brasileiros, seu curso foi abreviado. Em 2011, aos 89 anos, mora na Ilha do Governador, no Rio de Janeiro, ao lado de sua esposa, Olga. Ele lembra como foi o seu começo na Força Aérea, depois que saiu oficial aviador:

> Primeiramente, fiquei na Escola de Aeronáutica como instrutor de voo. Depois, em Santa Cruz, voei a aviação de caça. Em Natal, para onde fui em

seguida, fiz patrulha antissubmarina em avião North American T-6 de treinamento avançado, que tinha metralhadora de 7 mm e levava duas "bombinhas" de 20 quilos, ao passo que os submarinos alemães tinham metralhadoras e canhão de 90mm. Disseram-me que o importante era fazer barulho. Os submarinos tinham microfone no periscópio e, quando ouviam barulho de motor de um avião, não vinham à tona. Por conseguinte, não atacavam os comboios. Então, brincávamos, dizendo que éramos da FAB: a Força Aérea do Barulho.

A Comissão Mista Brasil-Estados Unidos estava em vigor. Com a chegada de novos aviões adequados para a guerra, Borges diz que "a conversa foi outra". Com conhecimento de causa, afirma que o bombardeiro médio North American B-25 era um avião formidável do ponto de vista de pilotagem e poder de fogo, pois levava "seis bombas de 300 quilos, bombas de profundidade específicas para combate aos submarinos e treze metralhadoras calibre ponto 50, uma arma respeitável". Como piloto de B-25, fez patrulha dos comboios marítimos e especifica: "Os aviões da Base de Recife cobriam os comboios até João Pessoa, na Paraíba, onde os aviões de Natal substituíam a patrulha. Os de Recife iam até Fortaleza, de onde os aviões da base local continuavam a proteger o comboio até São Luís do Maranhão. Na vizinhança de Belém, os aviões Aliados protegiam os navios até a África".

Quando jovem, Borges praticava radioamadorismo e diz que entendia do riscado. Tanto que, voluntariamente, montou a primeira estação-rádio na Base de Natal. "Um dia", lembra, "o brigadeiro Eduardo Gomes fez uma visita de inspeção à base, viu a estação-rádio funcionando e perguntou: 'Ué, quem montou essa estação?'. Responderam: 'Ah, foi o tenente Borges'". Na ocasião, o Brigadeiro preparava uma lista de oficiais que seriam mandados aos EUA fazer o curso de Comunicações. Gustavo Borges foi incluído e cursou Eletrônica e Telecomunicações. No final do curso, cada um dos cinco oficiais-alunos diplomados tornou-se especialista de uma das áreas cogitadas. A ele coube a de Controle de Tráfego Aéreo, que não existia no Brasil.

O experiente aviador lembra outros fatos ligados a Eduardo Gomes no período, quando estava à testa da Diretoria de Rotas Aéreas. Refere-se ao Brigadeiro com indisfarçável desvelo:

> Na cabeça dele, só tinha coisas corretas para o país e para a aviação. Um cara que sai do Forte de Copacabana para enfrentar o Exército apenas com uma espingarda tem que estar convencido de que sua causa é justa. Para ele, a vida não valia nada naquele instante. De fato, muitos de seus companheiros morreram naquele episódio. Só ele e Siqueira Campos saíram vivos, gravemente feridos. Anos depois, nos Afonsos, no combate contra os comunistas, do prédio com uma varanda que servia de parapeito, ele achou que, como comandante da unidade, tinha que ficar de pé, andando de um lado para o outro da varanda, enquanto combatia os comunistas. Resultado: tomou um tiro na mão. Ele era assim. E não se metia em politicagem.

Borges conta outras passagens envolvendo Eduardo Gomes e a aviação comercial. Sobre certo episódio que implicava a Pan American Airways, disse:

> Na aviação, ele deu demonstrações de patriotismo e discernimento. Em dado momento, os voos comerciais no Brasil só podiam ser feitos por aviões comerciais brasileiros. Era a doutrina firmada. Aí, a Pan American pleiteou uma linha do Rio de Janeiro a Assunção, chamada de "a quinta liberdade". Como empresa americana, pegaria passageiro num segundo país, no caso o Brasil, para levar para um terceiro, o Paraguai. Mas isso não era permitido pelas leis brasileiras. A Pan American burlou a lei e usou de suas influências políticas junto ao Departamento de Aviação Civil para ser autorizada a fazer esse voo. Eduardo Gomes comandava o 1º Regimento de Aviação. Quando soube do arranjo da Pan American, telefonou para o DAC e disse que o voo pretendido não podia ser autorizado, por ser ilegal. A Pan American só podia transportar passageiro do Rio de Janeiro para os EUA e de lá para cá. Eram as regras brasileiras. Por isso que se chamava "a quinta liberdade". O DAC insistiu e autorizou. Eduardo Gomes soube que o avião da Pan American estava sendo reabastecido, embarcaria passageiros no dia seguinte e decolaria

às sete horas da manhã, no Aeroporto Santos Dumont, no Calabouço, para Assunção. Sabe o que ele fez? Desceu dos Afonsos à frente de uma tropa de infantaria, cercou o avião da Pan American e determinou: "Não decola. Se insistir, mando furar os pneus do avião a tiro".

O avião não saiu dali, não pegou passageiro nem decolou. O ministro da Guerra não fez nenhum comentário, porque viu que a posição dele era patriótica, correta, legal e benéfica ao Brasil. A manobra política da Pan American era comercial. A empresa queria levar vantagem contrariando a legislação brasileira. Isso aconteceu entre os anos de 1938 e 1940. A partir daí, a legislação passou a ser obedecida.

O velho coronel compartilha mais lembranças:

> Quando ele era comandante em Recife, no tempo da guerra, o governo sequestrou a Lufthansa e a Alitalia. Na Lufthansa, trabalhavam pilotos e funcionários brasileiros. Um grupo de empresários do Brasil tomou as rédeas da Lufthansa, já batizada de Cruzeiro do Sul. Durante a guerra, o primeiro voo da Cruzeiro do Sul pousou em Recife e a Standard Oil [depois Esso], empresa que fornecia combustível para a aviação, recusou-se a abastecer o avião da Cruzeiro do Sul, porque tinha ordens de Washington para não abastecer patrimônio do inimigo de guerra. Eduardo Gomes não teve dúvida: mandou cercar o avião da Cruzeiro do Sul com tropas de Recife e os próprios soldados abasteceram o avião, que decolou. Tudo o que fazia era para o bem do Brasil. Um patriota de verdade.

Em maio de 1942, o Brasil recebeu bombardeiros B-25 e B-18, além de caças P-40 e P-36, para distribuição às bases aéreas de Fortaleza, Natal e Recife. A chegada desses aviões deu formidável *upgrade* à FAB. Antes, porém, a instituição precisava de instrutores de voo para forjar novos pilotos. Apenas três eram habilitados nessa função em aviões B-18 e outros três em P-36. A FAB tampouco dispunha de equipagens de comunicações e armamento para operar os aviões recém-chegados. Visando resolver o impasse, o ministro da Aeronáutica foi ao Recife. Em reunião com Eduardo Gomes, a solução encontrada seria pedir autorização ao comandante da aviação militar norte-americana no Brasil, general Robert L. Walsh, para que as tripulações brasileiras fossem incluídas nos voos de patrulha do litoral. Numa dessas missões, os capitães Afonso Celso Parreiras Horta e Oswaldo Pamplona Pinto participaram do ataque a um submarino italiano nas cercanias do Atol das Rocas. Outros pilotos receberam instrução das tripulações norte-americanas. A FAB pôde assim formar um grupo de instrutores de voo e tripulações para todas as aeronaves.

As missões de patrulhamento aéreo eram permanentes. Submarino inimigo era o que não faltava no litoral brasileiro. Das Guianas ocupadas pelos nazistas, a grande ameaça era reabastecida, ganhando mais fôlego para disparar seus ataques no Atlântico Sul, no Golfo do México e no Mar do Caribe. Do porto de Belém zarpavam navios mercantes carregados de insumos para os Aliados. Com o mar infestado de inimigos, os comboios tinham que receber proteção aeronaval para chegar com segurança a seus destinos. Dos Estados Unidos vinham aviões, combustíveis, armamentos e matérias básicas para os laboratórios farmacêuticos. Muitos desses navios, no entanto, não chegaram ao Brasil, postos a pique pelo inimigo a meio-caminho.

De forma cada vez mais independente, a FAB patrulhava o litoral. Mas a frota militar brasileira ainda era insuficiente para atender à demanda de guerra. Fora isso, as comunicações militares eram precárias. O serviço de telefonia não funcionava a contento. Uma das tarefas era monitorar, localizar e destruir as estações clandestinas que informavam ao inimigo sobre as partidas dos navios cargueiros. Da foz do Amazonas ao Ceará, devido ao acúmulo de areia no estuário, que formava longas áreas de assoreamento, os mercantes tinham que navegar afastados da costa, ficando por isso mais vulneráveis aos submarinos inimigos. Os EUA pretendiam mandar mais aviões para o Brasil, mas tinham outras urgências na Europa e na África, sem contar a luta que travavam contra os japoneses no Pacífico.

Os campos de pouso no Norte do país eram poucos e deficitários. O que oferecia condições mais seguras de operação era o do Amapá, construído pela Panair do Brasil. O de Oiapoque tinha pista de 1.200 metros de comprimento, porém sua distância em relação ao de Amapá era enorme. Só aviões com grande autonomia de voo podiam ligar os dois campos.

Outro problema era o insuficiente número de pilotos brasileiros. Como forma de abrandar essa questão, a Escola de Aeronáutica foi orientada a encurtar em quatro meses o tempo do curso de Formação de Aviadores. A turma de Gustavo Borges foi a primeira que se formou nessa condição e a maior parte dos aviadores diplomados seguiu para Natal. Em junho de 1942, 50 pilotos brevetados nos aeroclubes do país tinham sido incorporados temporariamente à FAB. A prioridade era suprir as bases aéreas do Norte e do Nordeste. Muitos aviões trazidos pelos mercantes dos EUA foram perdidos no mar pela ação do inimigo invisível. Em 1939, pilotos brasileiros haviam trazido dos EUA aviões de formação e treinamento. Em 1940, novos grupos de pilotos de lá trouxeram em voo mais aeronaves.

Em julho de 1941, ocorreu uma grande manifestação popular no centro do Rio: inconformada com os afundamentos de mercantes brasileiros, a população defendeu a entrada do Brasil na guerra. O chefe de Polícia, major do Exército Filinto Müller, simpatizante da causa alemã, dirigiu-se então ao Ministério da Justiça, no Palácio Monroe, para exigir do ministro a proibição das manifestações. O titular da pasta, o jurista Francisco Campos (1891-1968), encontrava-se licenciado do cargo por motivo de saúde. O diplomata Vasco Leitão da Cunha (1903-1984), chefe de gabinete e ministro interino, recebeu o chefe de polícia, mas rechaçou a proposta. Furioso, Filinto Müller passou a agredi-lo verbalmente. Leitão da Cunha advertiu-o sobre a atitude desrespeitosa. Não demoveu o xerife do Estado Novo, que continuou desacatando-o. O ministro interino deu-lhe então voz de prisão. Müller saiu preso do Palácio Monroe e permaneceu detido em sua casa, com sentinela à porta.

Os generais Dutra e Góis Monteiro não gostaram da prisão do oficial e saíram em sua defesa. Ancorados na ideia de que o Brasil não tinha mesmo condições de entrar na guerra, procuraram Vargas com a intenção de demover o ditador de lutar contra as Forças do Eixo. Vargas, porém, recusou-se a contrariar a opinião pública. Naquela altura, segundo a Associação Nacional dos Veteranos da FEB (Anvfeb), 1.160 pessoas tinham morrido por ação dos torpedeamentos.

E as ruas da capital federal não eram o único local de manifestação popular. Em *Livraria Ideal*, obra que narra a vida cultural de Niterói desde 1922, mostra que nesta cidade, então capital fluminense, podiam-se ouvir opiniões nem sempre concordantes com o governo, sediado a poucos minutos de barca mais adiante, na Baía de Guanabara. Registra Aníbal Bragança, autor do livro:

> Vivia-se uma época de grande efervescência política. A União Nacional dos Estudantes (UNE), fundada em 13 de agosto de 1937, iniciara na gestão de Luís Pinheiro Paes Leme (1940-1942), que tinha Ulisses *[sic]* Guimarães e Celso Peçanha como vice-presidentes, a mobilização pela entrada do Brasil na guerra, para combater e derrotar o nazismo e o fascismo (...)
>
> A polícia, comandada pelo simpatizante do Eixo, Felinto *[sic]* Müller, impedia a realização de manifestações e comícios no Distrito Federal. Os primeiros atos públicos desse movimento – fora das faculdades – promovidos pelos estudantes cariocas foram realizados em Niterói, onde podiam contar com a simpatia do interventor Ernani do Amaral Peixoto [genro de Vargas].

Amaral Peixoto era favorável aos países do Eixo e chegou a licenciar--se da interventoria no Distrito Federal, entre 1939 e 1942, para trabalhar informalmente nos Estados Unidos pela aproximação entre o Brasil e os Aliados na Segunda Guerra Mundial. Daí seu apoio às passeadas estudantis em Niterói a partir de seu retorno dos EUA em 1942. Era um modo de contornar a proibição que vigorava no Rio de Janeiro – o que não deixou de causar mal-estar entre setores das Forças Armadas. Amaral Peixoto chegou a organizar entre os cidadãos fluminenses uma subscrição para arrecadar fundos destinados à aquisição de um navio para a Marinha de Guerra do Brasil.

No incidente causado por Filinto Müller, nem o ministro Salgado Filho, da Aeronáutica, nem o das Relações Exteriores, Oswaldo Aranha, foram poupados do imbróglio. A revista argentina *Tiempo*, edição de 21 de julho de 1941, resumiu a crise:

O Brasil acaba de realizar, de fato, um *"coup d'état"* incruento, quando altos chefes do Exército forçaram a renúncia de três ministros civis, para substituí--los por militares de confiança. O ministro da Guerra, Eurico Gaspar Dutra, apresentou-se ao Palácio da Guanabara [onde Getúlio residiu durante o Estado Novo, de 1937 a 1945] para conversar com o presidente Vargas. Saiu da entrevista com dois resultados imediatos: Fontes [Lourival], Campos [Francisco] e Vasco Leitão da Cunha renunciaram aos postos no Gabinete e a Agência Nacional publicou a notícia de que Vargas tem o propósito de levantar-se da cama [sofrera um acidente de carro no dia 1º de maio]. Dominação dos generais Dutra e Góis Monteiro, chefe do Estado-Maior, que impõem ao Presidente a renúncia de vários de seus colaboradores civis. Os militares exigem a renúncia do ministro da Aeronáutica, Salgado Filho. Foi este o ponto que o presidente não só rejeitou como se dispôs a levantar da cama para melhor defender-se. O caso do ministro Salgado Filho era o mais escabroso dos três. Se entregar a aviação ao total domínio dos militares, os jornais do mundo poderão entender como golpe militar. Dutra e Góis Monteiro teriam especial empenho em liquidar politicamente o ministro Salgado Filho, porque este se aliou a Aranha contra Filinto Müller. O incidente entre o chefe de polícia e Vasco Leitão aconteceu porque Müller queria proibir uma manifestação popular de simpatia aos EUA no dia 4 de julho. Com influência e amigos nos círculos militares, Müller encontrou apoio imediato em Dutra e Góis Monteiro, que se dispuseram, no caso de Müller ser demitido do seu posto de chefe de Polícia, a exigir a saída também dos quatro ministros civis.

Como forma de superar o episódio, Vargas exonerou o chefe de polícia e manteve os ministros Salgado Filho e Oswaldo Aranha. Contudo, Leitão da Cunha, Francisco Campos e Lourival Fontes afastaram-se do governo.

Curiosamente, depois de cumprida a prisão domiciliar, Filinto Müller foi chamado por Dutra para participar de seu gabinete no Ministério da Guerra, onde permaneceu até 1943, quando foi presidir o Conselho Nacional do Trabalho.

Nessa ocasião, Eduardo Gomes sugeriu a Salgado Filho restabelecer o tráfego aéreo internacional pela rota do litoral, suspensa devido à guerra.

Acreditava que assim poderia abreviar as remessas de suprimentos ao Norte e Nordeste por rotas mais curtas. Em sua sugestão, propôs que o governo criasse regras para evitar que, no futuro, a Pan American viesse a se beneficiar da cooperação de guerra entre o Brasil e os Estados Unidos e, assim, prejudicar o fluxo de transporte de passageiros do Correio Aéreo na Amazônia. O portador dessa mensagem foi o major aviador e engenheiro militar José Vicente Faria Lima (1909-1969), que seria um dinâmico secretário estadual de Viação e Obras Públicas em São Paulo e o prefeito que, na segunda metade dos anos 1960, preparou a capital para se transformar na maior metrópole do país. O mensageiro enfatizou ao ministro a necessidade de criar na Força Aérea o curso de Preparação de Oficiais da Reserva (CPOR), como forma de aumentar o número de pilotos temporários na instituição. O país já estava em guerra quando Salgado Filho acolheu a sugestão, em 20 de agosto de 1942, e criou o CPOR, em São Paulo e Porto Alegre, cujos alunos receberam bolsas de estudos de instrutores norte-americanos. Ao final, foram convocados para integrar o esforço de guerra da Força Aérea. O CPOR, no entanto, não se resumiu à formação de pilotos, alcançando também os recursos humanos necessários à ocupação de cargos e ao desempenho das funções inerentes aos oficiais da reserva de 2ª classe do Exército Brasileiro, seja da linha bélica, seja de saúde ou técnica, por meio de cursos e estágios.

Em setembro, doze aviões JSM (PHY) reforçaram o esquadrão de Catalina da Marinha dos EUA no Atlântico Sul, incrementando a vigilância aérea do litoral brasileiro. No Norte e no Nordeste, a falta de material ainda preocupava. No Sudeste e no Sul, o serviço de inteligência descobriu que submarinos alemães fundeavam perto da praia, em Cabo Frio, no litoral norte fluminense, para que suas tripulações pudessem desembarcar para comprar frutas e alimentos básicos dos comerciantes locais. O Ministério da Aeronáutica passou a estender o patrulhamento aéreo a todo o litoral brasileiro. Para isso, em tempo recorde, modernizou e construiu novas pistas de pouso em Vitória, Rio de Janeiro, Florianópolis e Porto Alegre. Os Catalina passaram a patrulhar a faixa de navegação de Belém ao Rio de Janeiro. Em várias ocasiões, efetuaram ataques a corsários alemães, com sucesso no afundamento do inimigo.

Eduardo Gomes residia na Avenida Boa Viagem nº 4.224 (ainda hoje a residência oficial do comandante do II Comar), perto do seu quartel-general. Dona Jenny Gomes morava com ele. Em 20 de outubro de 1943, ela completou 71 anos. Eliane Maria, funcionária da Caixa Econômica Federal, no Rio de Janeiro, chegou em férias ao Recife para comemorar o aniversário da mãe. Eduardo Gomes tirou a tarde para a festa em família. À noite, levou as duas para jantar num restaurante da grande avenida. Pela manhã, o ministro Salgado Filho tinha enviado a dona Jenny um buquê de flores e um cartão com votos de felicidades. A senhora agradeceu o gesto afetuoso do ministro em telegrama que lhe enviou no dia seguinte. No aniversário do Brigadeiro, exatamente um mês antes, em 20 de setembro, o ministro enviara ao Recife uma mensagem de parabéns. Não que fossem amigos próximos, mas ambos se respeitavam e se admiravam, cumprindo suas responsabilidades em prol do país. Vargas quase atrapalhou a boa relação dos dois ao usar os préstimos do ministro Salgado Filho para tentar afastar Eduardo Gomes de seu caminho político em 1945.

Em novembro de 1942, ocorreu um incidente no norte de Mucuripe (CE) envolvendo aviões da Força Aérea Brasileira, baseados em Fortaleza, e um navio de guerra britânico, que resultou no chamado "fogo amigo". Em patrulha de rotina, um avião brasileiro sobrevoou o navio inglês, sendo recebido a fogo de metralhadora. O piloto reportou o incidente a sua base e três aeronaves decolaram para o local. A tripulação do navio renovou o tiroteio aos aviões, que responderam com tiros de advertência. O comandante inglês notificou o comando norte-americano e refugiou-se no porto do Recife. Eduardo Gomes determinou a abertura de inquérito para esclarecer o acontecido: o marinheiro inglês não conseguira identificar os aviões brasileiros por problemas de comunicação com os pilotos e decidiu agir daquela forma porque já corria o boato de que a Luftwaffe pretendia bombardear as instalações norte-americanas no Brasil.

Contornado aquele incidente, no início de 1943 houve um surto de malária no Recife, que vitimou muitas pessoas, inclusive soldados da Força Aérea. Enquanto se empenhava em debelar a epidemia, ajudando as autoridades civis com homens e medidas sanitárias, o Brigadeiro criou nas unidades sob seu comando o mesmo curso preparatório que adotara nos Afonsos nos anos 1930. Doava de seu próprio bolso livros e dinheiro para a compra de material didático. Manteve também a ginástica diária para seus comandados. Algumas vezes, até mesmo os militares norte-americanos no Nordeste participavam voluntariamente das sessões de educação física. Desde 1935, em razão do ferimento que recebera na mão direita no confronto com os comunistas, ele adotara o tênis como exercício regular, por recomendação médica, a fim de recuperar a articulação plena nos dedos. No Recife, continuou com essa prática esportiva.

Eduardo Gomes dedicava-se inteiramente à organização da FAB no Nordeste e ao esforço de guerra dos aliados e do Brasil. Em janeiro de 1943, o general João Batista Mascarenhas de Morais, comandante da 7ª Região Militar, também no Recife, havia endereçado mensagem ao ministro da Guerra, enaltecendo a colaboração do Brigadeiro com as forças do Exército no Nordeste:

> Na fase delicada por que passa a Nação, e em particular a sua Região Nordestina, é com grande satisfação que faço chegar ao conhecimento de V. Exa. a preciosa, contínua e inestimável colaboração e assistência que a este Comando vêm prestando as Forças Aéreas da 2ª Zona Aérea, a cuja frente se encontra a figura inconfundível do Brigadeiro Eduardo Gomes, militar de escol, trabalhador incansável e patriota sem jaça. Ao expressar-se assim, este Comando nada mais faz do que render, a tão destacado quanto modesto e silencioso obreiro da grandeza do nosso País, as suas sinceras homenagens, simples tributo da admiração e estima que lhe dispensa.

Naquele ano, o presidente dos EUA e o primeiro-ministro inglês reuniram os chefes de Estado-Maior das Forças Aliadas para decidir sobre as operações que se seguiriam a fim de arrematar a derrota dos alemães na África. Para isso, foi agendada uma conferência entre esses oficiais nos arredores de Casablanca, no Marrocos. Na noite de 9 de janeiro de 1943, a comitiva norte-americana, liderada pelo próprio presidente Roosevelt, deixou a Casa Branca, seguiu de trem para Miami e dali partiu para o continente africano a bordo de um Clipper Boeing da Pan American. A viagem foi cercada de sigilo. O avião da Pan Am decolou de Miami na manhã do dia 11 para a base naval de Trinidad, onde reabasteceu. Na tarde do dia seguinte, uma terça-feira, pousou em Belém, no Brasil. Depois, decolou para Natal, de onde alçou voo para cruzar o Atlântico, descendo numa enseada do rio Gâmbia. Um quadrimotor do Exército norte-americano transportou a comitiva presidencial para Casablanca.

A conferência se estendeu até o dia 24 de janeiro, período em que os comandantes militares dos EUA e da Inglaterra analisaram as diferentes operações que seriam desencadeadas após a derrota final dos alemães na Tunísia, ficando decidido que os Aliados empreenderiam também a invasão da Sicília, a Operação *Husky*, contando com o contingente de tropas anglo-americanas na região e 225 navios, que continuariam as operações na Birmânia, no Oriente Médio e no Pacífico. Desse encontro saiu ainda a decisão de combater as tropas italianas no Mediterrâneo. Oficiais de estado-maior da França, liderados pelo general Charles de Gaulle, também participaram da conferência.

Em 1942, Eduardo Gomes estivera nos EUA, a convite do governo norte-americano, tendo visitado instalações militares e conhecido a engrenagem industrial montada para o *Lend-Lease*. Terminada a conferência de Casablanca, em março de 1943, foi convidado pelos generais norte-americanos Dwight Eisenhower (1890-1969) e Mark Clark (1896-1984) para visitar as Forças Aliadas no norte da África. Nessa ocasião, por pura sorte, ele escapou de morte certa. O Brigadeiro prezava demais a pontualidade dos voos. Contudo, quando deveria embarcar, na última hora atrasou-se por causa de um compromisso de surpresa, perdendo o avião do Exército dos EUA que o levaria ao continente africano. Seguiu em outro avião militar daquele país. Horas depois, o comandante da base aérea norte-americana em Dacar, major Potts, informou que o avião no qual o Brigadeiro deveria ter embarcado havia desaparecido misteriosamente no Atlântico.

Durante sua estada na África, Eduardo Gomes foi o primeiro comandante militar brasileiro a conhecer a frente de guerra aliada naquele continente. Nessa oportunidade, visitou as tropas acantonadas em Dacar, em Casablanca e no Cairo, voltando a Anra pelo deserto. Dormiu em barracas e conheceu o general Harold Alexander, herói da batalha de El Alamein, que lhe disse:

– Não estarão completas as nossas forças, enquanto entre elas não figurar um contingente brasileiro.

Em Dacar, Eduardo Gomes manteve longa conversa com o embaixador Leitão da Cunha, que, após demitir-se do governo de Vargas na crise de 1942, foi comissionado para uma missão de carreira na Argélia. Ao regressar a seu posto no Recife, o Brigadeiro apoiou a invasão da Sicília, ocorrida em 10 de julho de 1943, considerada a maior operação de desembarque marítimo de toda a história militar até então. Por essa colaboração, recebeu em 23 de agosto a medalha da Legião do Mérito dos Estados Unidos da América. O almirante Jonas Ingram, seu amigo, entregou-lhe a comenda em cerimônia oficial no Recife. Não deixou de rememorar a peripécia: a enorme força militar, composta por 1,5 milhão de homens, aproximou-se da costa siciliana na escuridão total. Com a utilização de barcaças de desembarque recém-desenvolvidas e de veículos anfíbios, a missão era levar para terra o maior número possível de soldados, bem como 600 tanques de guerra e 1.800 canhões. A operação teve a presença de dois comandantes legendários da Segunda Guerra Mundial: o norte-americano George S. Patton e o britânico Bernard Montgomery.

A guerra atingia seu ponto máximo. A FAB precisava de pelo menos 2 mil pilotos para atender às demandas aéreas no litoral. Porém, não tinha mais do que 400, incluindo os aviadores oriundos dos CPOR e dos aeroclubes. A proteção dos comboios mercantes era a função prioritária. As missões eram cumpridas, mas, em razão das deficiências visíveis, não da forma desejada pelo Ministério da Aeronáutica. Dos 304 aviões que operava, a Força Aérea só contava com catorze para patrulha e defesa marítima e desses apenas sete tinham condição imediata de voo. Os bombardeiros médios já eram tidos como obsoletos, em razão do espetacular avanço da engenharia aeronáutica. A Força Aérea também carecia de bombardeiros de mergulho.

O comentário de que a Alemanha planejava atacar as bases existentes no Brasil levou a Junta Interamericana de Defesa (JID), criada em 30 de março de 1942 por iniciativa dos EUA, a apressar o fornecimento de mais aviões de caça para a FAB. Os estrategistas diziam que o ataque aéreo se daria por meio de bombardeiros que voavam a 30 mil pés de altitude.

Os P-40 não alcançavam tanto. A opção seria usar caças modernos e bombardeiros. "Os aviões de bombardeio pesado constituem verdadeira força aérea independente, razão de ser do Ministério da Aeronáutica", registrou o tenente-coronel Lavenère-Wanderley, oficial de ligação com os norte-americanos para fornecimento de materiais, em seu relatório ao ministro Salgado Filho. Mas não havia disponibilidade de aviões norte--americanos naquele momento para cessão ao Brasil, em razão das outras frentes de batalha.

Os relatórios dão ideia do fantástico esforço de produção despendido pela indústria dos Estados Unidos. Já no início da guerra, a Inglaterra esteve próxima da derrota por falta de armas e munições. O atendimento aos ingleses era tratado pelos EUA como "prioridade zero-zero". Um memorando de Harry Hopkins, assessor do presidente Franklin Roosevelt e representante diplomático dos EUA na Inglaterra, arrola a lista de arsenal pretendido pelos ingleses, segundo Robert E. Sherwood em seu livro já citado:

> Dez contratorpedeiros por mês, começando a 1º de abril de 1941 e navios a recondicionar nos Estados Unidos, com início imediato.

> Envio imediato de mais transporte marítimo. Os ingleses não poderiam esperar pela construção de novos navios.

> 50 aviões de patrulha – além dos PBY que a Inglaterra já está recebendo à conta própria – completamente equipados com rádio, cargas de profundidade, canhões e munições. Peças sobressalentes em quantidade adequada. Necessidade urgente de tripulações.

> Há na Inglaterra 20 aviões Lockheed sem motores. São necessário 58 motores Wright 1820 imediatamente.

> Há 100 Curtiss Tomahawks sem hélices. Faltam 764 metralhadoras calibre .50, 1.000 calibre .30 para completar seu armamento. Os Curtiss Tomahawks já se encontram na Inglaterra.

> Deve ser considerada imediatamente a substituição das metralhadoras calibre .50, insatisfatórias, fabricadas pela Colt, por outras que já estão sendo fabricadas em nossos próprios arsenais.

> 20 milhões de cartuchos de munição calibre .50, e canos sobressalentes para todas as metralhadoras ora existentes são do mesmo modo urgentes.

- O maior número possível de B-17, versões C ou D, além de 20 cuja remessa imediata para a Inglaterra já foi decidida. Os aviões deverão vir completamente prontos para entrar em operação, incluindo peças sobressalentes, bombas e munição. Necessidade urgente de tripulações.
- Transferência para os ingleses de 200 North American "Harvard" ou Vultee "Valiant" de treinamento, além das atuais entregas.
- Pelo menos cinco escolas civis adicionais de instrução de voo, completamente equipadas.
- Plano para levar os bombardeiros até a Inglaterra. Isso liberaria quase 800 homens da RAF.
- 50 mil fuzis Enfield e 50 milhões de cartuchos de munição foram remetidos.
- Dar prioridade ao ferramental para a fabricação de fuzis Ponto 303 para os ingleses. O mesmo para sua munição.
- Destacar 80 observadores treinados – metade fornecida pelas fábricas e a outra metade por Exército e Marinha – para mostrar aos ingleses o emprego de nosso equipamento.

Como o Brasil sofria ataques dos submarinos alemães, a sociedade brasileira mobilizou-se no esforço de contribuir para o aparelhamento de sua Força Aérea. O jornal *O Globo* e os Diários Associados lideraram uma campanha popular que doou dois bombardeiros à instituição, comprados com dinheiro de contribuições voluntárias. Era muito pouco, mas demonstrava bem o carinho e o interesse da comunidade civil pela FAB.

E mais sacrifícios viriam pela frente. A Casa Branca, por intermédio do general Henry Arnold (1886-1950), oficializou ao Brasil o pedido de envio de tropas ao teatro europeu de guerra. O governo aceitou o desafio e formou a Força Expedicionária Brasileira (FEB), majoritariamente composta de militares do Exército, com a Força Aérea representada por um esquadrão de pilotos de caça. Inicialmente, o ministro Salgado Filho foi aos EUA para conhecer as escolas de formação e o sistema de treinamento que seria oferecido aos pilotos brasileiros. Na programação da viagem, o ministro assistiu nos estúdios Walt Disney a um filme sobre a aviação norte-americana, intitulado *A vitória pela Força Aérea* e saiu bem-impressionado do cinema, devido aos elogios feitos pelos produtores do filme a Santos-Dumont. Não eram sem motivo. Quando os EUA começaram a organizar sua aviação militar, no início do século XIX, notadamente na Marinha, o histórico mineiro voador várias vezes foi oficialmente convidado pela Casa Branca para opinar a respeito de planos nessa área. Numa dessas ocasiões, sugeriu aos norte-americanos criar um tipo de belonave que pudesse transportar balões-dirigíveis. A sugestão de Santos-Dumont não foi materializada, mas, coincidentemente, os norte-americanos lançaram o conceito de "porta-aviões".

De volta ao Brasil, Salgado Filho participou da cerimônia de batismo do Catalina *Arará*, homenagem às vítimas do navio de mesmo nome torpedeado em agosto de 1942. O novo *Arará*, auxiliado por um Hudson A-28A, tinha afundado um submarino alemão no litoral fluminense.

Em setembro de 1943, ficou decidido também que uma Esquadrilha de Ligação e Observação da Força Aérea apoiaria na Europa as operações da 1ª Divisão de Infantaria do Exército, composta de dez sargentos pilotos e 15 praças mecânicos, subordinada à Força Expedicionária Brasileira. Na constituição do Grupo de Caça, por sua vez, seriam mobilizados 181 oficiais, 866 praças e mais 25% de reserva. A Força Aérea transformava-se assim numa autêntica força armada.

Os preparativos para o envio do contingente ao *front* começaram no mês seguinte, com a criação em Natal da *United States-Brazilian Air Force Training Unit* (Usbatu). Seria o treinamento operacional a cargo da 16ª Ala Aérea, da 4ª Esquadra da Marinha dos Estados Unidos no Nordeste. Na realidade, um estágio de transição para novas aeronaves a serem fornecidas ao Brasil, que teria duração de seis semanas. Cada piloto voaria 100 horas. A Força Aérea Brasileira subia de nível. Até então, o máximo que seus pilotos de combate tinham voado eram aviões North American B-25, Curtiss P-36 e Douglas B-18. Agora, seriam treinados em voo por instrumentos, patrulha antissubmarina, navegação radiogoniométrica, astronômica e estimada sobre o mar, localização de submarinos submersos por radares navais, ataque a submersíveis, exercícios de artilharia de precisão de tiro a alvos fixos e móveis, técnicas avançadas de cobertura de comboios, vigilância e varredura aérea no mar e na terra, interceptação de mensagens-rádio, código Morse e técnicas de camuflagem com fumaças. Enfim, um revolucionário degrau de avanço e de qualidade.

Além disso, os pilotos conheceriam novos procedimentos de voo, com regras para pousos e decolagens, e uso de equipamentos, indumentária, capacetes, luvas e máscaras de oxigênio, tudo no estado-da-arte. Seria criado um vocabulário próprio para as estações de controle das bases e da intercomunicação dos pilotos em voo, bem como conhecimento sobre sinalizações dos aeroportos militares. A Força Aérea passaria por uma completa remodelação de conceitos táticos e estratégicos e daria um salto extraordinário em tecnologias de radar e técnicas de voo noturno. Por iniciativa de Eduardo Gomes, seria implantada uma eficiente rede de controle e defesa aérea no país, que beneficiaria toda a aviação brasileira, iniciando os primeiros nichos de operação no Nordeste, que ficaria conhecido depois como Sistema de Defesa Aérea e Controle de Tráfego Aéreo (Sisdacta).

Foi dada a partida com o estágio dos pilotos no Usbatu, ao fim do qual eles foram mandados realizar outros cursos nos Estados Unidos. Junto com os colegas norte-americanos, participaram de missões na Base Naval de Quonset Point, especializada em guerra antissubmarino. Tiveram acesso a armamentos sofisticados, como foguetes ar-terra de alta precisão e grande poder de destruição. Ao regressar às suas unidades de origem, disseminaram entre seus pares o que haviam aprendido no exterior, forjando assim uma nova mentalidade na aviação de combate.

Eduardo Gomes selecionou os homens para o treinamento nos EUA, muitos deles experientes pilotos do Correio Aéreo Nacional. Coube a ele ainda indicar os oficiais de Estado-Maior, os capelães da Aeronáutica e os pilotos em sua área para compor o esquadrão de caça.

Com mais tripulações nacionais atuando na defesa do litoral brasileiro, os pilotos norte-americanos foram desviados para outras frentes. A Lei de Empréstimos e Arrendamento (*Lend-Lease Act*) passou a contemplar a Força Aérea Brasileira com aviões modernos, de variado tipo, equipados com sistemas de bordo mais eficientes. Para a infraestrutura, vieram equipamentos pesados, oficinas, sistemas para treinamento e navegação aérea, material de campanha, geradores elétricos, tratores, caminhões, jipes, motocicletas, munições, bombas, paraquedas e outros itens de fabricação norte-americana.

No último dia do ano de 1943, o general João Baptista Mascarenhas de Morais (1883-1968) foi nomeado comandante da Força Expedicionária Brasileira, logo após regressar de viagem à África do Norte e à Itália, onde acompanhou a evolução da guerra no teatro em que a FEB lutaria. Em declarações à imprensa, o general, que seria promovido a marechal após a guerra, adiantou que o primeiro contingente brasileiro a ser incorporado à Força Aliada seria o Grupo de Aviação de Caça, cuja organização quase foi por água abaixo devido à interpretação equivocada de uma mensagem brasileira enviada ao Estado-Maior das Forças Armadas dos EUA.

Em outubro de 1944, o coronel James Selser, adido militar da Embaixada dos EUA no Brasil, ficou encarregado de conduzir as tratativas finais da participação da FAB na campanha aliada – ainda não se sabia em que teatro os brasileiros atuariam, se na Europa ou na África. O general Arnold conhecia as dificuldades de organização da FAB e sabia do compromisso acertado pelo Ministério da Aeronáutica com o almirante Jonas Ingram para participar da campanha externa. Na ocasião, o ministro dissera ao almirante que não tinha como atender à proposta com a urgência requerida. Em conversa com Eduardo Gomes, contou-lhe da proposta norte-americana, de sua aceitação e atribuiu ao Brigadeiro a responsabilidade de abrir e conduzir o voluntariado no Nordeste para a formação do grupo expedicionário.

Em 7 de outubro, Salgado Filho enviou o ofício secreto nº 205 ao coronel Selser, confirmando o compromisso brasileiro, e ressaltou no documento que o país estava selecionando o grupo que seria mandado ao exterior. Selser repassou a mensagem ao general James Garesh Ord, presidente da Comissão Conjunta de Defesa Brasil-EUA, que imediatamente mandou carta ao general Adams, adido militar do Exército norte--americano no Brasil, dizendo-se alarmado com a recusa do Brasil de participar das operações bélicas extraterritoriais. Na verdade, o general não havia conseguido falar com o coronel aviador Vasco Alves Secco, representante da FAB em Washington, que se achava em viagem oficial ao Canadá, e informou ao general Adams que a "recusa" brasileira teria como consequência imediata um desgaste na relação entre os dois países, afetando inclusive o fornecimento de material bélico para as Forças Armadas brasileiras. O que o general Ord não sabia é que Eduardo Gomes já estava finalizando o voluntariado.

Alves Secco voltou do Canadá a Washington e soube da confusão. Procurou então o presidente da Comissão Conjunta Brasil-EUA de Defesa e esclareceu o assunto, reafirmando que a FAB iria à guerra, pois era decisão do governo brasileiro. Informou ainda que todas as providências tinham sido tomadas e que o plano dependia apenas de novas instruções dos norte-americanos.

Por sua presteza e habilidade na solução do episódio, Alves Secco foi nomeado chefe do grupo de oficiais voluntários que cursaram a Escola de Tática Aérea Aplicada da Aviação do Exército dos EUA e treinaram operações de guerra no comando do Exército norte-americano no Panamá. Na ocasião em que foi nomeado, Alves Secco recebeu carta do ministro:

> Os chefes que vierem da luta do Teatro de Guerra vão ter palavra, e palavra acatada nos destinos de nossa Pátria, daí a minha preocupação em fixar um nome de valor e amigo, como o seu. É a prova de confiança que lhe dou pelo que lhe estimo e aprecio.

Formalizada a ida da Força Aérea à guerra, faltava apenas saber onde seria a luta. As dificuldades no mundo eram muitas, com racionamentos de alimentos, energia elétrica, derivados de petróleo, gás de cozinha... No Brasil, as cidades se mostravam vazias de automóveis, pois o uso da gasolina fora proibido por lei. Proprietários de veículos usavam gasogênio como combustível, sistema que funcionava mal, constituído de pequeno gerador de gás adaptado à traseira do veículo, para produzir combustível gasoso a partir de lenha, algo precário e complexo. Também não havia pneus à venda, devido à restrição da borracha. Os ônibus circulavam movidos a diesel e por energia elétrica. O racionamento provocava filas nos pontos finais dos meios de transporte. O sistema ferroviário funcionava mal, sem peças de reposição para locomotivas e vagões. A manutenção de trilhos, sinalizações e pontes era outro quadro lastimável. As composições ferroviárias movidas a eletricidade circulavam na periferia das grandes cidades com brutal deficiência.

Produtos básicos, como carne, leite, gorduras animais, farinha de trigo, açúcar, grãos, cacau, só eram fornecidos a quem tivesse cartão de racionamento para comprá-los e em quantidade limitada. O alimento produzido era, em maioria, exportado para os Aliados envolvidos na guerra, conforme determinava o Tratado de Washington, do qual o Brasil foi signatário. Para a população brasileira, faltavam ainda remédios, aparelhos hospitalares, meios para o exercício da medicina sanitarista nos grandes centros. A situação era de guerra, embora paradisíaca se comparada à dos países ocupados pelos nazistas. A população desejava o fim do caos e apoiava o envio de tropas para ajudar na derrota das Forças do Eixo.

A indicação do pessoal-chave do Grupo de Caça foi concluída e o time avançado seguiu para a Escola de Tática Aérea Aplicada em Orlando, na Flórida, liderado pelo major aviador Nero Moura. Oficiais de operação, de informação e comandantes de esquadrilha, todos treinaram inicialmente em aviões P-40, em aulas de tática aérea. Na base vizinha de Gainesville, fizeram treinamento de tiro e bombardeio, navegação, acrobacia e combate aéreo. Na base de Suffolk Field, Nova York, voaram o Republic P-47, avião que usariam em combate.

Devidamente preparado, o grupo permaneceu vinculado ao Comando Único do 5º Exército dos EUA. Soube então que combateria no Mediterrâneo, em território italiano, juntamente com a Força Expedicionária Brasileira. O ministro Salgado Filho visitou os pilotos brasileiros no Panamá. No Mediterrâneo, quando entrou na luta, o Grupo de Caça carregou a tinta na bravura, ajudando a colorir o heroísmo anônimo dos pracinhas da FEB. No Natal de 1944, Roberto Marinho homenageou a Família do Expedicionário com uma festa de confraternização.

Em 1945, quando a guerra terminou, Eduardo Gomes, comandante da 2ª Zona Aérea, no Recife, havia realizado pessoalmente oito missões de patrulhamento na costa nordestina, pilotando aviões norte-americanos adquiridos por meio do *Lend-Lease Act*, de cuja efetivação ele mesmo havia participado.

8

A tendência de vitória dos Aliados revigorou o processo de rede-mocratização no Brasil. As eleições presidenciais ainda não tinham sido marcadas quando um grupo de políticos adversários do Estado Novo procurou Eduardo Gomes com o convite para que fosse o candidato ao pleito pelo partido que pretendiam fundar: a União Democrática Nacional (UDN). Eles queriam lançar um candidato capaz de abalar a ditadura e resgatar a democracia no país. Eduardo Gomes tinha uma história de bravura e de amor ao Brasil. Na avaliação do grupo, era o nome ideal para sair candidato pelo partido. Mas o Brigadeiro não aceitou o convite. Afirmou que tinha algo mais importante a fazer pelo país naquele momento. Na verdade, não queria se envolver em política. Não era essa a sua vocação.

Em pouco tempo, correu o boato de que Vargas pretendia manter-se no poder. "Não pode viver longe dele e somente dentro dele se sente realizado. Talvez como forma de compensação por outras frustrações que a vida lhe aprontou...", anotou o ministro da Aeronáutica no seu diário.

Receando novo golpe de Estado, os adversários políticos de Vargas iniciaram um movimento para tirá-lo do governo. De novo, os líderes políticos da oposição foram a Eduardo Gomes, que conhecia bem o lado amargo das conspirações, as traições de última hora e manteve sua recusa de ser o candidato antiGetúlio. Em fins de 1944, o jornalista Vitor do Espírito Santo, dos Diários Associados, enviou carta a Juracy Magalhães, na Bahia, na qual dizia que não se poderia esperar para levar adiante o movimento de deposição. Era preciso restabelecer a democracia. Segundo o jornalista, Eduardo Gomes não aceitava que seu nome fosse transformado na bandeira de combate dos oposicionistas.

Espírito Santo decidiu-se por uma jogada decisiva: ou teria êxito, e o passo inicial para depor o ditador seria dado, ou fracassaria, e estaria para sempre "inutilizado entre meus amigos, para satisfação dos meus inimigos", segundo sua própria avaliação. Então, viajou do Rio para o Recife, na esperança de obter o consentimento do Brigadeiro para tornar pública sua candidatura. Imaginava que, se Eduardo Gomes aceitasse, isso levaria o ditador a praticar atos de represália capazes de justificar sua deposição.

De automóvel, o jornalista cruzou a Paraíba, o sertão pernambucano e o Ceará, já lançando o nome de Eduardo Gomes como candidato à Presidência. Depois, de avião, seguiu para a capital pernambucana. Mas sua conversa com o Brigadeiro não logrou o êxito esperado. Publicou o jornal *O Estado de S. Paulo*:

> Queria a volta do Brasil ao regime legal de respeito aos direitos e garantias do cidadão, mas não admitia que seu nome fosse apresentado como candidato à Presidência da República, o que daria à sua ação um caráter pessoal, incompatível com o seu modo de agir.

Ao voltar ao Rio, o jornalista passou a conjecturar um meio qualquer de evitar o desânimo entre os companheiros de conspiração devido à negativa do Brigadeiro. De novo, Espírito Santo resolveu criar uma estratégia baseada na mentira. Na Bahia, em conversa com Juracy Magalhães, afirmou que a candidatura do Brigadeiro seria lançada oficialmente e defendeu que se iniciasse imediatamente a propaganda a esse respeito. Num encontro casual com Assis Chateaubriand, disse que estava regressando do Recife, onde o Brigadeiro consentira em lançar sua candidatura e autorizara a propaganda. Chateaubriand não acreditou nessa história. Afinal, o ministro Salgado Filho lhe dissera ter ouvido declaração peremptória do Brigadeiro de que não era candidato. Mas, diante da afirmativa de Espírito Santo, acabou convencido e levou a notícia ao ministro da Aeronáutica.

Este, tendo chamado imediatamente o Brigadeiro para uma reunião no Rio, ouviu dele que aquilo era uma deslavada mentira.

A polícia do Estado Novo vinha acompanhando a movimentação em torno da deposição de Vargas e descobrira que um diretor dos Diários Associados havia estado no Nordeste, proclamando essa ideia. O jornalista e escritor Austregésilo de Athayde (1898-1993), do grupo de comunicação de Assis Chateaubriand, passou a ser interrogado para confessar os motivos de sua viagem à região nordestina, que coincidentemente ocorrera na época. Espírito Santo era o diretor dos Diários Associados, mas foi Athayde quem passou alguns dias detido no quartel da polícia, junto com Virgílio de Melo Franco, Dário de Almeida Magalhães e Rafael Correa de Oliveira, que também tinham sido presos para interrogatório.

O jornalista Espírito Santo continuou com a manobra mentirosa. Por intermédio do deputado baiano Rafael Cincurá, contatou o jurista José Eduardo Prado Kelly (1904-1986) e outros companheiros de vários estados para ouvirem a boa nova: a candidatura de Eduardo Gomes havia se tornado um fato público e atraía aliados de todas as direções. Mas houve uma surpresa. Ao ser informado pelo ministro Salgado Filho do que ocorrera, Eduardo Gomes mostrou-se indignado com a artimanha e afirmou que faria uma declaração pública desmentindo tudo e desautorizando quem quer que fosse a usar o seu nome com intenções políticas. Os favoráveis a sua candidatura disseram-lhe que isso seria um desastre, pois a notícia era pública e mobilizara o apoio de vários segmentos da sociedade. O Brigadeiro insistiu em sua posição. Mas prometeu analisar melhor a situação para não levar desânimo ao movimento contra Vargas. De qualquer modo, estava decidido que não seria o candidato: "É quanto basta", arrematou.

Em fevereiro de 1945, Juracy Magalhães foi a Boa Viagem para convencer o Brigadeiro a aceitar a candidatura. Egresso da Escola Militar de Realengo, turma de 1926, lutara ao lado de Vargas em 1930. Participara do Governo Provisório como interventor militar na Bahia, virando-se contra Vargas após o golpe do Estado Novo. Nesse encontro, o Brigadeiro teve acesso ao esboço de um manifesto que a UDN pretendia divulgar. Ao ver seu nome no manifesto, já como candidato do partido, reafirmou o que dissera antes. Juracy resolveu espetá-lo:

– Se estamos fazendo estas reuniões só com o intuito de conversar – disse-lhe, em tom que não admitia dúvidas – vou sair hoje mesmo da conspiração. Não aguento mais o choro das mães desses estudantes que se entusiasmam conspirando ao nosso lado. Estas senhoras me culpam de estar atraindo seus filhos para uma luta perigosa contra o Estado Novo. Querem me responsabilizar por qualquer desgraça que lhes possa ocorrer. O clima está ficando insuportável. Vou deixar essa luta.

O Brigadeiro se sentiu desafiado:

– Não fujo à minha responsabilidade. Acho um erro, mas não recuo. Dê-me o texto do manifesto que amanhã mesmo irei a Natal saber a opinião do almirante Ary Parreiras.

Eduardo Gomes tinha amigos com os quais conversava mais abertamente sobre política. O almirante Ary Parreiras (1893-1945), que comandava o Distrito Naval em Natal e fora seu companheiro de desterro na Ilha de Trindade, era um desses; os demais eram os antigos tenentes revolucionários Juarez Távora (1898-1975) e Olímpio Falconière da Cunha (1891-1967), que atingiram o generalato em 1946 e 1943 respectivamente, e o jurista Prado Kelly. O almirante Parreiras aprovou o texto do manifesto e o aconselhou a entrar na disputa presidencial. Sugeriu-lhe apenas que mandasse omitir, provisoriamente, o seu nome do manifesto. O texto ficaria: "Temos um candidato à presidência da República e o apresentaremos logo que sejam convocadas as eleições", sugeriu. Ary Parreiras conhecia o comportamento militar de Eduardo Gomes, mas não achou demais lembrá-lo que, caso aceitasse o convite da UDN, deveria comunicar sua decisão ao ministro Salgado Filho antes de oficializá-la.

Dias depois, o Brigadeiro ouviu Távora, Falconière e Prado Kelly no Rio de Janeiro. Em seguida, durante audiência com Salgado Filho, abriu o jogo. O velho revolucionário decidira entrar no vespeiro político. Em diversas ocasiões, ele presenciara o baixo nível das campanhas políticas. A sua seria limpa, ética, honesta. A começar pelo comunicado ao superior. Isso o levava a acreditar que a dos demais candidatos seguiria o mesmo traçado.

Como Eduardo Gomes, o ministro Salgado Filho era leal a Vargas, embora pudesse discordar de certas atitudes políticas do caudilho. Assim, tratou de comunicar-lhe a decisão de Eduardo Gomes. Ardiloso, Vargas pediu-lhe que oferecesse ao Brigadeiro um cargo militar no exterior, de livre escolha. Com isso pensava tirar seu antigo aliado e desafeto do Estado Novo do páreo eleitoral. Missão espinhosa, que o ministro cumpriu ao voar com o Brigadeiro do Recife para o Rio de Janeiro. Eduardo Gomes alegou não poder sair do país naquele momento. "A meu ver, a recusa tem fundamento político. Não quer se comprometer", anotou o ministro em seu diário.

Prado Kelly mostrou-se tão confiante que criou um *slogan* de campanha: "O preço da liberdade é a eterna vigilância", frase tirada de um discurso do presidente dos Estados Unidos Abraham Lincoln.

Em janeiro de 1945, Eduardo Gomes deixou o comando da 2ª Zona Aérea para assumir como chefe da Diretoria de Rotas Aéreas. Nessa ocasião, foi elogiado pelo ministro da Aeronáutica:

> Desejo externar o quanto fez no Comando daquela Zona, durante o período delicado em que esteve ela sujeita as investidas do inimigo, e ao trato com os nossos aliados. Para o Nordeste é que convergiam todas as nossas atenções. Não eram só os temidos ataques aéreos, tendo como ponto de partida Dacar, mas a ronda sinistra dos submarinos contra os quais era necessário precaver as nossas costas marítimas e a nossa navegação. O serviço de vigilância, patrulhamento e cobertura de comboios emanados das bases aéreas da 2ª Zona foi ininterrupto.

No Rio de Janeiro, acompanhado de Juarez Távora e Juracy Magalhães, ele visitou o general Góis Monteiro, para sentir a reação do fiador do Estado Novo à sua candidatura. O chefe do Estado-Maior do Exército reagiu com naturalidade. Os tempos eram outros. Góis Monteiro disse aos três que já tinha comunicado a Vargas sua intenção de acabar com o Estado Novo, ressaltando ter aconselhado o chefe da Nação a reconstitucionalizar o país. Coincidentemente, poucos dias depois, Vargas incumbiu o ministro Alexandre Marcondes Filho (1892-1974), que acumulava as pastas da Justiça e do Trabalho, de se entender com Góis Monteiro e Eurico Dutra para iniciar o processo eleitoral. Mas o presidente prosseguiria em sua ideia de permanecer no poder. Naquela altura, o obstáculo a esse propósito não era apenas um brigadeiro, mas também os dois generais.

A Força Expedicionária Brasileira ajudara a tirar de cena dois ditadores na Europa. Restabelecer os valores democráticos no Brasil seria o passo seguinte. Os pracinhas, no entanto, não teriam tempo para isso. Desmobilizados ainda na Itália, quando chegaram de volta ao Brasil, a grande maioria voltou para a reserva, enquanto os de carreira foram dispersados pelos quartéis país afora. Mas o fim do Estado Novo estava próximo. Muitos dos antigos aliados de Vargas abandonavam o barco. Com as eleições configurando-se no horizonte, o ditador brasileiro convenceu o general Eurico Gaspar Dutra (1883-1974), seu ministro da Guerra, a se candidatar à Presidência. Com essa candidatura, o objetivo de Vargas era dividir as Forças Armadas. Dutra aceitou o desafio de enfrentar o Brigadeiro nas urnas e passou o Ministério da Guerra para Góis Monteiro.

O governo fixara a data do pleito para 2 de dezembro. Na esteira dessa medida, anistiou os presos políticos. Os exilados voltaram do exterior, entre os quais estavam Armando de Salles Oliveira, que aderiu à campanha da UDN, e Luís Carlos Prestes, que se alinhou com Vargas.

Salles Oliveira, engenheiro graduado pela Escola Politécnica de São Paulo e parente por afinidade da família Mesquita, proprietária de *O Estado de S. Paulo*, era também sócio do jornal. Apoiara a revolução de 1930 e tinha planejado disputar as eleições presidenciais de 1938, no que fora atropelado pelo golpe do Estado Novo. Ao combater o regime totalitário de Vargas, foi preso e exilado, assim como o jornal foi perseguido, censurado e confiscado pela ditadura. Na volta ao Brasil, em 1945, perto de completar 70 anos, estava fragilizado, vindo a falecer em maio, três meses depois.

Em 1942, por iniciativa de escritores contrários à Censura do Estado Novo, foi fundada no Rio de Janeiro a Associação Brasileira de Escritores. Entre seus fundadores, incluíam-se Octávio Tarquínio de Souza (presidente), Sérgio Buarque de Holanda, Graciliano Ramos, José Lins do Rego, Sérgio Milliet, Mário de Andrade, Oswald de Andrade e Érico Veríssimo. Dois anos depois, surgiu a ideia, apoiada por Jorge Amado, Aníbal Machado, Oswald de Andrade e outros, de envolver a Associação na promoção de um encontro nacional de intelectuais. No dia 22 de janeiro de 1945, reuniu-se no Teatro Municipal de São Paulo o I Congresso Nacional de

Escritores – na verdade, uma grande manifestação de oposição à ditadura do Estado Novo, que acabou contribuindo para aprofundar a crise do governo de Getúlio Vargas. Do evento resultou um manifesto a exigir liberdade de pensamento e demais direitos e garantias individuais, com o retorno do país à legalidade democrática, incluindo a instalação de um governo eleito pelo povo mediante sufrágio universal, direto e secreto.

O Brigadeiro esteve nesse Congresso. O orador oficial do evento recordou suas lutas pela democracia e informou à plateia que ele se encontrava no recinto. O público que lotava o Municipal de São Paulo se levantou em salva de palmas, demonstrando o respeito e a admiração que ele despertava. Foi a primeira grande manifestação pública de apoio a sua candidatura à Presidência da República. A esse respeito, registra o artigo sobre o fim da Era Vargas publicado *online* pelo Centro de Pesquisa e Documentação de História Contemporânea do Brasil (CPDOC), da Fundação Getúlio Vargas:

> As oposições (...) partiram para uma atuação mais agressiva e começaram a costurar alianças com um ator que ganhava cada vez mais prestígio naqueles anos de guerra: os militares. Em outubro de 1944, a candidatura presidencial do brigadeiro Eduardo Gomes, herói dos 18 do Forte, começou a ser articulada nos meios militares e civis. Em janeiro de 1945, no I Congresso Brasileiro de Escritores, intelectuais de renome defenderam a imediata redemocratização do país. Em fevereiro, a imprensa resolveu desconhecer a censura oficial e publicou uma entrevista com [o escritor e político potiguar] José Américo de Almeida defendendo eleições livres e apresentando Eduardo Gomes como candidato das oposições.

Poucos meses depois, começaram a surgir os partidos políticos que iriam disputar a Presidência. Era resultado tanto do movimento de Vargas para preparar a transição controlada do Estado autoritário para um regime aberto – de preferência com sua permanência no poder –, iniciado em 1942, quanto das pressões crescentes dos anos seguintes. A primeira das agremiações foi a União Democrática Nacional (UDN), que nasceu em 7 de abril, antes mesmo da publicação do Decreto-Lei nº 7.586, de

28 de maio de 1945 – o Código Eleitoral baixado por Getúlio, que marcou as eleições para 2 de dezembro. A UDN era um partido conservador, declaradamente contrário às políticas de Vargas. Em 15 de maio, foi a vez do Partido Trabalhista Brasileiro (PTB), herdeiro do ideário getulista. Por fim, também sob os auspícios de Vargas, da máquina do Estado e dos interventores nos governos estaduais, fundou-se em 17 de julho o Partido Social Democrático (PSD), de caráter liberal-conservador A candidatura de Dutra, ex-ministro da Guerra de Vargas, foi oficializada pelo PSD e apoiada pelo PTB. Com o Partido Comunista de volta à legalidade e com suas lideranças libertadas da prisão em que estavam confinadas desde a Intentona Comunista de 1935, também a esquerda entrou na disputa, mas com um candidato que nem era comunista: o engenheiro gaúcho Yedo Fiúza (1894-1975), que fora duas vezes prefeito de Petrópolis (RJ).

– Se meus inimigos me ameaçam com uma espada, eu lhes respondo com outra! – disse Getúlio Vargas na ocasião em que lançou o nome de seu ministro da Guerra para sucedê-lo.

Juracy Magalhães conta no seu livro que, naquela altura, seria difícil contrapor a candidatura de um herói militar da envergadura de Eduardo Gomes com qualquer outra. Mas a intenção de Vargas, como ficaria comprovado, era fazer da candidatura de Dutra um instrumento do seu jogo político. No início, o general hesitou diante do porte histórico do candidato da UDN. Vargas o convenceu. No final de abril, porém, ao preparar um pronunciamento que faria no dia 1º de maio, no estádio do Vasco da Gama, não incluiu o nome de seu candidato no rascunho do discurso, um "descuido" que mereceu reclamação de Dutra. Vargas reparou o deslize, mas, em seguida, rompeu com seu apadrinhado político, alegando que o general não era mais o mesmo de antes e estava de conluio com Góis Monteiro para derrubá-lo. Forçando a barra, tentou trocar a candidatura de Dutra pela de Góis Monteiro. Este não aceitou.

Sem ter mais o apoio de Vargas, Dutra continuou na disputa. Sua campanha não despertava ressonância junto ao eleitor, ao passo que a do Brigadeiro atraía cada vez mais adeptos. Vargas continuava agarrado à ideia de permanecer no poder. Então, um de seus aliados criou um plano para tentar mantê-lo no governo: Hugo Borghi (1910-2002), empresário paulista, ganhara muito dinheiro com a venda de algodão em negócios sustentados pelo Estado. Liderando um grupo de seguidores de Vargas, lançou o movimento "Constituinte com Getúlio Vargas" – mais conhecido pelo lema "Queremos Getúlio" ou "Queremismo" –, e saiu às ruas defendendo a instalação de uma assembleia constituinte, com Vargas no governo, tentando assim obter apoio da população e liquidar as candidaturas dos militares. A UDN reagiu e criou o lema "Todo o Poder ao Judiciário".

O jornalista Carlos Lacerda, já conhecida figura política filiada à UDN, trabalhou na campanha do Brigadeiro e combateu publicamente a campanha de Dutra: "Votar em Dutra é votar com o fantasma de Adolf Hitler", declarou pelo rádio. As forças contrárias ao governo se aglutinavam ao redor do candidato da UDN. No final de setembro, o embaixador norte-americano no Brasil, Adolph Berle (1895-1971), falou sobre as eleições presidenciais, declarando recear que o pleito pudesse ser cancelado. Os queremistas repudiaram a declaração do diplomata. Ficava clara a posição dos EUA contrária ao continuísmo de Vargas. A corrente antigetulista articulou-se para retirar o ditador do governo. No fim, o ditador foi deposto por líderes militares que compunham seu próprio governo, como Góis Monteiro, Newton de Andrade Cavalcanti, Ernesto Geisel e outros. Para os observadores políticos, a queda de Vargas não foi resultado de conspiração externa, mas consequência de um complexo jogo político que contou com um fator desencadeante. Segundo o historiador Boris Fausto, essa faísca foi produzida pelo próprio Vargas.

Em outubro de 1945, ele afastou do cargo de chefe de polícia do Distrito Federal seu velho aliado, o coronel João Alberto Lins e Barros – um revolucionário da década de 1920 que era amigo do candidato da UDN, Eduardo Gomes, e havia se oposto às manifestações de rua dos queremistas pouco antes. O nomeado para substituí-lo foi Benjamim "Bejo" Vargas, seu irmão. O ministro da Guerra não gostou da indicação e mobilizou a tropa. Dutra tentou inutilmente demover Vargas da nomeação. O Palácio do Catete foi cercado pelo Exército. O general Oswaldo Cordeiro de Farias (1901-1981) – que acabara de regressar da guerra na Itália e cujo nome chegou a ser cogitado para a campanha presidencial

– foi incumbido de comunicar a Vargas sua deposição em 29 de outubro de 1945. O presidente não resistiu; renunciou formalmente à Presidência e saiu do palácio pela porta da frente, retirando-se para sua cidade natal, São Borja. Os militares e a oposição liberal, com a concordância dos candidatos às eleições, entregaram o governo ao ministro José Linhares, presidente do Supremo Tribunal Federal e sucessor legal, pois a figura do vice-presidente da República não existia na Constituição de 1937. Ele ficaria três meses no cargo, encarregando-se da realização das eleições, em 2 de dezembro, e de passar a Presidência, em solenidade marcada para 31 de janeiro de 1946, ao candidato que fosse eleito.

A candidatura de Eduardo Gomes permaneceu em franca expansão, apoiada pela classe média e pela imprensa. Mais uma vez, Dutra cogitou de sair do páreo. Lá no Sul, entretanto, Vargas vislumbrou a vitória do Brigadeiro como praticamente certa. Ao ser deposto, dera sinal de que não abandonaria a política. Precisava de algo que pudesse impedir a tendência de vitória da UDN. Então, fez uma declaração de apoio a Dutra, pedindo a seus eleitores que votassem no candidato da coligação PSD-
-PTB, ressalvando que ficaria ao lado do povo caso Dutra não cumprisse as promessas de campanha.

A vitória de Eduardo Gomes, que parecia certa, perdeu ímpeto, embora o candidato permanecesse à frente de seu principal adversário político. Seus discursos eram "os mais bonitos numa época em que não existia ainda a televisão", conforme assinalado anos depois pelo jornal *Tribuna da Imprensa*, fundado por Carlos Lacerda em 1949, numa análise sobre aquelas eleições. O Brigadeiro discursava em praças públicas sobre a realidade social do país, empolgava universitários, fazendeiros, industriais, a classe média.

O piauiense Joaquim Gonçalves Vilarinho Neto, coronel reformado do Exército, mora no Recife. Em 1945, aos 16 anos, era um adolescente às voltas com o dilema da opção profissional. Ele lembra que, naquela ocasião, Eduardo Gomes era o candidato favorito no interior do Piauí. Com uma ponta de orgulho, diz que seus pais e tios votaram no Brigadeiro:

– Em nossa casa, na sala, havia uma enorme fotografia dos 18 do Forte, tamanha era a nossa admiração pelo Brigadeiro.

Vilarinho Neto prestou concurso para a Academia Militar, mas, antes de optar pela carreira no Exército, enviou uma carta a Eduardo Gomes, em 1946, pedindo orientações sobre a vida militar. Recorda que recebeu a resposta do Brigadeiro escrita de próprio punho.

– Isso demonstra bem a atenção desse homem, de responder do Rio de Janeiro à carta de um simples menino humilde do interior piauiense. E eu tive a honra de conhecê-lo depois que entrei para o Exército.

De fato, nas regiões Norte e Nordeste, o eleitorado do Brigadeiro era expressivo, certamente pela relevância de sua passagem por essas plagas ao tempo do Correio Aéreo Nacional e durante a Segunda Guerra Mundial. A imprensa acompanhava sua campanha e reproduzia extratos de seus discursos, quando não os publicava na íntegra:

Rio de Janeiro (RJ), maio de 1945

"A missão dos governos é mais do que nunca a de extirpar as causas de descontentamento, que deles afasta os necessitados e os desvalidos."

"O Estado não tem outro fim senão a felicidade dos indivíduos."

São Paulo (SP), junho

"Ninguém contesta que o problema da liberdade em seu conteúdo humanístico – a de pensamento, de culto, de cátedra, de organização partidária, de associação e de reunião – avulta, no tempo moderno, o problema da justiça social."

"A liberdade a que me refiro é a que resulta do conceito de dignidade da pessoa humana; concerne, antes do mais, à autonomia de espírito."

"A um futuro melhor podemos e devemos chegar pela verdadeira democracia, progredindo numa ordem social mais justa, na qual o triste espetáculo da opulência excessiva de uns não afronte a miséria extrema dos outros, para uma era em que os ricos sejam menos poderosos e os pobres menos sofredores."

Belo Horizonte (MG), julho

"O trabalhador rural necessita de maior salário e de melhores condições de vida. A sua miséria é patente para não despertar atenção e simpatia."

"A prosperidade é incompatível com uma profunda desigualdade social."

"Vejo no imposto progressivo sobre a renda a fonte principal na qual poderá a administração auferir os recursos para aliviar os impostos indiretos que pesam sobre os trabalhadores e a classe média."

Corumbá (hoje MS), setembro

"A discussão, a crítica, o jogo das ideias representam para o organismo social o que o sangue significa para o corpo humano."

Rio de Janeiro (RJ), outubro

"Só o Direito é indestrutível na sociedade moderna."

Sorocaba (SP), novembro

"As ditaduras passam como passam as epidemias. Nas áreas por elas devastadas, a vida renasce com mais viço e com mais exuberância. Só toleraremos um regime social em que se poupem os valores espirituais e se assegure a todos a prosperidade material sem desperdício de vidas, destruição de classes, fermentação de ódios e redistribuição de misérias."

"O operário isolado é um lutador desarmado. Nada poderá contra o egoísmo capitalista."

"A sindicalização livre é uma das condições essenciais para a proteção dos direitos do operário."

Campos (RJ), novembro

"Nos ambientes insalubres dos regimes de que é banida a crítica e em que os valores morais decrescem de influência, os vírus da corrupção adquirem um poder terrível, porque desaparece o interesse em combatê-los e destruí-los."

Ribeirão Preto (SP), novembro

"O trabalhador rural brasileiro come mal, mora pior e não conta com a mínima assistência pública."

Num desses pronunciamentos, em 19 de novembro, ele criticou o Estado Novo. Salientou que não precisava do voto da "malta de desocupados" que apoiava Vargas, então candidato à Assembleia Constituinte de 1946. Hugo Borghi, empresário queremista e dono de rádios que trabalhava na campanha de Dutra, tomou conhecimento do discurso e buscou no dicionário os significados da palavra "malta". Selecionou o que melhor poderia usar em favor de Dutra e logo a campanha da coligação PSD-PTB passou a divulgar que o candidato da UDN não queria o voto dos "marmiteiros". Segundo Isabel Lustosa, no livro *Histórias de presidentes*, ele adotou a marmita como símbolo da campanha de Dutra:

> (...) um marmiteiro autêntico, que já demonstrou que ama os humildes de cujo seio saiu, deve ser o seu candidato, trabalhador, porque ele, liberto dos ódios e preconceitos, fará nossa pátria feliz e próspera nos anos futuros.

A campanha de Eduardo Gomes não contava com grandes recursos. Um grupo de senhoras do Rio de Janeiro, na tentativa de angariar fundos, teve a ideia de criar um tipo de guloseima, feita de chocolate e leite condensado – sobra dos estoques de guerra norte-americanos – a que deram o nome de "Brigadeiro". O docinho passou a ser vendido nos comícios da UDN e fez enorme sucesso, como ainda hoje, entre adultos e crianças. A militância feminina também criou uma mensagem dirigida às mulheres: "Vote no Brigadeiro; além de bonito, é solteiro". Entretanto, o episódio dos "marmiteiros", devidamente explorado como marketing político – que ainda não tinha esse nome na época – funcionou. E mais ainda porque Borghi, sempre ele, além de organizar uma cadeia de rádios em apoio ao candidato do PSD-PTB, conseguiu convencer Vargas a declarar apoio a Dutra na reta final da campanha. Depois, divulgou o fato com um *slogan* matador: "Ele disse".

O próprio Hugo Borghi elegeu-se deputado federal pelo PTB paulista em 1945 e, dois anos depois, disputando o governo de São Paulo com o engenheiro Lucas Nogueira Garcez (1913-1982), usou a seu favor a bem-urdida história do Zé Marmiteiro. Dizendo-se representante do trabalhador, lançou sua campanha com uma marchinha animada:

> Deixa passar o trabalhador,
> Deixa o trabalhador passar,
> O senhor, o senhor, que não trabalha,
> Só atrapalha, só atrapalha.
> Sou marmiteiro e não posso me atrasar,
> Sai da frente, sai da frente Baltazar,
> Que essa sopa, vai se acabar, vai, vai.

Funcionou contra o Brigadeiro. Mas não a favor do marqueteiro, que não chegou a governador paulista nem em 1947 nem em 1955, quando perdeu para Jânio Quadros.

Em 2 de dezembro de 1945, Dutra venceu o pleito com nítida vantagem – 3.351.507 votos –, ganhando de Eduardo Gomes; de Yedo Fiúza, que concorreu pelo PCB; e de Mário Rolim Teles, do Partido Agrário Nacional. Seus sufrágios representaram 54,16% do total de votantes. O eleitorado popular deu outra prova da força de Vargas: ele ganhou vaga na Assembléia Constituinte em vários estados, ora como deputado, ora como senador – o que a Constituição da época permitia. O repúdio ao ex-ditador foi representado por 2.039.341 votos (33,97%) dados ao Brigadeiro, num universo de 6 milhões de eleitores participantes do pleito. O PCB conseguiu 569.818 votos (9,49%) e o candidato do Partido Agrário Nacional recebeu votação apenas simbólica: 10.001 votos. Os votos em branco e nulos totalizaram 2,2%.

O editorial do *Diário Carioca*, de 7 de dezembro de 1945, disse:

> (...) uma boa parte da população se acha ainda bem distante do elevado nível de educação política que a prática de um verdadeiro regime democrático pressupõe.

Segundo o jornal, o povo mostrava-se despreparado para o exercício do voto por ser incapaz de "distinguir o homem público autêntico do demagogo vulgar".

Vargas optou pelo Senado, representando o Rio Grande do Sul. Mas pouco esquentou a cadeira de senador. Duramente criticado por parlamentares adversários, que o consideravam responsável por todos os males causados ao país pelo Estado Novo, o agora senador demonstrou ainda uma vez que não nascera para o convívio democrático. Irritado com as críticas, chegou a perder a compostura, chamando seus desafetos para a luta corporal. Ato seguinte, encerrou a carreira relâmpago no Senado e voltou para São Borja, isolando-se num "exílio voluntário". Sequer compareceu ao Congresso para assinar a Carta Magna redigida pela Constituinte.

Esse era o homem que havia chamado Dutra em 1937 para estruturar o golpe que instituiu a ditadura do Estado Novo às vésperas de eleições das quais ele não poderia participar. Foi o que registrou Dutra em seu diário inédito, transcrito parcialmente pelo *Jornal do Brasil* no dia de sua morte e reproduzido nos arquivos referentes ao ex-presidente no Centro de Pesquisa e Documentação de História Contemporânea do Brasil (CPDOC) da Fundação Getúlio Vargas. Dutra foi chamado pelo ainda presidente constitucional em 18 de setembro de 1937 e registrou em seu diário que o impasse em que se encontravam os políticos para resolver a sucessão favorecia os planos de Getúlio Vargas de permanecer no governo além do prazo.

Havia malogrado a tentativa de levar o Congresso a rever a Constituição, de modo a permitir a prorrogação do mandato presidencial. Já havia candidatos ao pleito e a vitória era quase certa para o paulista Armando de Salles Oliveira, que seria, "na opinião de Getúlio, um desastre para a nação". Dutra registra:

> (...) Passou, em seguida a referir-se ao regime democrático, que tantos males vinha causando, e ao Congresso, que nada produzia e criava dificuldades às iniciativas do governo. Para sanar tudo isso, só via uma solução: mudança do regime e reforma radical da Constituição. Era preciso reagir contra a situação deplorável do momento que atravessávamos, que só tendia a piorar. Tal

reação precisava ser tentada por meio de uma verdadeira revolução de cima para baixo, isto é, desencadeada pelo próprio governo. Para esse movimento contava com o auxílio de Minas Gerais; mas tudo seria inútil sem o apoio do Exército. Exposta assim, resumidamente, a sua idéia, passou o presidente a fazer-me um apelo para auxiliá-lo na empresa, adiantando que, se eu não estivesse de acordo, nada tentaria ele, deixando que os acontecimentos evoluíssem em qualquer direção.

Dutra, que oferecera seus préstimos para garantir o apoio do Exército ao golpe ditatorial de 1937, agora estava prestes a assumir a Presidência na sucessão de Vargas.

Eduardo Gomes reconheceu a derrota nas urnas. Suas pregações políticas ficaram como lições cívicas. Em 1946, seus discursos foram reunidos no livro *Campanha da libertação*. Para a imprensa, seus pronunciamentos demonstraram maturidade política digna de estadista. Na nota que divulgou em dezembro de 1945 sobre o resultado das eleições, ele afirmou:

> Cada vez mais, confiemos nos valores eternos da autêntica justiça que deve reger a sociedade e os indivíduos. A felicidade coletiva é uma conquista incessante, uma luta sem trégua para o aperfeiçoamento dos processos sociais. Sejamos vigilantes no amor à liberdade, resguardando-a de riscos e atentados, no respeito à lei, evitando que ela se abastarde em poderes ilegítimos. Muitas são as surpresas que desviam os povos do seu rumo espontâneo; elas, porém, só produzirão efeitos duradouros se os democratas transigirem com sua fé.

Em peregrinação de campanha, o Brigadeiro percorreu 16 estados, visitou 146 cidades e pronunciou 171 discursos. Voou mais de 170 horas e cobriu mais de 44 mil quilômetros, no Norte, Centro e Sul do país, segundo estimativas da imprensa. Nos comícios, falou para mais de 2,5 milhões de pessoas.

Algumas fontes de expressão nacional acreditam que o caso dos "marmiteiros" não foi a principal razão de sua derrota nas urnas. Anos depois, Carlos Lacerda, comentando o resultado da eleição de 1945, criticou os "discursos imensamente jurídicos" do Brigadeiro em campanha, escritos por Prado Kelly. E reconheceu:

> (...) uma ditadura bárbara, como foi a de Vargas, conseguia ter o apoio das grandes massas populares na medida em que lhes dava algumas coisas de que elas precisavam.

O tenente-brigadeiro reformado Octávio Júlio Moreira Lima (1926-2011), oficial de gabinete de Eduardo Gomes – ele viria a ser ministro da Aeronáutica de 1985 a 1990, no governo José Sarney –, concedeu entrevista aos pesquisadores Celso Castro e Maria Celina d'Araujo, em 1998, publicada em *Militares e política na Nova República*. Nela, afirmou que um dos motivos do fracasso do Brigadeiro nas eleições de 1945 foi ele não se ter comprometido com um grupo de religiosos que o procurara com a proposta de acabar com o jogo no Brasil. A hipótese é rala. De qualquer modo, Dutra acabou com o jogo e fechou os cassinos por decreto em 30 de abril de 1946 – dizem que por influência de sua religiosíssima esposa, dona Santinha (Carmela Teles Leite Dutra, 1884-1947), que também mandou construir a Capela Santa Terezinha nos jardins do Palácio Guanabara, residência oficial de Getúlio Vargas no Estado Novo e também de seu sucessor.

Seja como for, examinando-se detidamente os conteúdos dos discursos de Eduardo Gomes, verifica-se que retratavam fielmente a amarga realidade do país nos campos social, político, econômico e institucional. Porém, distanciavam-se do tom característico do populismo daqueles dias. O redator dos discursos, Prado Kelly, era um jurista de porte e um homem de afinidade com as letras, tendo sido premiado pela Academia Brasileira de Letras aos 15 anos pelo livro de poemas *Tumulto e alma das coisas*. Juntamente com a equipe de campanha do candidato da UDN, e particularmente com o próprio Eduardo Gomes, discutia os principais temas a serem apresentados aos eleitores. Deputado em 1933, tinha prática em oratória e, de fato, redigia discursos de altíssimo nível.

O Brigadeiro considerava o brasileiro um povo paciente com seu próprio destino, iludido pelos políticos. Seu interesse eram as grandes questões nacionais necessitadas de solução. No pronunciamento que fez em 17 de julho de 1945, em Belo Horizonte, para centenas de milhares de pessoas, leu um discurso longo e incompreensível para o eleitor humilde. Sem correligionários à mão para aferir a repercussão de suas palavras, as falas do Brigadeiro tinham apenas um crítico em suas hostes: Carlos Lacerda, que tentava orientar a direção da UDN para mensagens curtas e objetivas, dirigidas especificamente ao cidadão mais pobre, senhor da balança eleitoral.

Diante dos mineiros, o Brigadeiro abordou "os deslizes da administração e os gastos suntuosos" nos governos provisório, constitucional e ditatorial de Vargas. Para ele, 36 bilhões de cruzeiros era "o vulto dos males causados ao povo brasileiro" pelo governo ao tentar solucionar dificuldades momentâneas sem sucesso e sem cogitar sobre consequências para o futuro do país.

Quanto às despesas de guerra, acentuou que, para sustentar o financiamento das operações militares, o governo criara as Obrigações de Guerra, com limite original de 3 bilhões de cruzeiros, depois elevado para 6 bilhões e finalmente para 8 bilhões. Nos EUA e na Inglaterra, a confiança no governo tinha levado o público a adquirir os bônus de guerra. No Brasil, segundo o candidato da UDN, aconteceu o contrário: o governo impôs as Obrigações de forma compulsória, usando o imposto de renda, que captou apenas 2,566 bilhões nos anos de 1943 e 1944, embora houvesse no país potencial monetário para arrecadar 40 bilhões. Para antecipar as receitas desses títulos, o governo sacou do Banco do Brasil 5 bilhões de cruzeiros por meio de Letras do Tesouro, as quais "terão de ser pagas com algumas centenas de toneladas de papel moeda", sustentou o candidato, antevendo o peso inflacionário dessas ações. "Não sabemos a quanto montam os compromissos para com os EUA, decorrentes do *Lend-Lease*, que têm que ser pagos oportunamente com os fundos em ouro e cambiais que o Brasil possui naquele país", completou.

As imagens utilizadas para explicar a estabilidade da moeda e a inflação não ajudaram muito o entendimento:

> Quando se rompe um dique, as águas não irrigam igualmente a região, mas derivam pelos canais preparados para recebê-las: somente as sobras é que transbordam. O mesmo se dá com as emissões de papel-moeda. Os canais

formados para receber o dinheiro artificial são as indústrias, o grosso comércio estabelecido, além dos donos que se improvisam afoitamente, o ramo do Tesouro e o Banco do Brasil. A grande maioria da população, a magistratura, o funcionalismo, os militares, a classe médica, o pequeno comércio, os empregadores em todos os ramos de atividade, o professorado, os aposentados e reformados, os assalariados em geral e os trabalhadores manuais, isto é, nove décimos da comunidade, vêm o valor de cada cruzeiro que ganham reduzido de 50, 60 ou 70 centavos. Os preços sobem baixando o padrão de vida do povo. Os funcionários públicos reduzem a uma por dia as refeições de garfo; os juízes fazem prodígios de poupança para apresentar-se decentemente nos tribunais; em muitas cozinhas, se apaga o fogão e as crianças das escolas públicas refletem na face emaciada as privações de seus lares".

Para arrematar o discurso sobre a carestia, falou:

De olhos voltados contra a realidade, o chefe do Estado Novo ironiza a oposição, dizendo que 'de nada vale a liberdade para passar fome ou o direito de ter frio sem cobertor', isto depois de ter instalado a fome no país e haver dobrado o imposto sobre os cobertores de 13 cruzeiros e 80 centavos para 26 cruzeiros. Em meio desse quadro resplendem as casas de tavolagem, em cujos salões dissipam fortunas fáceis os beneficiários da inflação, os usufrutuários dos favores do Estado Novo, cuja política é a do rico contra o pobre.

Segundo Eduardo Gomes, para solucionar os problemas brasileiros, era obrigatório estabilizar a moeda. Defendendo a desvalorização do dólar em relação ao cruzeiro, que era a moeda corrente desde 1942, ressaltou:

A valorização do cruzeiro por meio da deflação em grande escala traria ao país, em sentido inverso, males e prejuízos como a inflação. Embora me pareça que o reajustamento da vida econômica deverá estabelecer-se num ponto de interseção entre a baixa de preços e a elevação de vencimentos, ordenados e salários, o problema é de tal complexidade que não me julgo competente para deparar-lhe solução – para o qual, entretanto, não faltam à nação economistas esclarecidos e patriotas.

Ao final, evocou parte das medidas adotadas pelo presidente Franklin Roosevelt, que ajudaram a tirar os EUA do fundo poço a que tinham chegado pela depressão econômica de 1929, e sugeriu a adoção de medidas preliminares de saneamento financeiro para estabilizar a moeda e combater a inflação:

> Investimentos, em títulos públicos, dos depósitos da Caixa Econômica; obrigação para os Institutos de Previdência Social e autarquias de depositar seus saldos monetários no Banco do Brasil, e não em bancos particulares, e de investir a maior parte de suas disponibilidades em títulos do Tesouro, sem prejuízo das suas finalidades sociais; retirada parcial da circulação do produto a venda de cambiais adquiridas com emissões; suspensão da compra do metal amarelo pelo governo e libertação do seu comércio; suspensão de auxílio do Tesouro e de crédito do Banco do Brasil para criação de indústrias novas e financiamento das inviáveis, e para negócio de especulação; revisão da política tributária assentando-a principalmente nos impostos diretos, com redução dos indiretos, a fim de instaurar-se a justiça fiscal, que é, ao mesmo tempo, conveniência econômica, distribuindo o gravame dos tributos na proporção da capacidade dos contribuintes; suspensão das obras públicas suntuárias e adiáveis; redução das despesas ordinárias aos recursos de receita ordinária.

Encerrando o discurso, salientou que, estabelecido o equilíbrio orçamentário, seria possível instalar o Banco Central para sustentar a moeda e regular o crédito, adaptando-o ao meneio dos negócios e defendeu a participação da sociedade nos destinos do país:

> No Brasil, não devem vicejar privilégios de espécie alguma; as classes se formam pela função que exercem, e não pelas barreiras que criam. Só através da união de todas as camadas sociais nos salvaremos de um colapso econômico. Ao Estado cabe a tarefa ingente de realizar a felicidade comum. A proteção da prosperidade deve ser confiada à justiça ordinária e não a um poder irresponsável, armado de decretos tendenciosos por ele próprio forjados. Viva o Brasil livre, unido, democrático e progressista!

Cena rara: Eduardo Gomes em audiência com Getúlio Vargas e, de costas, o ministro da Aeronáutica, Salgado Filho.

Getúlio Vargas tirou novo título de eleitor em 1933, mas não precisou usá-lo: foi eleito presidente pela Assembleia Constituinte de 1934. Três anos depois, arrumou pretexto para se manter no poder, instituindo o Estado Novo. O general Góis Monteiro, que aparece na foto ao lado do político Antônio Carlos Ribeiro de Andrada, governador de Minas Gerais, apoiou a implantação da ditadura. Eduardo Gomes foi contra. Como castigo, perdeu o comando de tropa por alguns anos.

Em 1931, Luís Carlos Prestes rumou para a Rússia e, na volta, em 1935, liderou a Intentona Comunista. Os cartuns de Belmonte sobre a Segunda Guerra Mundial correram mundo: este é de maio de 1940. Quando o Brasil se juntou aos Aliados em 1942, declarando guerra aos países do Eixo, Eduardo Gomes colaborou estreitamente com o almirante Jonas Ingram, comandante da Força do Atlântico Sul dos EUA.

Parada militar no Recife, 1945: o brigadeiro Eduardo Gomes, comandante da 2ª Zona Aérea, ao lado do major-general Ralph H. Wooten, comandante das tropas norte-americanas em desfile. Aparecem ainda o coronel Antônio F. Barbosa e o maestro homenageado, sargento Manoel G. Silva. Rio de Janeiro, julho de 1955: o ministro da Aeronáutica Eduardo Gomes e o diplomata norte-americano William Warne assinam acordos sobre modernização de armamentos que representam um prolongamento do *Lend-Lease Act* do período da guerra.

1942: Batismo do Catalina *Arará* em homenagem ao navio homônimo torpedeado pelos alemães em agosto, assim tinha ocorrido em fevereiro com o paquete *Buarque*, do Lloyd Brasileiro, que, atacado ao largo da costa de Nova York, afundou em 30 segundos. O avião Vultee da FAB, em missão de patrulha no litoral de Iguape (SP), ataca um submarino nazista.

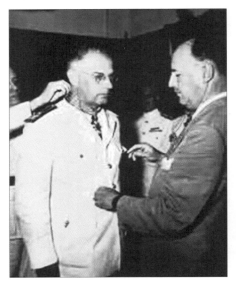

Tendo recebido a Comenda da Legião do Mérito dos EUA por seu desempenho na guerra, o Brigadeiro recebeu também a Grã Cruz da Ordem do Mérito Aeronáutico das mãos do ministro Salgado Filho. O retrato em óleo sobre tela do pintor JG Fajardo atesta seu prestígio, que foi levado em conta quando Getúlio Vargas deixou o poder, como se vê na manchete do *Jornal do Brasil* de 30 de outubro de 1945. Logo haveria eleições presidenciais.

JORNAL DO BRASIL — TERÇA-FEIRA, 30 DE OUTUBRO DE 1945

Renunciou o Presidente Getúlio Vargas

Reunião dos Generais com a presença do Brigadeiro Eduardo Gomes e do General Dutra—Uma proclamação do General Góis Monteiro
Assumirá a Chefia do Govêrno o Ministro José Linhares — Substituidos os Ministros de Estado

Ele não queria concorrer, mas acabou assumindo a luta pela redemocratização do país. Assim, os líderes da UDN lançaram sua candidatura e logo começavam a circular "santinhos" e materiais de propaganda da candidatura.

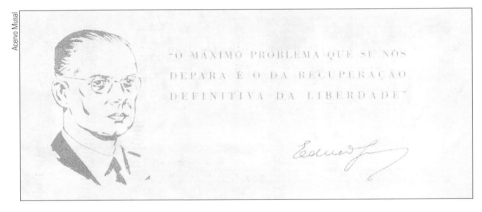

Materiais de campanha: alguns para angariar fundos, outros de aspecto ideológico e muitos trazendo à memória o desempenho heróico do Brigadeiro no episódio dos "18 do Forte."

Os norte-americanos, que bem conheciam Eduardo Gomes e não desejavam o continuísmo de Vargas na figura de Dutra, seu ex-ministro da Guerra, colaboraram com o Brigadeiro: fizeram uma completa reportagem com belas fotos na revista *Life*.

Eduardo Gomes correu o país participando de comícios. Um deles foi convocado para as escadarias do Municipal, em São Paulo, pelo Movimento Popular Pró-Brigadeiro Eduardo Gomes. Também o Partido Comunista (PCB), saindo da clandestinidade, passou a ter sede e participou das eleições com candidato próprio: o engenheiro Yedo (ou Yeddo) Fiúza.

Juntando esforços na campanha de Eduardo Gomes: valia desenho de giz no chão e mesmo vender os docinhos "brigadeiro", criados pelo grupo feminino, para angariar recursos. De noite, alguns pintavam a propaganda artesanalmente e havia também um carrinho-solta-tinta para facilitar a tarefa.

O *slogan* voltado para o eleitorado feminino foi pichado nas paredes de uma casa no Rio e registrado pelo fotógrafo da *Life*.

Campanha do general Eurico Gaspar Dutra: a população acorre para ouvir os discursos dos candidatos nacionais e de seus apoiadores locais. Neste caso, o paraibano Ruy Carneiro, que foi interventor em seu estado no período 1940-1945.

9

A engenharia aeronáutica foi criada no Brasil em 1939, na Escola Técnica do Exército, embrião do Instituto Militar de Engenharia (IME), que formava engenheiros em química, eletricidade, metalurgia, mecânica, eletrônica e armamento. O novo curso nasceu como resposta à evolução natural da aviação. Com duração de três anos, era aberto a candidatos civis e a aviadores militares. Na ocasião, Casemiro Montenegro era major e se interessou em cursar engenharia aeronáutica. Numa conversa com Eduardo Gomes, falou dessa intenção. "O futuro está na engenharia", disse, evocando a frase que o engenheiro Henrique Dumont dissera ao filho, Alberto Santos-Dumont, em 1891, quando este lhe pediu autorização para estudar na França.

Compondo a primeira turma do novo curso, juntamente com outros cinco militares e quatro civis, foi diplomado em dezembro de 1941; porém, considerou o curso feito precário demais. No ano seguinte, recebeu a promoção de tenente-coronel e assumiu a chefia da Subdiretoria Técnica de Aeronáutica. Em conversa com seu assistente, Arthur Soares Amorim, engenheiro aeronáutico diplomado nos EUA, no Massachusetts Institute of Technology (MIT), em Boston, comentou que pretendia propor a criação de uma escola de engenharia no recém-criado Ministério da Aeronáutica. Soares Amorim sugeriu-lhe que entrasse em contato com o chefe do Departamento de Engenharia Aeronáutica do MIT, professor Richard Harbert Smith (1894-1957), para inteirar-se da melhor forma de organizar uma boa escola de engenharia aeronáutica no Brasil.

Eduardo Gomes e Casemiro Montenegro defendiam a qualidade da educação profissional. Durante novo encontro dos dois, em Petrópolis, Montenegro falou sobre o projeto que acalentava. Eduardo Gomes apoiou a ideia, perfeitamente afinada com os planos de implantação do quadro de oficiais engenheiros previsto pela Aeronáutica. Mas recomendou-lhe que aguardasse um pouco mais para disparar o projeto, em razão dos pesados encargos que a organização da Força Aérea Brasileira exigia naquele momento. Segundo ele, a falta de recursos públicos seria uma barreira para viabilizar um empreendimento de tamanha envergadura. Em depoimento para um livro do major-brigadeiro Tércio Pacitti, lembraria Montenegro anos depois:

> (...) conheci bem sua personalidade e austeridade. Minha admiração por ele era grande. Éramos amigos. Eu o admirava pelo seu profissionalismo como piloto e pela postura séria que tinha face à política tumultuada da época. Ele foi candidato à Presidência da República. Como era sério demais, não chegou a ser eleito.

Em janeiro de 1943, Montenegro viajou aos Estados Unidos, liderando um grupo de pilotos que traria para o Brasil, em voo, um lote de aviões militares por conta do *Lend-Lease*. Aproveitou a viagem para conhecer o Centro Técnico de Wright Field, em Ohio, um avançado conjunto de laboratórios de pesquisas aeronáuticas da Força Aérea do Exército dos EUA e retornou ao Brasil entusiasmado com o que vira. No ano seguinte, ao voltar àquele país, agora compondo comissão de engenheiros militares em visita oficial, levou consigo o projeto do curso que pretendia implantar. Tentou falar com Richard Smith, mas não conseguiu: o professor se encontrava em viagem. Deixou então cópia do trabalho com seu colega, major Osvaldo Nascimento Leal, que estudava no MIT, pedindo-lhe que o entregasse em mãos. Smith gostou do que leu e ofereceu-se para colaborar. Na carta-resposta que enviou a Montenegro, sugeriu que a pretendida escola funcionasse como um centro de pesquisa e desenvolvimento tecnológico, nos moldes do que havia de melhor nos EUA e na Europa.

Com a ajuda de vários colegas e fundamentado no que vira em terras norte-americanas, Montenegro elaborou um anteprojeto da escola de engenharia aeronáutica que pretendia sugerir ao ministro Salgado Filho, a quem propôs também a contratação do professor Richard Smith por um período inicial de seis meses, para ajudar a arrematar o plano original. O ministro aprovou a sugestão. Em fins de maio de 1945, Richard Smith veio ao Brasil. No dia 26 de setembro, no Instituto Brasileiro de Aeronáutica, deu uma palestra com sua visão prospectiva da aeronáutica mundial, tendo ainda como pano de fundo o esfacelamento da aviação alemã, derrotada na guerra, e incluindo previsões sobre as tendências e rumos da aviação brasileira.

Nessa conferência, enfatizou que os novos laboratórios poderiam ser aglomerados em um só centro, possibilitando treinamento e pesquisa em campos variados e atendimento aos modernos requisitos instrumentais e de metodologia científica. Ponderou que a indústria deveria ter liberdade de escolher o local mais apropriado para instalar-se, levando em conta condições mais vantajosas, incluindo a redução dos custos de produção. Considerou ainda que o parque industrial deveria ser estimulado no sentido de tornar o país autossuficiente no campo aeronáutico. Sobre as possibilidades futuras da indústria aeronáutica no Brasil, salientou que o país só se tornaria independente da tecnologia de outras nações se criasse escolas superiores nos campos de engenharia aeronáutica, comércio aéreo, fabricação de aviões e laboratórios de alto padrão.

Comentando as especificações que o Brasil deveria ter nessa área, argumentou que seria um erro fundamental usar indiscriminadamente aviões estrangeiros em suas linhas aéreas apenas porque haviam dado bons resultados nos EUA ou na Europa. Aconselhou que esses modelos deveriam ser distintamente brasileiros. Estimava que o Brasil pudesse realizar essa tarefa no prazo de dez anos, desde que criasse estabelecimentos próprios de ensino superior de aeronáutica e laboratórios nessa ciência e tivesse a coragem de seguir a orientação das escolas e dos laboratórios no momento de organizar a indústria aeronáutica e as linhas aéreas.

A palestra repercutiu na aeronáutica militar de modo favorável e impressionou o ministro Salgado Filho, que logo enviou o projeto à

Presidência da República para aprovação. Poucos dias depois, porém, ocorreu a deposição de Vargas e o desejado empreendimento de Montenegro voltou ao gabinete da Aeronáutica. O novo ministro da pasta, major-brigadeiro Armando Figueira Trompowski de Almeida (1889-1964), ratificou o despacho anterior e o encaminhou ao presidente em exercício, José Linhares, que o aprovou. Quando Dutra assumiu o governo, manteve Trompowski como ministro e este levou adiante não apenas o projeto, que fez dele um dos grandes responsáveis pela existência do CTA e do ITA, mas toda a tarefa de reformulação e consolidação da estrutura do Ministério da Aeronáutica. Em artigo biográfico publicado pelo portal do Instituto Histórico-Cultural da Aeronáutica (Incaer), dedicado ao segundo ministro da Aeronáutica, os coronéis aviadores João Vieira de Sousa e Celso Paulino da Silva arrolaram cerca de duas dezenas de iniciativas fundamentais de Trompowski e lembraram:

> (...) sua atuação serena e patriótica durante os tempos atribulados de então. Quando iniciou sua gestão, a Aeronáutica acabara de viver horas difíceis. As paixões políticas estavam exacerbadas. O final de 1945 fora difícil para o país, culminando essas dificuldades com a renúncia do próprio presidente da República. Este, por suas ligações com a Aeronáutica, e pela simpatia e eficiência do seu ministro, Salgado Filho, naturalmente tinha seus admiradores e amigos. Por outro lado, o grande líder da Aviação, Eduardo Gomes, ao perder as eleições para a Presidência da República, trouxera uma frustração para os seus liderados.
>
> Dentro desse clima, não deve ter sido fácil ao ministro conduzir, no início, os negócios da Aeronáutica. Sua grandeza, porém, fez com que se amainassem os ressentimentos e, aos poucos, as consciências e as atenções foram se voltando para os grandes objetivos da nossa Aviação.

Dando início a sua obra, certa manhã de abril de 1945, pouco antes de o mundo tomar conhecimento do suicídio de Hitler, Montenegro decolou dos Afonsos para pechinchar em São Paulo a compra de um terreno para construir a escola de engenharia aeronáutica, nas cercanias do Instituto de Pesquisas Tecnológicas (IPT), que já produzia aeronaves.

No comando de um pequeno monomotor, sobre o vale do Paraíba paulista, o engenheiro-piloto admirava a verde planície abaixo quando, repentinamente, o motor do avião passou a ratear, até que silenciou de vez. Montenegro conseguiu pousar numa plantação de abacaxis em Paraibuna. Quando se preparava para deixar o avião, viu um senhor de meia-idade, vestindo jardineira. Era o dono da chácara, que se ofereceu para levá-lo de charrete até o centro da cidade, onde o aviador pudesse telefonar comunicando o acidente. No trajeto até a cidade, conversando com o agricultor, o piloto comentou que conduzia um projeto cuja meta era semear no país a tecnologia aeronáutica. De vez em quando, olhava a extensa planície, lembrando que ali estivera em outras ocasiões a serviço do Correio Aéreo.

O dono da chácara notou o arrebatamento do engenheiro e contou-lhe que, devido ao milagroso clima de São José dos Campos, hordas de peregrinos eram atraídas de todas as partes para a região em busca de cura para o mal da tuberculose, razão pela qual suas terras eram baratas. O temor da doença era tanto que, quando o trem ali parava, os passageiros fechavam as janelas e recusavam-se a consumir os alimentos e a água servidos na estação.

Enquanto ouvia a história, Montenegro fez uma rápida conta e concluiu que, com o dinheiro que a Aeronáutica havia alocado para a compra do terreno na capital paulista, ele poderia adquirir naquela região uma área bem maior. E sobrariam recursos para iniciar a infraestrutura do empreendimento. Ele acabou escolhendo São José dos Campos para sediar o grande projeto e depois, com o tempo, voltou outras vezes ao vale com topógrafos e engenheiros.

Em janeiro de 1946, a comissão técnica encarregada de gerenciar a execução das obras já estava instalada em São José dos Campos. Em poucos meses, enfrentou o primeiro desafio: obter verbas adicionais para completar a infraestrutura. A sobra que Montenegro previra secou antes mesmo do final da primeira fase. As obras foram paralisadas.

Montenegro procurou o ministro Trompowski. Para continuar os trabalhos, sugeriu que ele autorizasse um repasse de verba originário do Fundo Aeronáutico, como empréstimo, a ser resgatado assim que o

Ministério da Fazenda liberasse os recursos do projeto, já solicitados. Isso permitiu a conclusão dos primeiros prédios do Instituto Tecnológico de Aeronáutica (ITA), a importação de balanças para os túneis aerodinâmicos, a compra de equipamentos dos laboratórios de motores – este começou a ser construído –, assim como de estruturas, metalografia, resistência dos materiais, de máquinas e ferramentas e de parte do acervo de publicações técnicas.

O projeto arquitetônico das instalações ficou a cargo do arquiteto Oscar Niemeyer. Porém, por sua declarada posição de comunista, foi rejeitado pela cúpula da Aeronáutica. Montenegro não desistiu e deu um jeitinho. Ele combinou com Niemeyer a manutenção do projeto original. O nome do arquiteto carioca seria trocado pelo de outro profissional do ramo, Fernando Saturnino Brito, apenas para que o projeto pudesse ser aprovado. A artimanha emplacou. O projeto foi aprovado.

Montenegro era filho de Casemiro Ribeiro Brasil e de Maria Emília Brasil Montenegro. Nascido em Fortaleza (CE) no dia 29 de outubro de 1904, realizou seus primeiros estudos numa escola particular, transferindo-se depois para o Liceu do Ceará. Ao completar 18 anos, seu pai o aconselhou a seguir carreira militar. Mas ele queria ser engenheiro; sua mãe o convenceu a atender ao pedido do pai. Viajando para o Rio, prestou o concurso para a Escola Militar de Realengo. Em 1927, era cadete quando o Exército abriu vagas para o curso de Aviador Militar. Aprovado na fase de especialização, seguiu para a Escola de Aviação Militar. Em março de 1928, fez o primeiro voo solo, ou lachê, num Morane. Diplomado em 26 de dezembro do mesmo ano, tornou-se instrutor de voo da Escola de Aviação Militar.

Em maio de 1931, passou a servir sob as ordens de Eduardo Gomes, nos Afonsos. No dia 12 de junho, realizou junto com Lavenère-Wanderley o histórico voo inaugural do Correio Aéreo até São Paulo. Aberta a primeira linha, ele passou a palmilhar por terra novas rotas para os voos postais.

Em 1934, o Exército criou o Núcleo do 2º Regimento de Aviação, no Campo de Marte, em São Paulo. Já capitão, Montenegro foi nomeado comandante da unidade. Passou depois um período na Diretoria de Aviação, no Rio de Janeiro, em funções administrativas. Após realizar o sonho de se tornar engenheiro, em 5 de janeiro de 1942, foi nomeado subdiretor técnico da Aeronáutica. Já como coronel, dirigiu a Comissão de Organização do Centro Técnico de Aeronáutica (Cocta). Em 1951, assumiu a Diretoria de Material da Aeronáutica.

Em 1947, o Plano de Criação do CTA – hoje denominado Departamento de Ciência e Tecnologia Aeroespacial (DCTA) – foi aprovado, iniciando-se sua implantação. Em 16 de janeiro de 1950, o Decreto nº 27.695 transformou em curso fundamental e em curso profissional do ITA os cursos de preparação e de formação de engenheiros de Aeronáutica e determinou o funcionamento do Instituto ainda naquele ano. Em 26 de novembro de 1953, o Decreto nº 34.701 considerou organizado o CTA, dando-lhe o ITA como anexo.

O CTA foi criado como instituição científica e técnica, de pesquisa e de ensino superior. Casemiro Montenegro dirigiu o grande centro em três períodos: de 13 de março de 1947 a 28 de fevereiro de 1951; de 10 de novembro de 1954 a 27 de novembro de 1961; e de 14 de fevereiro de 1964 a 3 de fevereiro de 1965, já como major-brigadeiro. Em todos eles viu-se obrigado a superar inúmeras barreiras burocráticas a fim de consolidar o grandioso projeto.

O Instituto Tecnológico de Aeronáutica (ITA), criado em 16 de janeiro de 1950, teve como primeiro reitor o professor Richard Smith. A maioria dos professores contratados veio dos Estados Unidos e da Europa, com salários pagos em dólar. Montenegro acreditava que somente um contrato vantajoso poderia incentivar a vinda de eminentes professores e cientistas ao Brasil. Achava também que o investimento seria recuperado: com os conhecimentos de ponta trazidos pelos estrangeiros, seria possível acelerar a consolidação do setor aeronáutico brasileiro. Ele estava certo. Na área da eletrônica, por exemplo, as pesquisas realizadas no ITA e no CTA em pouco tempo fizeram do país, ainda na década de 1960, um dos mais avançados do mundo no setor.

Desde o início, Eduardo Gomes apoiou o projeto do amigo. Houve uma época, entretanto, em que não compreendeu os critérios do posicionamento tecnológico do ITA-CTA, contou Casemiro na entrevista para o livro *Do Fortran à Internet*:

O Eduardo, como o Castelo (o ex-presidente da República) não entendiam como uma organização civil [o ITA] poderia estar inserida dentro de uma militar. Também não percebiam a necessidade de o nosso pessoal fazer seus cursos de engenharia de interesse da Aeronáutica aqui no Brasil. Queriam que fizessem somente no estrangeiro. Tenho certeza de que esta discordância de visão aconteceu devido a aconselhamentos equivocados, em uma época conturbada, em que Eduardo, com idade avançada, 70 anos, era ministro. Felizmente, logo depois, ainda em tempo, Eduardo Gomes, reconhecendo o equívoco administrativo, colocou os valores em seus devidos lugares. Tomou uma excelente medida, que deu sangue novo à emergente área de ciência e tecnologia dentro da Aeronáutica: designou, pela primeira vez, um engenheiro formado pelo próprio ITA, com os mesmo ideais, para assumir a direção do CTA. O ITA começou a se realimentar com seus próprios frutos. Assim foi dada continuidade aos nossos planos. Foi na produtiva gestão desse engenheiro, o então coronel Paulo Victor da Silva (superando a legislação, que previa a função de diretor do CTA caberia a brigadeiros), que se permitiu que fosse consolidada uma equipe que vinha sendo formada desde 1962, elaborando o protótipo do Bandeirante. E daí surgiu a Embraer. Felizmente, mesmo com a crise e com a minha saída [Casemiro passou para a reserva no posto de marechal-do-ar em 1965], não se quebrou a continuidade.

A obra de Casemiro Montenegro tornou-se referência como padrão de ensino superior e como alavanca dos grandes projetos desenvolvidos pela indústria aeronáutica brasileira. O ITA e o CTA contribuíram significativamente – e continuam a contribuir – com vários segmentos da vida nacional, mantendo-se alinhados com as mais renomadas instituições científicas e tecnológicas do Brasil e do exterior. As gerações de engenheiros diplomadas pelo ITA estão presentes em diversos setores produtivos do país.

Segundo a tradição regulamentar, o título de patrono não é concedido a uma pessoa em vida. Em outubro de 1986, no entanto, o marechal Casemiro Montenegro foi declarado Patrono da Engenharia da Aeronáutica, "um tributo àquele que fez sua vida confundir-se com sua obra, em lume aos que buscam ser grandes em seus objetivos", como declarou na ocasião o tenente-brigadeiro Octávio Júlio Moreira Lima (1926-2011), ministro da Aeronáutica no governo Sarney (1985-1990).

Montenegro terminaria seus dias completamente cego, devido a um glaucoma já em estágio irreversível quando diagnosticado, em 1964. Faleceu na madrugada de 26 de fevereiro de 2000, em sua casa de campo em Itaipava, na região de Petrópolis. No seu enterro, o caixão foi conduzido por seis alunos do ITA. De um lado, três civis, de paletó e gravata. Do outro, três militares, em farda de gala. "Foi a última mensagem que Montenegro deixou: civis e militares juntos, lado a lado", diria o major-brigadeiro Tércio Pacitti, grande amigo da família, como conta o escritor Fernando Morais no seu livro *Montenegro*. Sepultado com honras de ministro de Estado, repousa na Cripta dos Aviadores do Cemitério São João Batista, no Rio de Janeiro, ao lado do túmulo de Eduardo Gomes.

10

Em janeiro de 1946, Eduardo Gomes viajou para os EUA para realizar um curso militar de nível de Estado-Maior, juntamente com outros oficiais da Força Aérea. Nessa ocasião, em Miami, pediu ao então major aviador Doorgal Borges (1905-2001), que concluíra seu tempo regulamentar na Comissão Aeronáutica Brasileira em Washington e retornava para o Brasil, que fosse portador de uma mensagem. Os destinatários eram líderes da UDN, Prado Kelly, o redator dos discursos de campanha do Brigadeiro, e Virgílio de Melo Franco (1897-1948), figura de destaque na política de Minas Gerais e um dos signatários do Manifesto dos Mineiros, de 1943, primeiro golpe contra a censura e a ditadura de Vargas. Já o portador da mensagem era um dedicado servidor do Correio Aéreo desde maio de 1934, quando se tornou o primeiro comandante do Destacamento de Aviação de Belo Horizonte, origem do atual Centro de Instrução e Adaptação da Aeronáutica (Ciaar), da antiga Base Aérea de Belo Horizonte e do aeroporto da Pampulha, criado para servir de apoio à demarcação da "Rota do São Francisco" (Rio-Belo Horizonte-Fortaleza) do CAN.

Conta o brigadeiro Deoclécio no seu livro que a mensagem falava da conveniência de incorporar à Constituição de 1946, a ser construída pela Assembléia Constituinte eleita em dezembro do ano anterior, um dispositivo que garantisse a permanência do Correio Aéreo Nacional. No mesmo livro, o brigadeiro Deoclécio registra:

> Na sua visão estratégica [Eduardo Gomes] se preocupava com certos elementos da própria Força Aérea contrários à ideia, alegando que esse serviço não era de proveito para aviadores militares. Certamente, eram mentalidades ainda presas à influência da Missão Francesa, limitadas às distâncias curtas do campo tático. A visão do Brigadeiro era outra. Tinha o alcance de continente e mares, enquanto seus opositores não ultrapassavam os limites de um vilarejo.

Muitos anos depois, durante a crise institucional de novembro de 1955, ainda na esteira do suicídio de Vargas, o agora brigadeiro Doorgal Borges, que era subchefe da Casa Militar da Presidência da República, embarcou no navio cruzador *Tamandaré*, juntamente com Carlos Lacerda, Eduardo Gomes e vários ministros, parlamentares e oficiais, acompanhando o deposto presidente Carlos Luz e também o coronel Jurandir Bizarria Mamede – que propusera um golpe para impedir a posse de Juscelino Kubitschek (1902-1976) e João Goulart (1919-1974), eleitos presidente e vice-presidente no pleito de 3 de outubro de 1955. Esse episódio, conhecido como Movimento 11 de Novembro, foi liderado pelo general Henrique Teixeira Lott (1894-1984), ministro da Guerra de Café Filho e depois de JK, cujo governo constitucional ele defendeu, colocando a tropa nas ruas.

Mas naquele janeiro de 1946, em que tomaram posse o general Eurico Gaspar Dutra e o político catarinense Nereu Ramos, como presidente e vice-presidente, a mensagem do Brigadeiro derrotado nas urnas chegou ao destino e deu resultado. A Carta Magna de 1946, no seu artigo 5° inciso XI, estabeleceu entre as competências da União: "Manter o serviço postal e o Correio Aéreo Nacional". O mesmo dispositivo permaneceu inalterado nas Constituições de 1967 e na de 1988. E o serviço continua vivo e importante.

A promulgação da Constituição dos Estados Unidos do Brasil de 18 de setembro de 1946 – quinta do país e quarta da República – representando uma grande conquista em termos de avanço da democracia e das liberdades cívicas. Depois dos três lustros da Era Vargas, o Brasil passava a ser uma república federalista presidencialista, com mandato presidencial de duração de cinco anos. Ela estendeu o direito de voto aos brasileiros maiores de 18 anos, alfabetizados, de ambos os sexos. Reconheceu também a greve como direito do trabalhador, a casa como asilo do indivíduo, tão inviolável quanto a liberdade de consciência, de crença e de exercício de cultos religiosos, e tão sagrado quanto a liberdade de manifestação do pensamento e o direito de associação para fins lícitos.

Restabelecido o estado de direito, o governo devolveu à família Mesquita o jornal *O Estado de S. Paulo*, confiscado em 1940, por iniciativa do interventor paulista Adhemar de Barros. Na edição de 7 de dezembro de 1945, o jornal lembrou o período de autoritarismo e a participação de Eduardo Gomes no processo de resgate da democracia:

> Dentro do caos em que o golpe fascista imergiu o país, uma esperança apenas alentava os homens livres do Brasil: Eduardo Gomes. Vindo do heróico brado de 1922, de cujos 18 é o único sobrevivente, passando por 1924 e 1930, tornou-se depois disso um dos poucos para quem as posições, quaisquer fossem elas, se subordinavam a um único imperativo: o interesse nacional. Fiel à carreira que dignificou mais do que ninguém, só a interrompeu quando o Brasil para ele apelou como guia da arrancada que culminou em 19 de outubro. Candidato à Presidência da República, o nome de Eduardo Gomes, como bem acentuou um ilustre tribuno da União Democrática, não veio dos partidos para o povo. Este se impôs à Nação.

Na área econômica, Dutra recebeu um país que apresentava condições confortáveis, graças às exportações e ao crescimento da indústria. No campo político, entretanto, em pouco tempo passou a enfrentar a oposição da UDN, que se retirou do governo, descontente com o papel "modesto demais" que recebera na administração. A abertura do mercado ao produto estrangeiro, a falta de restrições alfandegárias, o aumento das importações de bens manufaturados foram fatores a intensificar a crise, por desequilibrar a balança comercial e esgotar as reservas monetárias do país, acarretando, por conseguinte, aumento do custo de vida.

Com a economia já fragilizada, o presidente enviou ao Congresso o Plano Salte – sigla para saúde, alimentação, transporte e educação –, programa com o qual pretendia atacar problemas estruturais nessas áreas, num horizonte de cinco anos. O plano foi aprovado pelos congressistas em 10 de maio de 1948, mas pouco rendeu, obtendo alguns resultados pontuais, como na educação, através da campanha de alfabetização de adultos. Nos transportes, a construção das rodovias Rio–São Paulo (Via Dutra) e Rio–Bahia e a ampliação da rede ferroviária em Goiás, Minas e Ceará foram os únicos grandes destaques. Na área militar, foi criado o Estado-Maior das Forças Armadas (Emfa), com *status* de ministério, para coordenar as operações das Forças, uma espécie de Ministério da Defesa. Porém, ao longo de sua existência, o órgão teve função puramente administrativo-institucional. Em termos operacionais, as Forças continuaram atuando com base na visão geopolítica individual que faziam do mundo. Também foram criados o Conselho de Segurança Nacional e a Escola Superior de Guerra. Na tentativa de domar a inflação, um dos problemas mais sérios do Estado brasileiro, Dutra sacrificou os trabalhadores, cujos salários perderam metade do poder aquisitivo.

No fim do ano de 1946, em outubro, Eduardo Gomes foi promovido a tenente-brigadeiro, o último posto da carreira na Força Aérea. Seis meses depois, foi agraciado com a Medalha Cruz de Aviação (Fita B), criada pelo Decreto-Lei nº 7.454, de 10 de abril de 1945, por sua participação na guerra. No campo político, foi homenageado pela UDN com a presidência de honra do partido, mas delegou a seu amigo José Eduardo Prado Kelly, deputado constituinte em 1934 e 1946, a condução dessa função.

Três anos mais tarde, em abril de 1949, ele viajou para a Alemanha a convite do Estado-Maior Supremo das Potências Aliadas na Europa. Não há detalhes de sua missão na Europa, que teve caráter sigiloso, como publicou o *Boletim Reservado* nº 10 da Aeronáutica naquele mês. Contudo, sabe-se que, até o início de maio, voou duas vezes entre Bonn-Washington-Bonn em aviões da Força Aérea dos Estados Unidos. Nesse mês, requereu autorização para permanecer em férias em Nova York até 13 de junho, retornando ao Brasil num domingo, dois dias antes do fim das férias, a tempo de participar do aniversário do Correio Aéreo, que completaria 18 anos.

Em agosto, em conversa com Prado Kelly, comentou que se sentia cansado das idas e vindas de Petrópolis. O jurista contou-lhe então que havia um imóvel para alugar no prédio em que morava, na Praia do Flamengo nº 224. O Brigadeiro visitou o apartamento 701, no sétimo andar. No dia 29 de agosto, mudou-se para o novo endereço, juntamente com a mãe, dona Jenny, e a irmã, Eliane Maria.

Por essa época, as manobras para mais uma sucessão presidencial já estavam em articulação. Na realidade, tiveram início antes mesmo de Eurico Gaspar Dutra completar a metade de seu mandato. Praticamente ausente do Senado, Getúlio Vargas realizou algumas viagens estratégicas aos estados e recebeu em São Borja os políticos aliados, tendo por meta construir uma base de apoio. A UDN voltou a sondar Eduardo Gomes para disputar as eleições do ano seguinte. O polêmico e combativo Carlos Lacerda discordou. Para ele, o partido deveria fazer uma aliança e lançar um candidato comum para tentar impedir Vargas de retornar ao poder. O candidato de consenso foi sugerido em março de 1950: Afonso Pena Júnior (1879-1968), que tinha sido ministro da Justiça no governo do presidente Arthur Bernardes.

Lacerda não simpatizou com o nome indicado. Na *Tribuna de Imprensa*, escreveu que, pela idade avançada – 71 anos –, Afonso Pena não teria energia nem disposição para executar um programa de reforma do Estado, visando acabar com o "conservadorismo que asfixia este país". Sua intenção era criar um bloco PSD-UDN contra Vargas. Em companhia de Afonso Arinos, visitou Pena na tentativa de convencer o candidato a deixar a disputa. Mas este se recusou a retirar a candidatura, alegando que a indicação não fora proposição sua. Por fim, a diretoria da UDN, encabeçada por Prado Kelly, firmou posição pela indicação de Eduardo Gomes. A convenção do partido, realizada em maio, no Rio de Janeiro, decidiu que o Brigadeiro seria o candidato oficial do partido. Lacerda renovou sua discordância. Em discurso que proferiu na ocasião, disse que o partido só conquistaria o povo se adotasse um programa de reforma "da ordem moral e dos métodos de governar". Em seguida, pela *Tribuna da Imprensa,* desafiou os udenistas "que se julgam donos do brigadeiro, a transformá-lo em candidato revolucionário às reformas de base".

Lacerda ainda acusou a UDN de fazer-se "impermeável às classes trabalhadoras" e classificou de "sinistro" o pacto que o partido pretendia fazer com o Partido de Representação Popular (PRP), de Plínio Salgado. Afirmou que Eduardo Gomes reviveria o movimento camisa-verde que combatera no passado e "tornava-se o candidato perfeito do integralismo e favorito da extrema direita".

As palavras do jornalista provocaram a indignação de Eduardo Gomes e do partido. Lacerda reagiu contra a "hostilidade do Brigadeiro contra nós [*Tribuna da Imprensa*], por lhe havermos dito a verdade". Disse mais: "(...) estamos preparados para sofrer quaisquer desses golpes".

A partir de então, Eduardo Gomes passou a tratar Lacerda como nos velhos tempos fazia com seus subordinados flagrados em atos de indisciplina. Lacerda sabia que o Brigadeiro não tinha interesse de pactuar com Plínio Salgado, mas dissera o que dissera. Isto lhe atraiu críticas de partidários da UDN e da candidatura de Eduardo Gomes. Alceu Amoroso Lima (1893-1983) — escritor e grande líder católico que escrevia na imprensa sob o pseudônimo de Tristão de Ataíde — reclamou do desaforado jornalista: "Trabalhei tanto para vender ações da *Tribuna* somente para descobrir que o jornal criticava meu candidato favorito", desabafou na ocasião.

Carlos Lacerda era assim: intempestivo e quase sempre virulento quando desejava chamar a atenção para si ou se sentia contrariado. Por suas atitudes bombásticas, vivia relações de amor e ódio até mesmo com os aliados políticos. Chegaria a ser chamado de "O Corvo" por seus adversários. Consta que quem inventou o apelido foi Samuel Wainer (1910-1980), ao ver Lacerda no enterro de Nestor Moreira, repórter policial do seu jornal, *Última Hora*, morto por um policial na delegacia de Copacabana em 1954. O crime provocou comoção nacional e levou mais de 200 mil pessoas ao velório e ao enterro. Em *Minha razão de viver*, Wainer relembrou o episódio:

> Lacerda estava vestido de preto dos pés à cabeça, aspecto solene, rosto compungido, ar sofredor. Era o retrato da revolta humana à violência cometida contra um humilde jornalista, vítima da arbitrariedade política. Quando vi a cena, senti-me enojado. "Vou embora", disse a Octávio Malta. "Não aguento ver a cara desse corvo na minha frente". Sempre que ocorria uma morte interessante, lá estava Carlos Lacerda. Era um corvo.

Porém, o Corvo era também excelente redator. Escrevia com precisão e pontaria. Foi o que fez ao afirmar que a UDN renunciara a seus ideais: "A diferença entre Eduardo Gomes e o pessedista Cristiano Machado desapareceu completamente". Para ele, um dos candidatos, Cristiano ou Eduardo, deveria sair do pleito. O partido ignorou seu apelo e não firmou coalizão com o PSD. Ao refletir melhor sobre o que dissera, o jornalista declarou que "os homens do Brigadeiro não haviam entendido nada do que dissera". Em fins de julho, ele procurou Cristiano Machado e pediu que retirasse sua candidatura para apoiar a do Brigadeiro. O PSD não levou em conta o pedido.

No fim, coligações foram feitas – menos pelo Partido Socialista Brasileiro (PSB), que lançou o baiano João Mangabeira à Presidência. E não a que Lacerda almejara para seu partido.

Além de unir-se ao Partido da Representação Popular, do integralista Plínio Salgado, a UDN atraiu o Partido Democrata Cristão (PDC) e o Partido Libertador (PL) para a campanha do Brigadeiro. O PSD agregou o Partido Republicano (PR), o Partido Orientador Trabalhista (POT) e o Partido Social Trabalhista (PST). No resultado das urnas, os dois candidatos acabariam beneficiando a eleição do ex-ditador, candidato da dobradinha PTB–PSP (Partido Social Progressista), que embalou a campanha com um *jingle* carnavalesco, marchinha interpretada pelo cantor Francisco Alves, o "Rei da Voz", e composta por Haroldo Lobo e Lupicínio Rodrigues:

Retrato do velho

Bota o retrato do velho outra vez

Bota no mesmo lugar

Bota o retrato do velho outra vez

Bota no mesmo lugar

O retrato do velhinho faz a gente trabalhar

O retrato do velhinho faz a gente trabalhar

Eu já botei o meu

E tu não vais botar?

Eu já enfeitei o meu

E tu não vais enfeitar?
O retrato do velhinho faz a gente trabalhar

A administração de Dutra tinha sido considerada pífia pela imprensa, mas isso não abalou a popularidade de Vargas. Na verdade, saído da ditadura, o general encontrou pela frente um ambiente de inquietação política. Enfrentou greves, interveio em sindicatos, congelou o salário mínimo e acabou com a pena de morte, que decorava o Código Penal Brasileiro como herança do Estado Novo. Uma conquista importante do seu governo foi incentivar a busca de jazidas petrolíferas e ter construído as primeiras refinarias de petróleo do país, realizações pouco reconhecidas pelos governos subsequentes.

Eduardo Gomes entrou em licença especial de seis meses mais um mês de férias. A campanha eleitoral estava em curso, mas, antes da votação de 3 de outubro, outro evento iria incendiar as expectativas de grande parte do eleitorado: o IV Campeonato Mundial de Futebol, que seria realizada no Brasil entre 24 de junho e 16 de julho de 1950. Quatro anos antes, o país ganhou a disputa para sediar a primeira Copa do Mundo no pós-guerra em Luxemburgo, mas fez a toque de caixa, a partir de 1948, a construção do Maracanã, ou Estádio Jornalista Mário Filho – homenagem ao grande defensor público do projeto, contra a verdadeira guerra que lhe moveu Carlos Lacerda.

Em princípio, as eliminatórias seriam disputadas por 33 países. Sobrariam 16 classificados para lutar pela Taça Jules Rimet, divididos em quatro grupos de quatro seleções cada, com jogos previstos para Belo Horizonte, Porto Alegre, São Paulo e Rio de Janeiro, onde aconteceria também a final. Mas não foi fácil para a Federação Internacional de Futebol (Fifa) organizar o torneio, conta o jornalista esportivo Orlando Duarte em *Todas as Copas do Mundo*. Muitos países estavam com suas economias arrasadas e recusaram-se a participar mesmo da fase eliminatória. A Argentina alegou problemas de relacionamento com a Confederação Brasileira de Desportos (CBD), atual Confederação Brasileira de Futebol (CBF). No final, apenas 12 seleções foram classificadas: Suíça, EUA, México, Inglaterra, Espanha, Iugoslávia, Chile, Suécia, Itália, Paraguai, Uruguai e Bolívia. Como país-sede, o Brasil teve vaga garantida.

No jogo inaugural, a seleção brasileira goleou o México por 4x0. Empatou depois com a Suíça (2x2) e venceu a Iugoslávia (2x0) e a Suécia (7x0), classificando-se para a final contra o Uruguai, o outro finalista. Precisava apenas do empate para ser campeã. Na partida decisiva, a seleção brasileira marcou um gol, logo aos 13 minutos. Tudo indicava que seria a campeã. Mas o Uruguai veio para o segundo tempo disposto a levar o título. Empatou e virou o jogo, para tristeza de 199.854 torcedores (mais de 173 mil pagantes) presentes no Maracanã – números recordes do estádio, registrados naquele fatídico 16 de julho de 1950. Por vários dias seguidos, a imprensa mostrou as lamentações no país pela perda de um título praticamente ganho. Nunca se viu comoção nacional como aquela na história do futebol.

Mas, como diz o poeta, tudo passa. Superado o clima de melancolia pela perda do Mundial, as eleições voltaram a movimentar o cenário. No finalzinho de julho, aconteceu um grave acidente de avião no Rio Grande Sul. Entre as vítimas, o ex-ministro Salgado Filho, que se encontrava em campanha eleitoral para o Senado. A notícia enlutou o país. Ironicamente, o ministro que iniciara a organização da aviação brasileira, civil e militar, morreu quando uma aeronave bateu em um pequeno morro nos pampas num dia de teto baixíssimo.

Getúlio Vargas compareceu ao enterro de seu amigo e ex-ministro. Nos dias seguintes, recebeu em sua fazenda os antigos correligionários, em ebulição desde que ele concedera ampla entrevista a Samuel Wainer, jornalista dos Diários Associados, dizendo que, se o povo pedisse sua volta, ele não deixaria de ouvir o apelo popular. Faltava o povo falar, pois os adversários já eram conhecidos. Desafiadoramente, a UDN lançara o Brigadeiro em 19 de abril – data do aniversário de Getúlio Vargas. Em 16 de maio, Cristiano Machado se tornara o candidato do PSD. O pesquisador Paulo Victorino, autor do ensaio *Brasil, cem anos de República (1889-1989)*, publicado pelo portal Pitoresco na internet, mostra como o povo falou:

> Então, vem a público a entrevista dada por Getúlio Vargas a Samuel Wainer, renovando esperanças do PTB e causando confusão no PSD, onde

o candidato Cristiano Machado começou a perder suas bases de apoio. No PTB de São Paulo, o coronel-deputado Porfírio da Paz propõe que a candidatura varguista seja lançada mesmo à revelia do candidato. No Rio Grande do Sul, o jovem político João Goulart lança, por conta própria, a candidatura de Getúlio. No Rio de Janeiro, Danton Coelho segue pelo mesmo caminho. Adhemar de Barros vai a São Borja, determinado a fechar acordo apoiando Vargas, formando a coligação PTB-PSP, em troca de cargos no ministério e com a indicação de seu correligionário Café Filho para compor a chapa, como vice.

Aconteceu o previsto. Em 8 de junho era lançada a candidatura de Getúlio Dorneles Vargas, cujo registro, vencidas as impugnações, se deu em 14 de setembro.

A matéria que quebrou o mutismo de Vargas saiu em *O Jornal* em fevereiro de 1950 e pipocou pela imprensa nacional, causando alvoroço. Mas Vargas continuou quieto, só confirmando que sairia candidato pelo PTB na data de seu aniversário – a mesma do anúncio do Brigadeiro. Entrou oficialmente na disputa em 30 de agosto, a dois meses do encerramento da campanha eleitoral.

Outro fato desequilibraria o resultado do pleito: Adhemar Pereira de Barros (1901-1969), que tinha sido eleito governador de São Paulo nas eleições estaduais de 1947. Médico e aviador civil, Adhemar entrara na vida pública pelas mãos de um tio, chefe político do Partido Republicano Paulista (PRP) em Botucatu. Principal estrela da política paulista do período, desafeto do ex-governador Armando de Salles Oliveira, exilado pelo Estado Novo, ele costurou a coligação do PTB com seu Partido Social Progressista (PSP), sem cacife para sustentar uma candidatura isolada, mas com poder de barganha por seu capital eleitoral na pequena e média burguesia paulistas.

Adhemar oferecera seu apoio a Eduardo Gomes, pedindo em troca sua intercessão para que fossem deixadas de lado as investigações que corriam sobre corrupção em seu governo. *O Jornal da Tarde* reproduziu como teria sido a conversa entre os dois:

– Tenho meus amigos em São Paulo. Fico com eles, que sempre me acompanharam.

— Mas eu sempre acompanhei o senhor...

— É verdade, doutor Adhemar, mas eu não pretendo me separar dos meus amigos.

— Mas o senhor está me atirando nos braços do Getúlio!

Adhemar já tinha fama de usar a política para fins não ortodoxos. Para Eduardo Gomes pouco importava se ele se passasse para o lado de Vargas. Não admitia aliar-se a quem não tivesse compromisso com a ética. A defesa da democracia, da liberdade individual e da justiça social sustentava sua campanha. Como para todo bom entendedor pingo é letra, Adhemar de Barros procurou Getúlio Vargas, que o recebeu de braços abertos. O PSP carreou mais votos para a candidatura de Vargas.

Eduardo Gomes ganhou outros eleitores, inclusive entre os jovens universitários. O mineiro Aureliano Chaves (1929-2003), que anos depois seria deputado estadual, governador de Minas e vice-presidente da República, declarou mais tarde que votou pela primeira vez naquele ano, dedicando o seu voto ao Brigadeiro. No Maranhão, um jovem de apenas 15 anos, José Sarney, futuro presidente da República, fez parte da juventude brigadeirista no seu estado.

Os discursos do candidato da UDN continuam atuais. Ele fornecia os temas de seus pronunciamentos, que Prado Kelly colocava no papel. Símbolo de luta e de civismo, não precisava de propaganda, como disse o jornalista Barbosa Lima Sobrinho (1897-2000), que trabalhou com o pai do Brigadeiro, Luís Gomes, no início do século XX, no *Jornal do Brasil*: "Bastava sua presença para a evidência do heroísmo acumulado".

Debatendo com os eleitores a vida nacional, sobre educação, resumiu em discurso na cidade de Nova Friburgo, no Norte fluminense, em agosto: "Não basta que se abra uma escola, é necessário prestigiá-la". Em Cataguases, na Zona da Mata mineira, falou aos trabalhadores sobre o salário mínimo, congelado pelo governo Dutra: "O poder aquisitivo de seus salários há de ter uma expressão real, sem o quê, nada lhe valerão vãs promessas que sejam letras mortas em leis inexequíveis". Em Cantagalo, na região serrana fluminense, abordou a atividade no campo: "(...) De crédito fácil e de ajuda técnica necessitam os agricultores, os colonos, os pequenos industriais, os empregados rurais".

Como da vez anterior, manteve uma campanha limpa. Não permitiu que sua biografia fosse deformada. Porém, por mais que defendesse as classes mais humildes, sua voz não atravessou a fronteira rumo às grandes massas, ainda seduzidas pelo carisma populista de Vargas, o "Pai dos Pobres". Conquistou apenas 29% do eleitorado votante. Sobre seu comportamento, Barbosa Lima Sobrinho pontificou:

> O Brigadeiro fascinava as elites, mas não chegava a comunicar-se com o povo. Faltava-lhe aquele sentimento de comunhão com as massas populares, com que se explicaria a vitória de Vargas, desajudado de todo o oficialismo da ocasião e combatido pela maioria da imprensa brasileira. Sua própria candidatura em 1945 foi, decerto, para ele, um sacrifício, mas um sacrifício que teve influência no retorno à vida democrática.

Getúlio Vargas foi eleito presidente da República em 3 de outubro de 1950 com 3.849.040 votos, tendo como vice o ex-deputado paraibano João Café Filho, seu adversário desde o Estado Novo, eleito de forma independente, pois naquele tempo os candidatos a presidente e vice recebiam votos próprios e não sob a forma de chapa. Eduardo Gomes recebeu 2.520.790 votos e Cristiano Machado, do PSD, 1.697.193. João Mangabeira, do PSB, conseguiu apenas 10 mil votos. Ou seja, todos os candidatos juntos ultrapassaram Vargas por pouco mais de 300 mil votos, mas as urnas poderiam ter sido favoráveis mais ou menos na mesma proporção ao candidato da UDN se Cristiano tivesse renunciado à candidatura, como propusera Lacerda. O Brigadeiro chegou a ser chamado de elitista. O povo escolheu seu adversário, mas sabia de antemão que, com ele na corrida presidencial, não havia possibilidade de golpe, como o *Jornal do Brasil* registrou: "De 1945 a 1961, o Brasil viveu o período de maior oxigenação da democracia".

Getúlio Vargas assumiu a Presidência da República no dia 31 de janeiro de 1951. Na ocasião, o quadro político era delicado: "(...) um centro desconfiado, implacável oposição de direita e um Exército neutro, na melhor das hipóteses", sumarizou Maria Celina Soares d'Araujo em *O segundo governo Vargas*.

Optando por um governo de coalizão, Vargas cercou-se de representantes dos partidos. Na assessoria econômica da Presidência, instalou conselheiros nacionalistas, assim como no Ministério da Guerra colocou o general carioca Newton Estillac Leal (1893-1955), histórico defensor do monopólio estatal do petróleo. Em pouco tempo, no entanto, o governo começou a se modificar. O vice-almirante Renato de Almeida Guilhobel (1892-1975), ministro da Marinha, foi o único do grupo original a permanecer até o final do governo, assim como Lourival Fontes, chefe do Gabinete Civil, jornalista sergipano que havia sido ministro de propaganda de Vargas entre 1934 e 1942.

Para o Ministério da Aeronáutica, a escolha recaiu sobre Nero Moura (1910-1994), herói de guerra, que comandara o 1º Grupo de Aviação de Caça na campanha da Itália e estava na aviação comercial desde 7 de dezembro de 1945, quando, leal ao conterrâneo gaúcho, passara para a reserva na deposição de Vargas. Na ocasião, Eduardo Gomes tentou dissuadi-lo. O Brigadeiro fora seu comandante quando, promovido a segundo-tenente em janeiro de 1931, Nero Moura realizou suas primeiras missões no Correio Aéreo. Argumentou que ele era muito jovem ainda – estava com 35 anos – e tinha um futuro promissor na FAB. Não adiantou. O problema era que não poderia comandar militares com patentes superiores à dele. Assim, o experiente piloto, Patrono da Aviação de Caça do Brasil, obteve duas promoções: ao posto de coronel, por ter combatido na Segunda Guerra; e ao de brigadeiro, por ter lutado contra o comunismo em 1935, de acordo com a legislação em 1945. Recebia a carta-patente e as honrarias correspondentes.

Na época, o aviador contava como tempo de serviço inclusive as horas de voo realizadas durante a carreira. Para cada hora voada, correspondia um dia na contagem de tempo. Esse fora o modo encontrado pelo governo para incentivar o desenvolvimento da atividade aérea quando ela representava ainda alto risco. Um voo de instrução, por sua vez, valia dois dias. Em 1965, o governo modificou a legislação. O militar amparado por direito especial, de guerra, por exemplo, aposentava-se com o vencimento do posto superior, mas não tinha direito ao título. No exemplo de Moura, de acordo com a nova lei, o tenente-coronel passaria para a reserva com direito apenas ao soldo de posto superior.

Tradicionalmente, generais, brigadeiros e almirantes comandavam o Exército, a Aeronáutica e a Marinha, respectivamente. Nero Moura era brigadeiro na reserva. Vários brigadeiros da ativa, inclusive Eduardo Gomes, apoiaram seu nome para ministro. Outros, no entanto, não o desejavam ocupando o cargo máximo na Aeronáutica, por ele não ter passado de oficial-superior na ativa. O presidente da República fez prevalecer sua decisão.

Em janeiro de 1951, o coronel Casemiro Montenegro marcou um almoço com Nero Moura, que narrou o diálogo dos dois no livro *Um voo na história*:

– O Eduardo pensa que você devia ser o ministro. – disse Montenegro.

– Mas por quê?

– Segundo ele, a primeira condição para ser ministro é gozar da absoluta confiança do presidente. Um ministro com a confiança do presidente já tem meio caminho andado. E você tem experiência de guerra e de aviação comercial.

Montenegro acrescentou que sua opinião era a igual à do Brigadeiro.

Dias depois, o coronel Clóvis Travassos (1907-1976) – que chegaria a brigadeiro e ocuparia a pasta durante o governo parlamentarista de João Goulart, no início dos anos 1960 – também almoçou com Moura e reafirmou-lhe que sua nomeação era do agrado de Eduardo Gomes. Os outros brigadeiros, no entanto, "tinham medo, pavor mesmo, que eu fosse ministro", comentou Moura no livro.

No dia 30 de janeiro, o herói de guerra aniversariava. Pela manhã, Vargas mandou chamá-lo para uma conversa, durante a qual confirmou a indicação: "Preciso de você". Nero tentou demovê-lo. O presidente sugeriu: "Assuma o ministério que vamos nos entender bem. Vá para casa e só dê declarações amanhã, depois que eu anunciar todo o ministério".

Nero morava sozinho em Copacabana – tinha se desquitado recentemente. À noite, foi à casa do coronel Dario Azambuja, seu amigo, que preparara uma recepção de aniversário para ele. Lá pelas tantas, chegou o advogado gaúcho e amigo próximo de Vargas Miguel Teixeira, do Banco do Brasil – sua filha, Maria Thereza Rezende Teixeira, contou, em 1999, como ele participou da política da época no livro *O anjo branco de Getúlio Vargas*. Ele levava a Moura um recado:

– O presidente soube que os brigadeiros se reuniram ontem, tentando uma reação contra a sua nomeação. Ele recomenda que você procure o Eduardo Gomes amanhã cedo, diga-lhe que foi nomeado e peça sua colaboração. Ponha qualquer cargo à disposição dele.

Miguel Teixeira tomou uma taça de champanhe e se despediu. Montenegro estava presente. Nero contou-lhe da nomeação e falou que precisava falar com Eduardo Gomes no dia seguinte. Montenegro lhe disse onde encontrar o Brigadeiro: às sete horas da manhã, na Base Aérea do Galeão, onde jogava tênis. No dia seguinte, Moura foi à Ilha do Governador, conversou com Eduardo Gomes e transmitiu o recado do presidente.

> Nero, o presidente é a única pessoa que pode escolher os ministros. Ele tem autoridade para escolher qualquer brasileiro. Está no seu pleno direito. Ontem, ou anteontem, fui consultado pelos brigadeiros para promover uma reação contra a sua nomeação e respondi-lhes que, pela Constituição, o presidente pode escolher qualquer ministro, mesmo um coronel da reserva. Em minha opinião, a escolha dele é muito boa, e estou satisfeito que seja você, porque o conheço. Não há nada contra a sua pessoa, a não ser o fato de não ser brigadeiro e estar na reserva. Mas o Getúlio já nomeou um civil [Salgado Filho], e foi muito bom. Por isso, não concordei com a manifestação contrária, e não topo. Repito: não há nada contra você, nem especialmente contra o presidente. Ele criou o ministério [da Aeronáutica], e nós lhe devemos muito. Agora, quanto a colaborar com você, peço-lhe 60 dias. Vou entrar em férias acumuladas, descansar e pensar no que pretendo fazer. No momento, não sei o que decidir. Conversarei com amigos, com a família, e depois lhe darei uma resposta.

Mais uma vez, Eduardo Gomes descartava a tentativa de Vargas de cooptá-lo. Mas, admirador do herói de guerra, procurou esfriar o clima de hostilidade contra Nero Moura. Reuniu todos os brigadeiros e lembrou-lhes do direito do presidente da República de escolher os ministros, ressaltando que todos deviam respeito à Constituição.

Eduardo Gomes transmitiu o cargo de diretor da Diretoria de Rotas Aéreas a seu imediato, coronel Clóvis Travassos, por ter sido indicado pelo

Emfa para cursar a Escola Superior de Guerra. Nero Moura, o mais jovem ministro da Aeronáutica, com 41 anos, elogiou-o na ocasião:

> Com o seu afastamento da direção de Rotas Aéreas abre-se, na realidade, grande lacuna naquele setor da administração. Mas fica o exemplo que dignifica e constrói a ser continuado, para a prosperidade da FAB e para a grandeza do Brasil.

11

"Devemos recorrer à revolução para impedi-lo de governar". Essa era a convicção de Carlos Lacerda para o caso de Getúlio Vargas ser eleito, conta John W. F. Dulles na biografia que dedicou ao político carioca. E, de fato, o velho caudilho gaúcho voltara "nos braços do povo", como havia desejado, superando em um terço os votos consignados a Eduardo Gomes e obtendo o dobro do que fora recebido pelo outro candidato, Cristiano Machado. A UDN não pegou em armas para impedir a posse de Vargas, mas deu entrada no Superior Tribunal Eleitoral com um pedido de impugnação do pleito, alegando que só poderia ser considerado vencedor o candidato que tivesse conquistado a maioria absoluta dos votos. O Egrégio Tribunal Eleitoral analisou o recurso e considerou suas alegações improcedentes, confirmando o resultado da eleição. O mesmo argumento não tardaria a voltar à tona quando da eleição de Juscelino Kubitschek.

Getúlio Vargas era detentor de uma bela biografia de contribuições sociais às classes mais humildes da população. O arbítrio também fazia parte de sua história política. Com base no passado de autoritarismo do chefe da Revolução de 1930, Lacerda escreveu na *Tribuna da Imprensa* que seria improvável que o agora presidente constitucional do Brasil e seus companheiros respeitassem a Constituição. E não estava tão distante de errar em sua premonição, assim como ele próprio seria um dos responsáveis indiretos pelo ato final de Vargas, que tinha no suicídio uma ideia recorrente durante as crises.

Depois de realizar o curso superior de guerra na ESG, no início de 1952, o brigadeiro Eduardo Gomes reassumiu o cargo de diretor da Diretoria de Rotas Aéreas, passando a se dedicar também ao Correio Aéreo Nacional. Acompanhava pela imprensa o caminhar do governo Vargas, que lançara mão do consenso político, segundo o novo formato democrático. Getúlio havia nomeado um ministério conservador e de corte nacionalista. Mas logo começaram a surgir fortes críticas ao modelo de administração adotado. Com as primeiras denúncias de corrupção no governo, surgidas em 1953, Lacerda disparava pela *Tribuna da Imprensa* afiadas farpas diretamente contra o presidente.

Nesse instante, em São Paulo, uma nova figura política surgia como paladino da moralidade: o vereador Jânio da Silva Quadros (1917-1992), que vencera a eleição para a Prefeitura da capital paulista apoiado por partidos nanicos. Jânio – um jovem político "com bigodes de Nietzsche e olhos de Bette Davis", como o definiu o jornalista Luís Ernesto Kawall, da *Tribuna da Imprensa* –, tinha usado na sua campanha a vassoura como símbolo contra a corrupção e um *jingle,* com o som de varrição, que repetia à exaustão o verso-título:

Varre, varre, vassourinha

Varre, varre, varre, vassourinha!

Varre, varre a bandalheira!

Que o povo já tá cansado

De sofrer dessa maneira

Jânio Quadros é a esperança desse povo abandonado!

Jânio Quadros é a certeza de um Brasil moralizado!

Alerta, meu irmão!

Vassoura, conterrâneo!

Vamos vencer com Jânio!

Maugeri Silva

Em ritmo de carnaval, o brado da marchinha uniu trabalhadores e a classe média em torno do nome de Jânio Quadros. O combate à corrupção, um tema muito em voga no Brasil durante campanhas políticas – e sempre atual –, levaria o prefeito da capital paulista ao Palácio Bandeirante e ao Palácio do Planalto.

Na área militar, o descontentamento pela presença de João Goulart no governo Vargas continuava evidente. Este só deixaria o Ministério do Trabalho, Indústria e Comércio em 24 fevereiro de 1954, substituído pelo carioca Hugo de Araújo Lima (1915-1987), um nome de pouca expressão política.

Na tentativa de diminuir a temperatura do clima político-militar, Vargas negociou com a oposição maior participação no governo: a UDN ficou representada por José Américo de Almeida (Viação e Obras Públicas), Vicente Rao (Exterior), Oswaldo Aranha (Fazenda), e João Cleofas (Agricultura). O PSD indicou Tancredo Neves (Justiça) e Antônio Balbino (Educação). Para Afonso Arinos de Melo Franco, secretário-geral da UDN, a generosidade de Vargas era, na verdade, uma estratégia política com o propósito de enfraquecer os partidos em benefício da própria afirmação personalista do presidente. A reação do governo aos ataques que sofria da oposição era frágil, embora as forças políticas também fossem desarticuladas entre si e em certos casos antagônicas. Fatiar cargos públicos entre os partidos nunca fora uma tarefa simples. Os interesses são díspares. Vargas, no entanto, acreditava que, com o maior espaço político dado à oposição, os ataques ao governo diminuiriam. Ledo engano. A crise tornou-se mais virulenta, alimentada por fatores adicionais.

Lacerda cunhou a expressão "mar de lama" para se referir às irregularidades que denunciava. Nessa altura, era figura odiada no governo. Anos antes, havia tomado uma violenta surra, à porta da Rádio Mayrink Veiga, aplicada por um grupo de "elementos ligados à Prefeitura do Rio", por ter criticado violentamente a construção do Maracanã. O jornalista defendera o uso dos recursos públicos em ações sociais, e não na construção do estádio. Agora, virava seus ataques contra o Banco do Brasil, focando especialmente os generosos financiamentos do banco aos aliados políticos de Vargas.

Há quem diga que a disposição da imprensa para criticar muitas vezes está relacionada ao volume de gastos publicitários do governo: quanto maior a oferta, maior é a contrapartida. O jornalista Samuel Wainer caíra nas graças de Vargas desde a entrevista feita em São Borja. A profecia se cumpriu. Toda figura despojada de espírito democrático é refratária a críticas, por mais pertinentes que sejam. Isso é marca dos ditadores, sempre vaidosos e convictos de que só praticam o bem, por mais que o mal esteja à vista. Vargas tinha qualidades de sobra, comprovadas nas realizações sociais que promovera. Entretanto, nunca fora afinado com a democracia, como mostra a história. Ele propôs ajudar Wainer a ter o seu próprio negócio; o jornalista viu ali a chance de montar um jornal, contando com a generosidade do Estado. Rendendo-se à tentação, fundou o jornal *Última Hora*. Como contrapartida, tentaria romper o cerco da imprensa ao governo de seu benfeitor.

Lacerda abriu fogo contra o negócio. De tanto que explorou o caso, uma Comissão Parlamentar de Inquérito (CPI) foi criada para investigar a corrupção. Mas, para esse tipo de malfeito, as CPIs nem sempre terminam como começam: ou se perdem pelo caminho ou são implodidas no nascedouro. Fazem barulho, inflam a expectativa da sociedade de que a coisa agora vai, mas terminam decepcionando. Historicamente, tem sido assim desde os tempos de Brasil Colônia, quando o governador-geral João Vaia Monteiro tentou dar fim à corrupção no serviço público, em 1730, mas acabou ele próprio consumido pelo Parlamento.

Instalada sob número 313, a CPI da Corrupção na Imprensa, ao longo do seu curso de cinco meses, convocou um monte de testemunhas, ouviu supostos implicados, quebrou sigilos bancários, vazou informações para a imprensa, enfim, procedeu como ainda hoje acontece. Lacerda não foi poupado: foi ouvido pelos parlamentares e virou estrela nacional. Das colunas de seu jornal, lançando mão de dados privilegiados, massacrava Samuel Wainer e o governo Vargas. Por exercer o papel de "paladino da decência pública", não deixou de ser processado por seus adversários. Através do rádio e da recente televisão, políticos do PTB, partidários de Wainer, rechaçavam as denúncias do jornalista, chegando ao ponto de comparar a defesa da *Última Hora* a uma ação patriótica, a exemplo da campanha "O Petróleo é Nosso". Diziam ainda que Lacerda estava "a serviço de Chateaubriand" e era um "monstro antinacional", um espetáculo deprimente, mas que dava audiência nacional.

A CPI descobriu que Wainer devia ao Banco do Brasil quase 200 milhões de cruzeiros. "O grande crime de que estamos sendo acusados", disse ele em resposta a seus detratores, "é o de sermos amigos leais ao Sr. Getúlio Vargas. As mais caluniosas insinuações foram feitas sobre o nosso suposto prestígio dentro do governo, mas ninguém apontou vantagens ou privilégios pessoais que nessa condição teríamos auferido". Wainer socorreu-se do "sigilo profissional" para não revelar os nomes de seus financiadores.

A *Tribuna da Imprensa* investigou ainda a nacionalidade de Wainer. O resultado foi outra bomba descrita pelo *Diário de S. Paulo* como "a afirmação mais sensacional já trazida desde que estourou o escândalo da *Última Hora*". Wainer não era brasileiro nato nem naturalizado: nascera na Bessarábia, antiga província da Romênia e, pela lei, não poderia dirigir veículos de comunicação no Brasil. Lacerda acrescentou à nova denúncia a acusação de que Wainer fizera declarações falsas a respeito de sua nacionalidade. A mãe do denunciado, Dora Wainer, assistiu às acusações desfechadas contra o dono da *Última Hora* por Carlos Lacerda na televisão e perguntou ao filho: "Por que ele te odeia tanto? Ele vivia na nossa casa, era tão bonzinho", narra ainda John W. F. Dulles.

O relatório da CPI revelou que Wainer só poderia ter tido acesso aos vultosos empréstimos bancários com a influência de altas cúpulas e mencionava testemunhas que atribuíram tal influência a interesses de Vargas. O advogado do dono da *Última Hora* classificou o relatório de "político, repleto de opiniões pessoais e mentiroso". Segundo ele, nenhuma lei tinha sido infringida por seu cliente. Porém, as conclusões da CPI foram encaminhadas à Justiça, nominando os implicados, entre os quais Lutero Vargas, filho do presidente, acusado de manuseio indevido do Tesouro, falso testemunho, *dumping* e fraude. O caso chegou ao Supremo Tribunal Federal que, por decisão unânime, manteve a pena original cominada a Wainer: "15 dias de prisão em quartel da Polícia Militar".

No seu livro *Minha razão de viver*, Wainer diz que a ideia da CPI partiu dele mesmo:

> Como o Governo tinha maioria no Legislativo, raciocinei que poderíamos neutralizar as espertezas da oposição udenista.

Foi o meu grande erro. Primeiro, eu deveria ter percebido que a maioria governista no Congresso era fictícia – muitos deputados não hesitariam em atraiçoar o Presidente. Segundo, mesmo parlamentares francamente getulistas não tinham maior simpatia por mim. Lacerda compreendeu imediatamente que a CPI lhe fornecia o palco ideal para o *show* de falso moralismo que sempre soube encenar. Essa percepção faltou até mesmo a Getúlio Vargas; quando lhe apresentei a ideia que tivera, o presidente aprovou-a de imediato. A maioria dos integrantes da CPI fora pessoalmente indicada por Vargas, mas logo ficou claro que poucos mereciam confiança. Quase todos passaram a exigir vantagem – nomeações, favores – em troca de apoio a mim.

Em junho, o líder da UDN no Senado, Afonso Arinos de Melo Franco, apresentara pedido de *impeachment* contra o presidente da República, alegando conivência de Vargas com atos criminosos, corrupção e imoralidade. O pedido foi rejeitado por 136 votos a 35; um parlamentar udenista votou contra e outros 40 do mesmo partido abstiveram-se de votar. O caso *Última Hora* é emblemático e longo. Mas o fato que levaria ao desfecho dramático da crise política estava a caminho, planejado dentro do Palácio do Catete por Gregório Fortunato (1900-1962), o "Anjo Negro", filho de escravos alforriados nascido no Rio Grande do Sul, soldado da unidade de Benjamin Vargas, irmão de Getúlio, na Revolução de 1932 e chefe da segurança pessoal do presidente da República.

As ameaças e agressões físicas sofridas por Lacerda, por conta de sua inflamada verve, levaram o jornalista a andar armado. Por sua coragem de enfrentar o governo, atraía admiradores. Na Aeronáutica, um grupo de majores da Diretoria de Rotas Aéreas preocupado com sua vida procurou o jornalista e se ofereceu, em sistema de revezamento, a acompanhá-lo em suas campanhas políticas – naquele instante, ele concorria a uma vaga na Câmara dos Deputados – com a finalidade de garantir sua integridade física, funcionando voluntariamente como seguranças armados.

Como principal dirigente da Diretoria de Rotas Aéreas, Eduardo Gomes foi consultado e não se opôs à iniciativa dos oficiais, desde que suas funções na FAB não fossem prejudicadas. Eram dez majores, entre os quais Rubens Vaz e Gustavo Borges, todos dispostos a fazer a segurança pessoal de Lacerda durante cada discurso, desde sua saída de casa até a volta ao prédio onde morava, na Rua Toneleros, em Copacabana. Cada oficial, quando chegava sua vez de proteger o jornalista, examinava o local do comício e suas saídas.

Na noite de 4 de agosto, Lacerda falaria para mais de mil pessoas no auditório do Colégio São José, na Tijuca. A varredura no local foi feita por Gustavo Borges e Rubens Vaz. Borges, no entanto, foi convocado inesperadamente para substituir um piloto do Correio Aéreo Nacional numa missão para Goiás na manhã seguinte – Vaz ficaria no seu lugar na segurança do jornalista – e, às 21h30, foi para casa dormir antes de seu voo.

Ao final do comício, Vaz transportou Lacerda para casa no seu carro. Dentre seus colegas, era o que menos acreditava num possível assassinato do político. Às vezes, sugeria a Lacerda moderação nos seus discursos, mas este respondia que a campanha não seria eficaz se não fosse violenta e que era preciso "sacudir" o país.

O chefe da guarda pessoal do presidente era extremamente dedicado a Getúlio e a Benjamim, que promovera o peão de pouca instrução a tenente no batalhão provisional de São Borja, em 1932, e o levara para a guarda presidencial ao organizá-la em 1938. Com a eleição de Vargas, Gregório reconstituiu a guarda com a ajuda do Departamento Federal de Segurança Pública. No Palácio do Catete, exercia certas influências. Wainer, que o tinha visto por ocasião da histórica entrevista de Vargas pela primeira vez em São Borja, falou em seu livro da intimidade de Fortunato no palácio presidencial:

> Instalado num chalé na entrada do Catete, Gregório recebia homenagens de figurões interessados em ter acesso ao presidente. Homem primitivo, ele não soube compreender os reais motivos daqueles afagos e deixou-se seduzir pela maciez do poder. A certa altura, considerou-se inatingível e passou a circular com inteiro desembaraço, agindo à revelia do presidente. Esse equívoco irremediável contribui para explicar a tragédia da rua Toneleros. Certamente influenciado por pessoas que não eram amigas do presidente, Gregório concluiu que a melhor maneira de ajudar Getúlio era eliminar Carlos Lacerda. A mente primária do guarda-costas não poderia avaliar as consequências do plano arquitetado nas sombras do Catete.

A história de vida de Fortunato é bem conhecida. Ele ganhara prestígio e dinheiro, como contrapartida pela prestação de favores junto ao governo. Em 1953, obtivera empréstimo de 3 milhões de cruzeiros do Banco do Brasil, dinheiro que usou na compra de uma fazenda do filho de Vargas, "Maneco", secretário da Agricultura do Rio Grande do Sul. Recebeu condecorações do Ministério da Guerra e até o título oficioso de "Ministro da Defesa do Brasil". Com os contundentes ataques de Lacerda ao presidente, achou que tinha o dever de eliminar o jornalista.

Gregório conversou com o guarda presidencial Climério Euribes de Almeida, antigo peão da fazenda de Vargas e, como ele, soldado do "coronel" Benjamim Vargas em 1932. O motorista José Antônio Soares, amigo de ambos, disse conhecer o homem capaz de matar Lacerda. Era Alcino João do Nascimento, um assassino de aluguel. Gregório aprovou a escolha. Soares ofereceu a Alcino 200 mil cruzeiros para fazer o serviço. Climério discutiu a quantia com Gregório. No final, foram oferecidos 100 mil cruzeiros, uma casa no subúrbio e um emprego como investigador de polícia. Climério disse ao criminoso que o filho mais velho do presidente, Lutero Vargas, que era deputado, estava interessado no crime e ajudaria a encobri-lo. Alcino recebeu um revólver Smith & Wesson, calibre 45, mesmo tipo usado pelos membros da guarda presidencial. Sob instruções de Gregório, um quinto acumpliciado, o secretário da guarda, João Valente de Souza, disponibilizou 80 mil cruzeiros para as despesas da operação.

Após vários planos fracassados para matar o jornalista, na noite de 4 de agosto, Alcino tentou cometer o crime para o qual tinha sido contratado. Lacerda chegava ao prédio da Rua Toneleros, mas as balas disparadas mataram a pessoa errada: seu acompanhante, major aviador Rubens Vaz. Lacerda levou um tiro o pé.

A arma usada no crime, de uso exclusivo das Forças Armadas, levou a Aeronáutica a abrir Inquérito Policial Militar para apurar os responsáveis pela morte do oficial e a chegar ao grupo que planejara o assassinato. Lutero Vargas também foi acusado pelo crime, mas nunca se provou que o atentado contra o jornalista tivesse partido do presidente da República.

O segundo ato que levaria ao suicídio de Vargas ganhou maior velocidade no dia 11 de agosto, quando o vice-presidente, Café Filho, encontrou-se secretamente com Lacerda no Hotel Serrador, no Rio. Na reunião, ficou acertado que Café Filho substituiria o presidente em caso de renúncia ou impedimento. Na verdade, a reunião não tinha sentido, porque Café Filho era o vice-presidente da República e substituiria o presidente de qualquer modo. Mas, segundo declarou à imprensa o jornalista Murilo Melo Filho, o encontro foi pedido por Lacerda para costurar a conspiração, com base nos resultados do inquérito militar – já se sabia na ocasião que o atentado da Rua Toneleros estava ligado ao Palácio do Catete.

Acuado pela opinião pública, pelos militares e políticos da oposição, uma nota da Ordem dos Advogados do Brasil (OAB) sugerindo a renúncia Vargas somou-se às vozes que defendiam a capitulação do governo. No Senado – que, de acordo com a Constituição da época, era presidido pelo vice-presidente da República –, Café Filho explicou as razões que o tinham levado a propor a Vargas uma dupla renúncia, a do presidente e a dele próprio. Proposta esta que Getúlio havia rejeitado, ponderando estar muito velho para admitir humilhações:

> A renúncia é a única solução capaz de tranquilizar o país (...) não há como negar que ele tem contra si, no momento presente, a opinião pública; e a um governo que não tenha a seu favor a opinião pública não resta outro caminho senão a renúncia, ainda que dispusesse de elementos materiais para resistir.

No mesmo dia, 22 de agosto, houve uma reunião no Clube da Aeronáutica. Os brigadeiros lotados no Rio de Janeiro, liderados por Eduardo Gomes, aprovaram uma declaração conjunta em que reafirmavam seu "propósito de permanecer dentro da ordem, da disciplina e dos preceitos constitucionais", sustentando, porém, que a crise nacional apenas "poderá ser satisfatoriamente solucionada com a renúncia" do presidente – até porque ele era apontado como mandante do atentado que vitimara o major Vaz. Em seguida, em 22 de agosto, circulou o Manifesto dos Generais, a engrossar a campanha da UDN pelo afastamento de Vargas. Este se propõe mesmo a pedir licença até a decisão final da CPI que investigava o atentado.

Eduardo Gomes fazia oposição ao presidente desde o golpe do Estado Novo. Entretanto, reconhecia os acertos do líder gaúcho e jamais quis fazer parte de seus governos. Acompanhou detidamente o caminhar das investigações sobre o assassinato de Rubens Vaz. Ao saber que o plano contra Lacerda tivera origem no Palácio do Catete, depois que o IPM do Galeão incriminou Gregório Fortunado, declarou que a prisão do envolvido seria simbolicamente a invasão do Palácio do Catete, com a consequente queda do presidente. Tragicamente, no entanto, Vargas mudaria o curso das previsões.

Já no dia 13 de agosto, a filha do presidente, Alzira Vargas, tomara um tremendo susto ao ler um rascunho escrito a lápis por seu pai:

> Deixo à sanha dos meus inimigos o legado da minha morte. Levo o pesar de não haver podido fazer por este bom e generoso povo brasileiro, e principalmente pelos mais necessitados, todo o bem que pretendi.

Que Vargas pensava no suicídio como solução para a crise foi a ideia transmitida por outro filho do presidente, Manuel Vargas, em conversa com Samuel Wainer no mesmo 22 de agosto do Manifesto dos Generais, conforme registrado pelo jornalista em *Minha razão de viver*:

> Cabisbaixo, abúlico, Maneco era a imagem do regime agonizante. Getúlio queria saber se eu estava disposto a lançar o jornal à frente de uma contra-ofensiva destinada a conter o golpe em marcha. Disse a Maneco que resolvera ficar com o presidente até o fim, mesmo porque não me restava qualquer outra saída. Maneco então contou-me que, naquela manhã, durante a reunião do Ministério, Getúlio fizera uma declaração patética: "Só morto sairei do Catete".

No jornal *Última Hora* do dia seguinte, Wainer tornou pública a declaração do presidente. Na terça-feira, 24 de agosto de 1954, com os militares, os políticos de oposição e a opinião pública contra si, Getúlio Vargas suicidou-se com um tiro no coração. Naquela madrugada, fizera sua última reunião ministerial, durante a qual indagou dos titulares de cada pasta sua opinião sobre a crise política. A dúvida predominou. O presidente encerrou a reunião, voltando a falar em morte:

> Já que o Ministério não chega a nenhuma conclusão, eu vou decidir. Determino que os ministros militares mantenham a ordem pública. Se conseguirem, eu apresentarei o meu pedido de licença. No caso contrário, os revoltosos encontrarão aqui dentro do Palácio o meu cadáver.

O historiador Boris Fausto opina em seu livro que o suicídio foi, "digamos assim, a grande vingança que Getúlio fez: de repente, virou a grande vítima". O portal Opinião e Notícia, por sua vez, registra em artigo postado em 21 de agosto de 2011:

> O grande jurista e advogado Evandro Lins e Silva [1912-2002] – que esteve à frente da defesa de alguns acusados do atentado da Rua Toneleros – declarou haver encontrado a melhor explicação para o suicídio de Vargas numa revista francesa, sob o título "O suicídio como arma política". Nessa reportagem, segundo Lins e Silva, o autor mostrava que, com seu gesto, Getúlio Vargas tinha conseguido dominar, paralisar, desmoralizar a conspiração que pretendia alijá-lo do poder. Na verdade, isso aconteceu. Quem viveu aquele período e assistiu aos acontecimentos durante o dia, no Rio de Janeiro, tem a lembrança de que poucas vezes multidão igual saiu às ruas em apoio ao presidente.

De fato, o suicídio de Getúlio Vargas e a divulgação de sua carta-testamento causaram comoção nacional. A opinião pública, que era favorável à deposição do presidente, voltou-se contra seus opositores, transformando-os em vilões. João Café Filho assumiu a Presidência da República e comprometeu-se a garantir a realização das eleições legislativas, previstas para outubro do ano seguinte, mas muitas crises e cabeças ainda iriam rolar até a posse do presidente que seria constitucionalmente eleito.

Eduardo Gomes foi convidado a participar do mandato-tampão de Café Filho e assumiu a pasta da Aeronáutica, conforme Diário Oficial de 26 de agosto, ficando agregado ao Quadro de Oficiais-Generais do Corpo de Oficiais da Aeronáutica. Sua primeira missão naquele momento de convulsão nacional era garantir a ordem pública durante o embarque do corpo de Vargas para São Borja. A multidão conduziu o caixão do Palácio do Catete ao aeroporto Santos-Dumont, bradando lemas, críticas e ofensas contra os inimigos do presidente morto. Quando a multidão chegou ao Castelo, centro da cidade, nos arredores do aeroporto, passou em frente ao Ministério da Aeronáutica. O Brigadeiro, que chegava naquele momento, mostrou-se preocupado com a agitação. A Aeronáutica tinha condições de conter o tumulto, mas ele temia que a ação militar pudesse provocar um incidente de resultados imprevisíveis.

Estava fardado, mas desarmado. Diante daquele cenário intimidador, deu outra demonstração de coragem, bem diferente das anteriores. Desceu do carro oficial que o conduzia, entrou no meio da multidão, pedindo licença aos populares, e caminhou para o prédio da Aeronáutica, na Rua Marechal Câmara. Silenciosamente, a multidão abriu caminho para ele. Ninguém o atacou e não houve incidentes no aeroporto.

No mês seguinte, foi exonerado da função de presidente da Comissão Militar Mista Brasil-EUA, por ter sido nomeado ministro de Estado. Um ano depois, em setembro, foi condecorado com quatro medalhas: Mérito Militar Grã-Cruz da República de Portugal; Medalha Abdon Calderón de Primeira Classe, concedida pela República do Equador; Medalha Marechal Hermes e Grande Medalha da Inconfidência, como pioneiro das Rotas Aéreas do Brasil, ambas concedidas pelo governo brasileiro.

Café Filho deveria terminar seu mandato em 31 de janeiro de 1956, entregando a faixa presidencial ao vencedor das eleições de 3 de outubro. Mais uma vez, Eduardo Gomes fora chamado a se candidatar, mas já havia decidido encerrar sua participação em pleitos para cargos eletivos. Assim, na eleição de 1955, deu apoio a seu colega de turma e velho amigo, o general Juarez Távora, chefe do Gabinete Militar de Café Filho e seu antigo companheiro de revoluções e prisões. Outro colega de turma, o general José Bina Machado (1898-1964), substituíra Távora no Gabinete Militar. O paulista Adhemar de Barros foi o terceiro candidato. Concorreu ainda o integralista Plínio Salgado. O vitorioso foi Juscelino Kubitschek. Curiosas eleições disputadas por dois médicos, um militar e um ultrapassado representante do pensamento fascista. Seus resultados não foram convincentes para instituições em crise como era o caso da frágil democracia brasileira de então.

JK, patrocinado pela aliança PSD-PTB, recebeu apenas 36% dos votos válidos, suscitando a volta do argumento sobre não ter maioria para assumir o cargo. Com 3,077 milhões de votos, Kubitschek superou em 400 mil os sufrágios recebidos pelo general Távora, da UDN, e em 800 mil os de Adhemar, do PSP. A UDN tentou impugnar a posse de JK, sem sucesso, graças ao general Teixeira Lott. Café Filho saiu da Presidência por causa de um problema cardíaco, mas foi impedido de voltar. Carlos Luz assumiu e ficou apenas quatro dias no poder. Assim, foi o senador Nereu Ramos que encerrou o mandato de Getúlio Vargas e deu posse a Juscelino e Jango.

O Brigadeiro não participou desses dias trepidantes. Café Filho foi deposto em 8 de novembro de 1955. No dia 11, Eduardo Gomes deixou o cargo de ministro da Aeronáutica no qual foi substituído pelo major-brigadeiro Vasco Alves Secco (1898-1965). Naquele momento, sua mãe estava seriamente doente e vivia seus últimos dias. Assim, ele se afastou também por algum tempo da Diretoria de Rotas, a cuja chefia retornara, para poder cuidar dela.

O manifesto dos brigadeiros pedindo a renúncia de Getúlio Vargas foi divulgado no dia 22 de agosto de 1954. Na tarde daquele dia, o jovem tenente do Exército, Joaquim Gonçalves Vilarinho Neto, havia se apresentado ao departamento de Pessoal do Ministério da Guerra, no Campo de Santana, por ter sido transferido para a Academia Militar das Agulhas Negras, em Resende, e se encontrar em trânsito. Após conversar com colegas de sua turma, era noite quando ele deixou o Ministério da Guerra para se hospedar no Forte de Copacabana. Seguiria para Resende no outro dia. Ao passar pela Cinelândia, viu o Clube Militar com todas as suas luzes acesas e imaginou que ali poderia estar acontecendo uma festa. Aspirante de 1950, Vilarinho era solteiro.

Ao chegar a Copacabana, ouviu do oficial de dia do Forte: "Olha, se entrar, não sai". O tenente Vilarinho não sabia ainda que o Exército estava de prontidão. Achando que poderia ser um trote, respondeu que não era do Rio, estava em trânsito para a Aman e que ali se encontrava apenas para passar a noite. O comandante da unidade, que estava próximo, ouviu a conversa dos dois tenentes e ordenou: "Pode deixar esse menino entrar que ele é recomendado do Gabinete do Ministro". O tenente em trânsito ficou surpreso, imaginando quem do Ministério da Guerra teria telefonado ao Forte para informar que ele se hospedaria ali naquela noite.

Vilarinho vinha de São Paulo, onde servira. Recebera sua documentação das mãos do coronel Levi Cardoso (1900-2009), seu comandante, que viria a ser o último dos marechais brasileiros, e um ofício para entregar ao comandante da unidade vizinha à sua. O envelope estava aberto, mas o tenente superou a curiosidade e não leu a correspondência. Se tivesse quebrado o comportamento ético-profissional, teria sabido o que estava ocorrendo no Clube Militar.

Após hospedar-se, Vilarinho voltou à Cinelândia, atraído pela suposição de que ali acontecia uma festa. As portas do Clube Militar estavam abertas. Ao adentrar no salão, deu de cara com dois coronéis e um capitão-de-mar-e-guerra: Golbery do Couto e Silva (1911-1987), do Exército, João Adil de Oliveira (1907-1975), da Aeronáutica, e Augusto Rademaker (1905-1985), da Marinha. Ao vê-lo, o coronel Golbery chamou-o e disse: "Tenente, se você é sócio, assine aqui". O jovem oficial não pestanejou e assinou. Notou apenas que o documento tinha outras assinaturas. Só então perguntou ao coronel Golbery do que se tratava: era a lista dos generais do Exército, pedindo a renúncia de Vargas.

O tenente penetrou no recinto. Mais adiante, viu sentados em torno de uma mesa o brigadeiro Eduardo Gomes, o general Juarez Távora e vários oficiais de alta patente. Cumprindo o regulamento, bateu continência parada para todos. Ao dar mais alguns passos, deparou com o general-de-brigada Castello Branco, que ele conhecia desde cadete: "Eu era muito disciplinado na Aman. Cheguei a entrar para o livro de honra. O general Castello me conhecia dessa época; ele serviu na Academia". E Castello realmente o reconheceu. Porém, em tom de indagação, passou-lhe uma reprimenda:

– Isto aqui não é lugar para tenente! O senhor está vendo algum tenente, capitão ou major aqui? O que o senhor veio fazer no Clube?

Meio sem jeito, Vilarinho respondeu:

– Bem, general, eu vim pensando em dançar um pouco.

O general olhou-o de cima para baixo e, sem entender a justificativa, respondeu:

– O senhor é doido? Não está vendo que aqui não tem nenhuma mulher?

O tenente continuou encabulado. O general emendou:

– Isso está errado. Mas, a partir de agora, o senhor vai ficar com a versão do fato. O senhor está servindo aonde?

Vilarinho respondeu que estava hospedado no Forte de Copacabana e iria na manhã seguinte para a Aman, para ser instrutor de cadetes. O general notou que o tenente olhava muito para o Brigadeiro e deve ter visto nos seus olhos um brilho de admiração e respeito. Ordenou, entretanto, que ele deixasse o Clube e voltasse para o Forte.

Constrangido pela admoestação, saiu. Mal entrara no quarto do Forte, o telefone tocou: era o oficial de dia avisando que o general Castello Branco tinha ligado havia pouco:

– Olha, tem aí um tenente hospedado que se chama Vilarinho. Diga a ele que dentro de quinze minutos eu passo aí para pegá-lo – dissera o general no seu telefonema.

Vilarinho desceu para a entrada do Forte. Poucos minutos depois, o general chegou de automóvel e lhe disse:

– O senhor sabia que agora é uma figura nacional, um tenente revolucionário? O senhor é o único tenente que assinou equivocadamente uma relação destinada a generais. Aquela lista que lhe deram na entrada do Clube Militar.

Era o Manifesto dos Generais, solidário ao dos brigadeiros, divulgado no dia anterior, fechando o cerco militar a Vargas.

Sobre Eduardo Gomes, o tenente Vilarinho confidenciou ao general Castello Branco:

– General, eu tenho por ele o maior respeito. E a minha família também tem!

— Pois eu vou lhe apresentar o senhor brigadeiro Eduardo Gomes. Entre no carro. — disse Castello, ligando o veículo.

O Brigadeiro ainda se encontrava no Clube Militar. Castello apresentou-lhe o tenente, que não conseguiu dizer nada, apenas se perfilou.

— Naquele momento, senti que o Brigadeiro era mais do que eu imaginava, uma daquelas figuras diante das quais a gente se sente pequeno, tal a dimensão que transmitia — comentou o coronel reformado Vilarinho Neto em depoimento que concedeu para este livro, em julho de 2011, no Recife.

12

Em janeiro de 1956, o estado de saúde de dona Jenny Gomes piorou. A heroína, que socorrera os revolucionários de 1922 e 1924 e colaborara com o movimento de 1930, morreu no dia 23. Eduardo Gomes mergulhou em profunda tristeza e melancolia. Em sinal de luto, passou três dias exibindo no paletó uma tarja preta, costume da época para quem perdia um ente querido. Ao retomar a vida profissional, em 18 de maio, foi sorteado para presidir o Conselho Especial de Justiça Militar que julgaria os implicados na rebelião de Jacareacanga, como incursos no artigo 130 do Código Penal Militar, segundo publicou o *Boletim do Estado-Maior da Aeronáutica*. No dia 28 de maio, compareceu à 2ª Auditoria Militar da Aeronáutica, onde assumiu a função e prestou o compromisso legal. Em seguida, determinou o arquivamento do processo: os envolvidos na rebelião militar já tinham sido anistiados pelo governo.

O levante eclodira poucos dias depois da posse do presidente Juscelino Kubitschek. Em 11 de fevereiro de 1956, o major Haroldo Veloso (1920-1969) e o capitão José Chaves Lameirão (1926-1975) decolaram do Galeão, em um pequeno avião militar, dispostos a tomar unidades da FAB em Aragarças (GO) e em Cachimbo, Santarém e Jacareacanga (PA), tentando forçar um movimento maior contrário à posse de JK. O levante foi dominado semanas depois. Alguns de seus líderes foram presos; outros refugiaram-se na Bolívia.

Imediatamente após, o presidente enviou projeto de lei ao Congresso anistiando os envolvidos em movimentos políticos e militares no período entre 10 de novembro de 1955 e 1º de março de 1956. A anistia não agradou aos brigadeiros, que preferiam ver punidos os envolvidos no levante. Isso causou a primeira baixa no governo JK: o ministro da Aeronáutica, major-brigadeiro Vasco Aves Secco, demitiu-se, sendo substituído pelo major-brigadeiro Henrique Fleiuss (1904-1988).

Com o *slogan* "Cinquenta anos em cinco", JK prometia operar grandes transformações no país, ampliando um programa que ensaiara quando governador de Minas Gerais. Nas áreas militar e política, porém, o clima ainda era de tensão, sobretudo pela presença de João Goulart no governo. Com espírito pacificador, JK controlou uma onda de manifestações de estudantes no Rio de Janeiro e proibiu os militares da ativa e da reserva de participar de manifestações públicas de caráter político. A decisão tivera como motivo uma homenagem da "Frente de Novembro", formada por militares que apoiavam JK, ao ministro da Guerra, general Teixeira Lott. O presidente não queria alimentar o antagonismo dos chamados "novembristas" com o "Clube da Lanterna", ligado a Carlos Lacerda.

Na sequência, Juarez Távora, candidato presidencial derrotado da UDN, deu uma entrevista à imprensa criticando o presidente Juscelino, que decretou o fechamento do "Clube da Lanterna" e da "Frente de Novembro" e pediu ao general Teixeira Lott que punisse Távora. O ministro, ciente de que isso poderia atrair a solidariedade da caserna a Távora, ameaçou se demitir. Mas, convencido pelo advogado Sobral Pinto (1893-1991) a continuar na pasta e aceitar o fechamento das duas organizações, voltou atrás e cumpriu a ordem presidencial. Távora foi punido com prisão domiciliar.

O período era fértil em descontentamento político-militar. No almirantado, os chamados "novembristas" colaboraram para a instabilidade política. Resolvida mais esta questão, os ânimos voltariam a se exaltar, envolvendo agora a Marinha e a Aeronáutica, por causa de uma decisão do presidente. Em reunião com o ministro da Marinha, Antônio Alves Câmara Júnior (1891-1958), Juscelino atendeu a uma antiga reivindicação naval de retomar a aviação perdida com a criação da Aeronáutica, em 1941, e autorizou a compra de um porta-aviões ligeiro – o *Vengeance*, classe Glory, da Marinha Real Britânica. A compra do navio foi justificada como incursa no processo de modernização da esquadra. Porém, atropelava a legislação vigente, que dera à Força Aérea Brasileira a exclusividade na operação de aeronaves convencionais.

Segundo afirmou o ministro da Marinha, a aquisição da belonave contribuiria para elevar o moral da oficialidade e geraria estímulo e entusiasmo na Força, pois significava a abertura de novo e fascinante campo na esfera naval, como o próprio Juscelino anotou em sua autobiografia *50 anos em 5*. O problema é que a Força Aérea não aceitou perder a exclusividade de operar a aviação convencional que lhe era garantida por lei. No entendimento dos brigadeiros, antes do fato consumado, deveria ter havido uma discussão preliminar entre as duas instituições, buscando entendimento comum e compatibilização de ações operacionais conjuntas. Essas combinações preliminares deveriam ter partido do Estado--Maior das Forças Armadas. Todavia, o Emfa continuava desempenhando um papel meramente administrativo no campo militar. Cada ministro militar tinha acesso direto ao presidente, com quem discutia e despachava seus assuntos rotineiros e operacionais.

A Marinha comprou o navio-aeródromo. Em retribuição ao gesto do presidente, deu ao *Vengeance* o nome de *Minas Gerais*, estado natal de Juscelino e também denominação de um antigo navio capitânia da Armada. Essa aquisição originou a crise entre a Marinha e a Força Aérea – impasse que seria solucionado somente em 1965, pelos ministros das duas pastas. Até então, o *Minas Gerais* funcionou como porta-helicópteros, pois os aviões comprados pela Marinha nos EUA foram transferidos para a FAB e permaneceram groundeados, isto é, no chão. Com a solução do impasse, o governo decidiu que a FAB forneceria aviões e pilotos nas operações do navio.

Durante a crise militar entre as duas instituições militares, Eduardo Gomes chefiava a Diretoria de Rotas Aéreas. Cumpria a escala de voo do Correio Aéreo Nacional, viajando inclusive a países vizinhos. No dia 24 de janeiro de 1957, durante a missa em memória de sua mãe, ele passou mal e teve de ser internado no Hospital Central da Aeronáutica, onde permaneceu sob cuidados médicos por duas semanas. No dia 8 de fevereiro, foi agraciado com a Medalha de Prata Mérito Santos-Dumont, nos termos do artigo 3º, parágrafo único, do Decreto nº 39.905, de 5 de setembro de 1956. Duas semanas depois, foi distinguido com a Medalha Militar de Platina, com passadeira de Platina, por contar mais de 40 anos de serviço nas condições exigidas pelo regulamento de condecorações militares. O ministro da Aeronáutica, brigadeiro Henrique Fleuiss, opinou favoravelmente à concessão da comenda, que o presidente JK outorgou por decreto de 25 de fevereiro de 1957.

Dizendo ter estudado os registros da carreira de Eduardo Gomes e basear-se em "observações próprias feitas com absoluta isenção de ânimo", o ministro destacou características distintivas do Brigadeiro em seu parecer:

> (...) lealdade, discreção e reserva, coerência de atitudes, procedimento militar privado e social, educação e cavalheirismo, dedicação ao trabalho, cultura profissional e geral.

O tempo de permanência do Brigadeiro no serviço ativo estava perto de ser concluído. Em 1960, ele completaria 64 anos de idade e 44 de serviço, 19 dos quais passados como oficial-general. Por imposição do Estatuto Militar da época, portanto, teria de passar para a reserva. Com a aproximação da data, seus assessores de gabinete combinaram prestar-lhe uma homenagem de despedida na própria Diretoria de Rotas Aéreas. Como nada ali era feito sem seu prévio conhecimento, ele foi consultado. Eduardo Gomes agradeceu, mas descartou a reverência, alegando que não fizera mais do que cumprir seu dever. Sistemático a tal ponto que, quando promovido a major-brigadeiro, recusou-se a cumprir a tradição de se apresentar ao primeiro mandatário da República para os cumprimentos de praxe.

"A promoção é um direito de qualquer militar em condições de merecê-la", justificou. Em sua avaliação, cabia ao presidente da República reconhecer e conceder esse direito. De acordo com tal entendimento, não deveria ser necessário agradecer pela promoção merecida e concedida. O contrário também aconteceu na história brasileira, com um presidente da República que se recusou a cumprimentar os oficiais-generais que promovera. Foi Fernando Collor de Mello, em 1990, que, no entanto, voltou atrás por aconselhamento de seus assessores. Em nova data, recebeu os promovidos, não sem antes dar-lhes um chá de cadeira.

Eduardo Gomes enfatizou aos assessores que gostaria apenas de cumprir uma última missão pelo Correio Aéreo Nacional e de assistir a uma missa em ação de graça por suas mais de quatro décadas na instituição militar. Então, na manhã de 10 de setembro de 1960, ele chegou cedo à Base Aérea do Galeão. Pela última vez, voaria no comando de um C-47. Às oito horas da manhã em ponto, partiria com destino à capital peruana, transportando passageiros e a mala postal. O avião reservado era o C-47 2015. Até então, ele registrava em sua caderneta de voo 6.990:45 horas voadas como piloto.

Ao inspecionar a aeronave por dentro e por fora, procedimento comum, observou colado na fuselagem, ao lado do assento do sargento-mecânico, Jorge dos Santos, um pôster de famosa vedete do teatro rebolado carioca, com vistosas pernas de fora. O Brigadeiro ordenou ao tripulante que retirasse dali "aquela sem-vergonhice", pois haveria senhoras e crianças no avião. Em seguida, fez tudo pessoalmente: pediu permissão à torre de controle para iniciar os procedimentos de voo, conduziu a aeronave à cabeceira da pista, empurrou as manetes de velocidade para a frente, fez o avião correr quase a pista toda e decolou. Ao longo das etapas intermediárias, tanto na ida como na volta, ele fez questão de aterrissar e fazer subir o velho Dakota. Três dias depois, estacionou o C-47 no pátio da Base Aérea do Galeão; cumprira assim a sua última missão como aviador militar. Os passageiros desembarcaram. O Brigadeiro permaneceu na cabine. Segundo um dos tripulantes, ele parecia que "conversava" com a aeronave, enquanto acariciava o painel de instrumentos com os olhos marejados. Era tão íntimo do velho C-47 que jamais sofrera um acidente sequer ao longo de tantos anos como piloto militar.

Passada uma semana, voltou à Base do Galeão para a missa de ação de graças por sua despedida da Força Aérea, que foi rezada num hangar da unidade por três capelães da Aeronáutica. Em companhia de amigos, irmãos, sobrinhos, políticos e do ministro da Aeronáutica, Eduardo Gomes recebeu a comunhão. Após o evento, participou de almoço de despedida no refeitório da Base Aérea oferecido pelo ministro da Aeronáutica. À noite, no salão do Hipódromo da Gávea, compareceu ao coquetel em sua homenagem, promovido pelo amigo Prado Kelly, então presidente do Conselho Federal da Ordem dos Advogados do Brasil, que encerraria carreira um lustro depois como ministro do Supremo Tribunal Federal. Naquele dia, o *Boletim da Aeronáutica* havia "cantado" sua passagem para a reserva e publicado um elogio do ministro da Aeronáutica, o também lendário major-brigadeiro Francisco de Assis Corrêa de Mello (1903-1971). "Mello Maluco", assim conhecido por seus voos audazes, enalteceu a participação do ícone maior da Força Aérea Brasileira e desejou-lhe uma aposentadoria feliz.

Eduardo Gomes levou consigo o reconhecimento da instituição a que servira por sua dedicação ao país. Levava também uma folha de serviços reconhecida por muitos países, como demonstram as várias condecorações recebidas no exterior, como as de Comendador da Legião do Mérito dos Estados Unidos; Comendador da Legião de Honra da Ordem da França; Grande Oficial da Ordem Nacional do Mérito do Paraguai; e Comandante Honorário da Divisão Militar da Ordem do Império Britânico, entre outras.

Em sua nova fase de vida, ele passaria a andar de terno escuro, sua predileção. Ia à missa com frequência. Pela manhã, fazia caminhadas, ora solitariamente, ora em companhia de algum amigo. No apartamento do Flamengo, lia os jornais e sempre mantinha um livro novo na cabeceira. Recebia os amigos e participava dos eventos comemorativos da Força Aérea. Com maior regularidade, passou a frequentar os cinemas do Flamengo e do Botafogo. Nas tardes de domingo, quando havia clássicos de futebol no estádio do Maracanã, lá estava ele entre os torcedores comuns na arquibancada. Nunca tivera um time de coração, mas apreciava o esporte, relembrando seu tempo de moleque quando disputava boas peladas de rua em Petrópolis. Nunca deixou de visitar as missões católicas, em especial as do Rio Negro, na fronteira com o Peru. Mesmo aposentado, inscrevia seu nome como passageiro num dos voos do Correio Aéreo e visitava as comunidades religiosas, sobretudo na região amazônica.

Na primeira eleição estadual que se seguiu a sua aposentadoria, Carlos Lacerda, Afonso Arinos, Prado Kelly, Raul Fernandes e Mário Guimarães o procuraram para que disputasse a governança do Rio de Janeiro em 1962 – tinha havido uma sequência de mandatos-tampões antes e depois do curto governo de Roberto Silveira (1923-1961), que morreu em meio à sua administração, em 1962. Foi também cogitado pela UDN para disputar uma cadeira no Senado. Ele agradecia a lembrança e recusava o convite. Concluíra definitivamente que política não era a sua vocação. Mas continuou mantendo amizade com os velhos correligionários e dando palpites quando solicitado.

Nas eleições de 3 de outubro de 1960, o eleito para a Presidência da República foi o homem da vassourinha, Jânio Quadros. Dois dias depois das eleições, o comandante da Base Aérea do Galeão recebeu um telefonema do major-brigadeiro da reserva José Vicente de Faria Lima (1909-1969), secretário de Viação e Obras Públicas do governo de São Paulo. A conversa ao telefone foi breve:

– Coronel, o senhor tem sob suas ordens um major chamado João Alberto Correia Neves, não é mesmo?

– Tenho sim, brigadeiro!

– Poderia me fazer a gentileza de mandá-lo a São Paulo amanhã para uma reunião comigo aqui no Palácio Bandeirante?

– Certamente! Comunicarei a ele agora mesmo!

João Alberto Correia Neves era oficial aviador da turma de 1947. Inicialmente, serviu em Fortaleza. Mantinha tão estreita intimidade com as cabines de voo que, ao chegar a major, tinha diversas cadernetas de voo recheadas de missões. Transferido para o Galeão, continuou voando como os pássaros, tanto no Brasil como no exterior. Solteiro, às vezes voluntariamente substituía os colegas pilotos impedidos de voar por qualquer motivo pessoal. Em 1960, era o major mais voado da Força Aérea, com mais de 8 mil horas no ar, a maioria em aviões de transporte. No dia em que o secretário Faria Lima telefonou para o Galeão, ele acabara de regressar de uma viagem à Região Norte. À noite, viajou para São Paulo. Na manhã seguinte, apresentou-se no Palácio Bandeirante. Ao recebê-lo, o secretário Faria Lima foi direto ao assunto:

– Major, como o senhor sabe, o doutor Jânio Quadros, meu amigo, é o novo presidente da República. Assumirá o cargo em janeiro. O senhor aceita ser o piloto dele?

Correia Neves não se ligava em política. Seu negócio era voar. Mas, como qualquer brasileiro esclarecido, conhecia a biografia de Jânio, considerado correto, figura excêntrica do folclore político por suas tiradas extraordinárias. Político popularíssimo, ainda foi ajudado em sua campanha pelo uso da televisão – inaugurada em 1950 e pela primeira vez associada a uma eleição no país. Foi eleito com 5,6 milhões de votos – a maior votação até então obtida no Brasil –, vencendo o marechal Teixeira Lott por mais de 2 milhões de votos e conseguindo mais do que o dobro dos sufrágios do também paulista Adhemar de Barros.

Jânio era um dos críticos ferrenhos de JK e achava a construção de Brasília – onde foi o primeiro a tomar posse – um desperdício de dinheiro público, que o obrigaria a saldar cerca de 2 bilhões de dólares de empréstimos externos contraídos por seu antecessor. O déficit público passara de 28,8 bilhões para 193,6 bilhões de cruzeiros em 1960.

O brigadeiro Faria Lima tivera uma passagem marcante na Força Aérea. Nos anos 1930, voou com Eduardo Gomes em missões do Correio Aéreo. Na criação do Ministério da Aeronáutica, foi assistente de Salgado Filho. Diplomado engenheiro pelo ITA, terminou a carreira no posto de major-brigadeiro. Em 1958, Jânio venceu as eleições para governador e o convidou para presidir a Viação Aérea São Paulo (Vasp). Identificado com a política, Faria Lima foi prefeito de São Paulo de 1965 a 1969 e revelou-se competente gestor público, tocando obras importantes, como a construção do Metrô, projeto de seu antecessor, Adhemar de Barros.

Correia Neves aceitou o convite e voltou ao Rio no mesmo dia. Estava noivo de uma professora carioca e iniciava os preparativos para o casamento. Em uma semana, voltou casado a São Paulo para realizar o curso de Piloto de Viscount, "o Cafona", avião que comandaria como piloto presidencial. O brigadeiro Faria Lima tinha ajeitado para ele cursar a adaptação ao quadrimotor na Vasp, que operava a aeronave.

O Viscount fora adquirido pelo Ministério da Aeronáutica a mando de Juscelino. Quando iniciou sua monumental obra no Planalto Central, o presidente acompanhava de perto a construção da nova capital, por vezes acompanhado de Oscar Niemeyer e Lúcio Costa, os projetistas da Novacap. Na época, o avião que usava era o C-47, de notáveis capacidades de transporte, mas que levava em média quatro horas de voo de ida e quatro de volta, desde o Galeão. Havia aviões mais modernos e velozes no mercado. JK recebeu boas referências do Viscount e pediu ao ministro Henrique Fleiuss que adquirisse o modelo inglês para uso como avião presidencial. A Aeronáutica comprou dois aparelhos: um para a Presidência da República e outro como avião reserva.

No dia 31 de janeiro de 1961, quando Jânio tomou posse, chovia torrencialmente. Crítico mordaz de Juscelino, o novo presidente prometera fazer um violento discurso no dia da posse, denunciando casos de corrupção e de desperdício de recursos públicos pelo governo anterior. Para JK tratava-se de bravata do ex-governador paulista e não deu tanta importância ao boato, porém manteve-se pronto para até mesmo uma reação física, caso Jânio cumprisse a ameaça, como registrou em seu livro biográfico *50 Anos em Cinco*.

Durante a transmissão do cargo, que durou 20 minutos, no discurso de despedida, entre outras palavras, Juscelino declarou: "Tenho, neste momento, como razão maior de orgulho, poder entregar a Vossa Excelência o Governo da República em condições muito diversas daquelas em que o recebi no tocante à estabilidade do regime. Está consolidada, entre nós, a democracia e estabelecida a paz, que todos esperamos duradoura".

Jânio discursou, comportando-se "com admirável correção", como o próprio JK reconheceu em seu livro. Falou pouco e elogiou o antecessor, o que aliviou a tensão no presidente que saía. Terminada a cerimônia, acompanhou Juscelino até a rampa do Palácio do Planalto. Ali se despediram; o ex-presidente viajaria naquela noite com a família para a Europa. Quando já voava sobre o Atlântico, a bordo de um quadrimotor da Panair do Brasil, o comandante da aeronave informou-lhe que Jânio pontuava em discurso pelo rádio à nação: "Vejo, por toda a parte, escândalos de toda a natureza. Vejo o favoritismo, o filhotismo, o compadrio sugando a seiva da Nação e obstando o caminho aos mais capazes". Juscelino ouviu pelo rádio da cabine do avião alguns trechos do discurso do novo mandatário, escrito pelo deputado Clemente Mariani. Ficou chateado, mas não deu tanta importância à fala do novo mandatário. Retornando à sua poltrona, dormiu.

Entre algumas de suas primeiras medidas como presidente, Jânio tentou solucionar o problema do déficit orçamentário. Como forma de economia, repetiu o que fizera como prefeito e governador de São Paulo, demitindo levas de funcionários públicos. Sofreu pressões por isso. Ao adotar uma postura política independente dos EUA, sofreu mais críticas ainda.

Em 1961, os norte-americanos queriam derrubar Fidel Castro do governo de Cuba. Para isso, conceberam o plano conhecido como "Invasão da Baía dos Porcos". O presidente John Kennedy despachou então um emissário especial ao Brasil, o diplomata Adolf Berle Junior, para sondar o governo brasileiro sobre a ideia de enviar uma força expedicionária a Cuba. Jânio deixou claro que Cuba tinha o direito à experiência política que desejasse. "Ela que sofra e padeça os seus pecados, em respeito ao princípio da autodeterminação dos povos", teria dito a Berle Júnior.

Jânio tinha enviado um apelo pessoal a Fidel em favor de um grupo de religiosos espanhóis condenado à morte em Cuba por atividades supostamente antirrevolucionárias. Em reconhecimento à recusa brasileira de apoiar a tentativa norte-americana de derrubar seu governo, Castro trocou a sentença de fuzilamento dos padres para banimento. O interlocutor do pedido brasileiro foi o ministro da Indústria e Comércio de Cuba, Ernesto "Che" Guevara. Em 19 de agosto, vindo de uma conferência da Organização dos Estados Americanos em Punta del Este, Uruguai, Guevara desceu em Brasília. Na ocasião, foi condecorado por Jânio com a Ordem Nacional do Cruzeiro do Sul.

Nessa época, Carlos Lacerda era o governador da Guanabara e havia apoiado Jânio à Presidência da República. Contudo, em resposta ao gesto do presidente de condecorar o revolucionário cubano, entregou as chaves do antigo estado que governava ao líder da oposição em Cuba, Manoel Antonio de Verona, que estava no Brasil buscando apoio para sua "Frente Revolucionária Democrática Cubana".

Lacerda rompeu de vez uma relação política com Jânio até então amistosa. Na verdade, o rompimento entre os dois tivera início no dia 18 de agosto de 1961, véspera da condecoração de Guevara. O governador carioca fora a Brasília tentar obter financiamento para modernizar seu jornal, *Tribuna da Imprensa*. O ministro da Fazenda, Clemente Mariani, sogro do filho de Lacerda, o recebeu em audiência. Em seguida, o jornalista foi recebido por Jânio e pelo ministro da Justiça, Pedroso Horta. Ao fim do périplo em Brasília, Lacerda voltou ao Palácio da Alvorada para pegar sua mala de viagem, ali deixada. Ao encontrar sua bagagem na portaria, considerou tal fato uma descortesia do presidente. Ignorava que, para facilitar seu trabalho, o próprio Pedroso Horta havia telefonado para a administração do palácio pedindo que a mala do governador fosse deixada na recepção.

O resultado de sua viagem a Brasília foi nulo; Lacerda não obteve o financiamento desejado. No dia 24 de agosto, no Rio de Janeiro, foi à TV para denunciar que Pedroso Horta o procurara em nome do presidente em busca de apoio para o que chamou de "golpe de gabinete". Coincidentemente, no dia seguinte, Jânio renunciou: "A conspiração está em marcha. Mas vergar eu não me vergo", declarou Jânio ao deixar o cargo.

Para os historiadores, Jânio renunciou com a esperança de que seu gesto levasse o povo às ruas exigindo a sua volta. Acreditava que o Congresso e as Forças Armadas não aceitariam a posse de João Goulart, novamente eleito vice-presidente, e que os congressistas aceitariam qualquer condição para recusar sua renúncia. Só não contava que o Congresso examinasse a sua carta de renúncia com espantosa rapidez e declarasse o cargo vago.

No dia da renúncia de Jânio, o major Correia Neves transportou-o para São Paulo. Em Congonhas, o ex-presidente contou-lhe que renunciara, agradeceu seus préstimos e disse que não precisava mais dos seus serviços como piloto presidencial. Em seguida, embarcou no automóvel que o aguardava e foi para sua casa, nos Jardins.

Atônito e sem saber como proceder diante daquela notícia surpreendente, o major telefonou para o Grupo de Transporte Especial, de Brasília, unidade da Força Aérea que cuida do transporte de autoridades. Orientado a permanecer em São Paulo, ali mesmo em Congonhas o major aguardou novas instruções.

Nas eleições de 1960, o mineiro Tancredo Neves fôra derrotado para o governo de Minas. Político de destaque, com a renúncia do presidente, Tancredo foi procurado pelo presidente interino Ranieri Mazili e pelo general Ernesto Geisel, chefe da Casa Militar, que lhe sugeriram viajar ao encontro de Jango para articular a posse do vice-presidente.

Na tarde de 26 de agosto, Correia Neves recebeu ordem de Brasília para decolar com o Viscount para o Galeão, onde deveria aguardar a chegada de Tancredo para levá-lo a Montevidéu, no Uruguai, onde Goulart estava em sua última escala estratégica ao voltar de missão à China, quando Jânio renunciou. Foi também informado de que não deveria fazer plano de voo para a viagem ao Uruguai, pois se tratava de missão secreta.

Ao pousar na Base Aérea do Galeão, Correia Neves aguardava a chegada do ilustre passageiro mineiro quando um oficial da Aeronáutica que ele conhecia de vista, o coronel Palermo, à paisana, veio ao seu encontro, dizendo que servia em Brasília e que viajaria a Montevidéu junto com Tancredo. O diálogo travado foi o seguinte, segundo o agora tenente--brigadeiro reformado Correia Neves.

– Major, qual é a sua decisão?

– É o senhor quem manda – respondeu Correia Neves, aludindo à hierarquia.

– Mas eu gostaria de saber sua opinião sobre o voo até o Uruguai.

– Sou de opinião de que não devemos decolar sem plano de voo. Mas como essa foi a ordem que recebi, acho que devemos, primeiro, resolver isso. Depois, calcular o tempo de voo até o Uruguai para chegarmos com o nascer do sol.

Os dois militares fizeram um plano de voo Rio-Brasília. Após a decolagem, o major comunicaria aos operadores do tráfego a mudança de destino. Calculado o tempo de voo, planejaram sair às 6 horas da manhã seguinte. Quando Tancredo chegou, foi informado do que havia sido planejado. Mas ponderou que desejava chegar à capital uruguaia o mais rapidamente possível. O horário do voo foi então antecipado.

No meio da madrugada, o Viscount presidencial decolou para Montevidéu. Às 7 da manhã, Tancredo Neves já tomava café com Jango. Por volta do meio-dia, Correia Neves e o coronel Palermo almoçavam no restaurante do Aeroporto Internacional de Carrasco, em Canelones, a leste da capital uruguaia. Um secretário da Embaixada do Brasil localizou-os e pediu ao major que preparasse o avião, pois Tancredo voltaria imediatamente a Brasília. Em meia hora, um automóvel preto chegou ao pátio do aeroporto trazendo Jango, Tancredo e uma terceira pessoa que os dois oficiais não conheciam. O vice-presidente não desceu do automóvel; dali mesmo despediu-se dos dois. O político mineiro e o desconhecido embarcaram. Tancredo Neves se acomodou numa poltrona. O anônimo dirigiu-se à cabine, notificando o major que o voo seria para Porto Alegre. O impasse se desenhou:

– Para Porto Alegre, não! – disse o coronel Palermo – Tenho lá um colega de turma mais antigo, amigo de Leonel Brizola, que, se souber que estou em Porto Alegre, poderá mandar me prender, pois sabe que eu sou de direita, enquanto ele é da esquerda.

Mas essa versão não foi a transmitida ao passageiro. O coronel informou a Tancredo que o avião não poderia seguir para Porto Alegre por motivo de ordem técnica. Os procedimentos foram feitos para São Paulo. Com esse rumo, o Viscount decolou. Estabilizado o voo, com o avião voando à velocidade de cruzeiro, o coronel e o passageiro desconhecido entraram na cabine. Identificando-se como chefe de gabinete do governador Brizola, o homem exigiu que o piloto mudasse o destino do voo para Porto Alegre. Correia Neves sustentou que o plano de voo tinha sido feito para São Paulo. Irritado, o homem que dizia ser chefe de gabinete do governo gaúcho sacou de um revólver e o apontou para o piloto, exigindo que ele mudasse a rota.

Diante da cena insólita, o coronel interveio:

– O senhor não é piloto e eu também não sou. Somente o major voa esse tipo de avião. Mate-o e todos nós morreremos!

A áspera discussão na cabine chamou a atenção de Tancredo, que se levantou da poltrona. Ao ver o revólver apontado para a cabeça do piloto, o político se surpreendeu e exigiu que o homem guardasse imediatamente a arma. Em seguida, indagou ao piloto qual seria a opção de pouso mais próxima de Porto Alegre.

– Florianópolis. – respondeu o major.

Ficou então decidido que o Viscount pousaria na capital catarinense. Mas o avião acabou seguindo direto para Congonhas mesmo. Durante o voo, o piloto soube pelo rádio que o Paraná e Santa Catarina já estavam alinhados com a chamada "Cadeia da Legalidade". Do porão do Palácio Piratini, usando os transmissores da Rádio Guaíba, o governador Leonel Brizola, cunhado de Jango, exigia, em ondas curtas, a posse do vice-presidente. O governo federal mandou bombardear o palácio, o que não foi consolidado em razão da presença de uma multidão atraída para a sede do governo gaúcho.

Em São Paulo, o chefe de gabinete de Brizola desembarcou e alugou uma aeronave executiva que o levaria, junto com Tancredo, a Porto Alegre. Antes de desembarcar, Tancredo Neves foi à cabine do Viscount e pediu desculpas ao major pelo incidente a bordo. Antes de se despedir, confidenciou:

— Major, minha missão no Uruguai foi convencer o doutor João Goulart a voltar para o Brasil o mais rápido possível. Ele concordou, mas fez uma exigência: desde que eu aceite ser o primeiro-ministro do sistema parlamentarista que será adotado no Brasil.

O major Correia Neves, tenente-brigadeiro reformado, 82 anos, residente em São Paulo, pontua que foi assim um dos primeiros brasileiros a saber que o país teria um regime parlamentarista.

A renúncia de Jânio Quadros levou o Brasil a uma crise política sem precedente. No Rio, estudantes partidários do vice-presidente fizeram manifestação em frente à embaixada dos EUA, exigindo a posse de Goulart. No Sul, Brizola mobilizou a rede de rádios que conclamava o povo a ir às ruas manifestar-se contra o golpe que se afigurara em Brasília. As emissoras de Porto Alegre e do interior do Estado formaram a Rede da Legalidade, que avançou por todo o país, defendendo a posse do vice-presidente.

Em Brasília, políticos e militares passaram a negociar uma solução pacífica para superar a crise. Jango retardou sua volta ao Brasil. No dia 30 de agosto, recebeu o apoio dos governadores do Pará, Santa Catarina e Goiás. No Congresso Nacional, o projeto de emenda à Constituição, de autoria do deputado Raul Pilla, sugeriu o Parlamentarismo. Em 2 de setembro, um sábado, a Emenda Constitucional n° 4 deu vida ao novo sistema de governo, prevendo para 1965 a realização de um plebiscito nacional que decidiria sobre a manutenção ou não do Parlamentarismo no Brasil. Jango tomou posse em 7 de setembro, como chefe de Estado; Tancredo foi nomeado para o cargo de primeiro-ministro, chefe de governo.

Eduardo Gomes não tinha simpatia pelo arranjo de última hora que permitiu a posse do vice na Presidência da República. Não obstante fizesse restrições à figura política de João Goulart, ele achava que a Constituição deveria ser cumprida. O expediente do qual Tancredo foi o portador, o Brigadeiro considerava circunstancial e achava que não duraria muito, como efetivamente não durou.

De qualquer modo, em outubro Tancredo tomou posse como primeiro-ministro e formou um "gabinete de união nacional". Na formação do seu ministério, buscou atender a todos os partidos políticos. Ao PTB coube apenas um cargo, contra quatro indicações do PSD e duas da UDN. Repartido o primeiro escalão, o político mineiro iniciou sua administração.

Eduardo Gomes continuou no seu canto, usufruindo de sua aposentadoria. Nunca emitira opiniões voluntárias sobre indicações políticas. Porém, deixou o apartamento no Flamengo para expressar seu apoio ao major-brigadeiro Clóvis Travassos (1907-1976), nomeado para o Conselho de Ministros na pasta da Aeronáutica, na qual permaneceu até 12 de julho de 1962, no período do governo de Tancredo Neves.

O Parlamentarismo herdou os problemas políticos e econômicos anteriores. A situação crítica da economia apontava, portanto, vida curta para o Conselho de Ministros. Tancredo tomou medidas nacionalistas, manteve a política externa de Jânio Quadros: recusou-se a acompanhar os EUA nas sanções a Cuba e reatou relações com a União Soviética. No campo interno, não mexeu no câmbio ou nos subsídios. Paralelamente, o antagonismo a Jango originou uma crise política que causou as primeiras cisões no gabinete. Sem apoio presidencial e com a crise econômica insuflando o descontentamento popular, Tancredo pegou seu chapéu e demitiu-se do cargo.

O novo primeiro-ministro, o gaúcho Francisco Brochado da Rocha (1910-1962), propôs antecipar o plebiscito. Marcado o pleito para 6 de janeiro de 1963, o presidencialismo venceu nas urnas por larga vantagem e Jango readquiriu seus poderes como presidente da República.

A crise político-institucional era evidente, e piorou em meados de 1963. As greves minaram a estabilidade jurídica, inclusive no âmbito do serviço público, envolvendo perto de 80% dos servidores. A indisciplina militar ameaçava desestabilizar as Forças Armadas. O ideário comunista ganhava maior espaço. A alta da inflação levava o caos à economia. Veio a Marcha da Família com Deus pela Liberdade, liderada pela Igreja conservadora. A tendência de golpe se afigurou. A imprensa em peso batia forte em Jango. Por fim, em 1º de abril de 1964, o Brasil amanheceu sob a tutela dos generais.

O Brigadeiro, o representante do ministro das Relações Exteriores, Ilmar Penna Marinho, o ex-chanceler Oswaldo Aranha (de chapéu) e sua esposa quando embarcavam para Nova York. Aranha foi o chefe da delegação do Brasil à Assembleia da Organização das Nações Unidas (ONU) de 1947.

Depois de renunciar, em 1945, Getúlio Vargas recolheu-se a sua estância de São Borja (RS). Embora tenha obtido votação estrondosa para a Câmara e o Senado nas eleições, preferiu a rede às sessões da Assembleia Constituinte de 1946. O "Pai dos Pobres", criador das legislações que favoreceram os trabalhadores e sua representação sindical, voltou à cena prometendo chegar à Presidência nos braços do povo.

O grande desenhista e compositor Antônio Nássara conseguiu representar em cartum o *jingle* da campanha de Getúlio, que se lançou candidato quase no fim do prazo e atropelou o Brigadeiro, da UDN. Na foto, Eduardo Gomes aparece ladeado por dois líderes udenistas: o ex-presidente Arthur Bernardes (esq.) e o governador da Bahia, Octávio Mangabeira. Plínio Salgado juntou seu PRP à campanha.

O Brigadeiro é recepcionado pelos estudantes da Faculdade de Direito do Largo de São Francisco, no dia 5 de julho de 1950, durante sua segunda campanha presidencial. Ele caminhava para a sede da UDN, localizada no Edifício Martinelli, no centro de São Paulo. Mais uma vez com cobertura da revista *Life* e de vários fotógrafos da imprensa nacional, Eduardo Gomes, ao lado da urna, assina a lista eleitoral para votar.

Getúlio Vargas na campanha de 1950: no palanque em Vitória da Conquista (BA) e à porta do avião na chegada a Aracaju (SE). Na última foto, com seu indefectível charuto, ele conversa com o magnata da comunicação, Assis Chateaubriand, dono dos Diários Associados, que inaugurou a televisão no país nesse mesmo ano.

O brigadeiro Eduardo Gomes em campanha. Na sede paulista da UDN, com lideranças à mesa: a partir da esquerda, o industrial Henrique Dumont Villares; a médica Carlota Pereira de Queiroz, primeira deputada federal da história brasileira; o advogado Lauro Celidônio Gomes dos Reis; o educador Almeida Júnior; e o jurista Alfredo Cecílio Lopes. E acompanhado do futuro governador paulista, Roberto de Abreu Sodré, que era candidato a deputado estadual pela UDN na época.

Embarcando num avião metálico da frota alemã do Sindicato Condor, que a Cruzeiro herdou depois da nacionalização, no tempo da guerra, e usou por muitos anos. O Brigadeiro foi um crítico ativo da presença estrangeira nas comunicações aéreas no Brasil. Na outra imagem, de julho de 1950, o candidato assina fotografias para distribuição aos eleitores durante a campanha.

ZÉ MARMITEIRO: Já viu o absurdo desses preços, excelência? GETÚLIO: Acho que estou ficando míope. Não estou conseguindo enxergar os números...

O jornalista e político udenista Carlos Lacerda atravessou décadas sendo representado como "O Corvo" pelos chargistas dos jornais, que destacavam seus discursos violentos. O desenhista Nelo Lorenzon criou o "Zé Marmiteiro" inspirado na campanha presidencial de 1945. Mas ele ainda usava o personagem nos anos 1950, durante o governo Vargas.

Encontro de velhos amigos em maio de 1958: o brigadeiro Eduardo Gomes abraça o jurista Eduardo Prado Kelly, que foi o redator de seus discursos nas duas campanhas presidenciais.

Petrópolis, 1959: velhos correligionários lado a lado. O Brigadeiro e Carlos Lacerda prestigiam o prefeito Nelson Sá Earp, ao fazer seu discurso de posse em janeiro de 1959.

Nos jornais, momentos eletrizantes do fim da Era Vargas: notícia do atentado a Carlos Lacerda; os brigadeiros, Eduardo Gomes inclusive, exigem que Getúlio renuncie. O presidente endurece na resposta: "Só morto sairei do Catete". E cumpre a palavra.

256

Eduardo Gomes durante a campanha presidencial, em julho de 1950, em Porto Alegre.

Retrato oficial de Getúlio Vargas com a faixa presidencial. O cartunista do *Jornal do Brasil* registrou os momentos relevantes da Era Vargas por meio de caricaturas do presidente. O último capítulo em número extra da revista *Manchete*.

O vice-presidente Café Filho assumiu a Presidência e nomeou Eduardo Gomes para o Ministério da Aeronáutica em agosto de 1954. Na foto, ambos recebem o governador de São Paulo, Jânio Quadros.

13

Boris Fausto conta em *História concisa do Brasil* que, influenciado por seu círculo íntimo, Jango havia optado por dar ao seu governo um rumo que viria a se revelar desastroso. Apoiado por militares nacionalistas de tendência marxista e sindicalistas, acreditava que deveria contornar o Congresso para conduzir por decreto as reformas de base que julgava necessárias. No grande comício que fez, em 13 de março de 1964, no Rio, em frente à Estação Central do Brasil, atraiu a presença de aproximadamente 150 mil pessoas. Sob a proteção de tropas do I Exército, ele e Brizola, que já não se entendiam, discursaram.

No evento, uma movimentação de bandeiras vermelhas clamava pela legalização do Partido Comunista. Muitas outras desfraldadas simbolizavam reivindicações diversas, como a reforma agrária. O grande comício foi transmitido pelo rádio e pela televisão, causando preocupação nas classes conservadoras. Em público, Jango assinou dois decretos, visando desapropriar refinarias de petróleo e propriedades agrícolas consideradas improdutivas. Revelou ainda que faria a reforma urbana, o que deixou a classe média temerosa de perder seus imóveis para os inquilinos, mudaria os impostos e concederia aos analfabetos e praças das Forças Armadas o direito de voto.

Um primeiro sinal da insatisfação da sociedade pelas mudanças anunciadas e pela desorganização evidente – havia nos supermercados falta de gêneros alimentícios, o que obrigava as pessoas mais humildes a formar filas em praças públicas para adquirir dos caminhões do Exército arroz, por exemplo – deu-se no dia 19 de março com a Marcha da Família com Deus pela Liberdade, em São Paulo, organizada por associações católicas da Igreja conservadora.

Manifestações de rebeldia já comprometiam a hierarquia e a disciplina na Marinha e na Aeronáutica, iniciadas como a revolta de sargentos da Aeronáutica em Brasília e por marinheiros rebelados no Rio.

Segundo Deoclécio Lima de Siqueira em *Caminhada com Eduardo Gomes*, a desorganização social que imperava no Brasil sinalizava perigos extremos, como a falta de liberdade, "que conduz à tirania, e o excesso de liberdade, que atrai a anarquia", de acordo com o pensamento do político, filósofo e escritor francês Charles de Montesquieu (1689-1755). Deoclécio narra ainda que, mesmo na reserva, Eduardo Gomes se preocupava com a política do governo, que considerava equivocada, e comentava sobre isso com os companheiros que o visitavam:

– Esse estado de coisas não pode continuar, pois está em jogo a legalidade, que é a essência da democracia.

E o tal estado de coisas teve mesmo vida curta. Incentivada pela sociedade organizada, a revolução de 31 de março de 1964 foi deflagrada. Em editorial de seu jornal *O Globo*, o jornalista Roberto Marinho definiu a intervenção militar e o apoio da sociedade:

> Participamos da Revolução de 1964 identificados com os anseios nacionais de preservação das instituições democráticas, ameaçadas pela radicalização ideológica, greves, desordem geral e corrupção generalizada.

Eduardo Gomes não teve atuação direta no movimento que depôs o presidente João Goulart, mas apoiou a revolução e aplaudiu o nome do general Humberto Castello Branco para presidir o governo militar provisório. No passado, ambos haviam demonstrado ter opiniões contrárias a respeito de revolta militar: enquanto o general não admitia rebeliões como forma de mudar governo democraticamente eleito, o brigadeiro acreditava que esse instrumento era perfeitamente empregável em caso de ameaça à Constituição e aos valores democráticos. No entanto, foi o general – mais tarde marechal Castello Branco – quem tomou parte na articulação e no desenvolvimento do movimento revolucionário, que, para ele, deveria administrar o país apenas durante o período restante do mandato de Jango, ou 31 de janeiro de 1966.

As metas da revolução eram restabelecer a ordem, reformular o sistema capitalista, eliminar a ameaça comunista e introduzir mudanças estruturais no Estado. Consolidados esses objetivos, a Presidência voltaria às mãos de um civil eleito de forma livre e direta. Castello Branco deixou bem claro ao tomar posse, em 20 de abril de 1964, que a intervenção militar seria transitória e teria caráter corretivo. Assim, cercou-se de colaboradores afinados com o ideal democrático. Para a pasta da Aeronáutica, nomeou o carioca Nelson Freire Lavenère-Wanderley, major-brigadeiro então com 55 anos de idade, filho do general-de-brigada Alberto Lavenère-Wanderley (1870-1930), que participara da Revolução de 1930, ajudando a entronizar Getúlio Vargas no poder.

O brigadeiro Lavenère-Wanderley fizera o voo pioneiro do Correio Aéreo implantado por Eduardo Gomes. Oriundo da Escola Militar de Realengo, onde ingressou em 1927, saiu aspirante-a-oficial do Exército em janeiro de 1930. Como cadete, desejava ser cavalariano. Porém, foi atraído pela novidade da aviação como arma militar e optou, em 1929, por concluir seu curso de formação pela Escola de Aviação Militar, sendo diplomado aviador na categoria "B", ou seja, piloto-observador aéreo. Seu principal instrutor nessa fase foi Casemiro Montenegro Filho, de quem se tornou amigo e com o qual realizou o primeiro voo do Correio Aéreo em junho de 1931.

No 1° Grupo Misto de Aviação, servindo sob as ordens de Eduardo Gomes, Lavenère-Wanderley voou pelo Brasil em missões do serviço postal e também conheceu a miséria que predominava no interior. Desde moço, fora sempre um intelectual afeito aos assuntos mais estratégicos da vida militar. Com o tempo, tornou-se um dos mais destacados oficiais pensadores da Aeronáutica, tendo escrito diversos livros sobre história e doutrina militar – vários deles premiados.

Participou da organização da Força Aérea Brasileira na equipe do ministro Salgado Filho. Na Segunda Guerra Mundial, fez parte da Comissão Militar Brasil-Estados Unidos como oficial de ligação. Estudou o teatro de operações na Europa e, como piloto de caça, cumpriu 13 missões de guerra no Mediterrâneo, compondo o 1º Grupo de Aviação de Caça na Itália, no comando do lendário Republic Thunderbolt P-47, utilizado pelos pilotos do Esquadrão Senta a Pua.

Em 1951, representando a Força Aérea Brasileira, participou de um grande evento em Washington, EUA – a IV Reunião de Consulta de Ministros de Relações Exteriores –, ocasião em que estreitou amizade com o então coronel Castello Branco, que representava o Exército Brasileiro na mesma conferência. Em 1958, elaborou uma nova doutrina para a FAB. No ano seguinte, tornou-se membro do Instituto Brasileiro de Geografia e História Militar, ocupando a cadeira patrocinada pelo aeronauta potiguar Augusto Severo de Albuquerque Maranhão (1864-1902), falecido no trágico acidente com o dirigível semirrígido *Pax*, em 12 de maio de 1902 em Paris, juntamente com seu mecânico francês, George Sachet, quando tentava demonstrar a viabilidade de seu projeto.

Lavenère-Wanderley ocupou diversos cargos de expressão na vida aeronáutica e na Força Aérea Brasileira. Em abril de 1964, foi mandado ao Rio Grande do Sul para tentar apaziguar os ânimos de exaltados oficiais da Aeronáutica ligados ao presidente deposto João Goulart, em Porto Alegre, ocasião em que, diante dos renitentes, foi ferido por dois tiros sem maior gravidade. Após controlar a revolta na capital gaúcha, foi nomeado no mesmo mês ministro da Aeronáutica.

Afastar da vida pública os políticos contrários aos ideais da revolução foi uma das medidas iniciais do regime extraordinário. Em 8 de junho de 1964, o expurgo dos adversários políticos incluiu o ex-presidente Juscelino Kubitschek, que perdeu seus direitos políticos por dez anos. A decisão causou impacto na sociedade e em aliados da revolução. Indignado com a cassação do fundador de Brasília, o Partido Social Democrático (PSD) retirou o seu apoio à revolução.

Castello Branco preocupava-se em não dividir as Forças Armadas, fosse por dissensões internas, fosse por obra de radicalismo extremado. Mas no seio das Forças Armadas, como na classe política, havia simpáticos à ideia de que o governo militar deveria adotar por um estilo forte, apelidado de "linha-dura", para recolocar o país nos trilhos da democracia. O general-presidente não desejava isso. Gradualmente, porém, a linha-dura abraçou seu governo, consolidando-se a partir de 1968.

O general Gustavo Moraes Rego Reis (1920-1997), que foi ministro-chefe do Gabinete Militar no governo Ernesto Geisel, diz em depoimento para o livro *Visões do golpe, a memória militar sobre 64*, que Castello Branco "queria o ótimo, mas não conseguiu nem o bom". Razão: "Muito escrúpulo legalista". O general Leônidas Pires Gonçalves, ministro do Exército no governo José Sarney, em entrevista aos mesmos autores, disse de Castello: "Ele tinha o espírito democrático tão arraigado que demorou a aceitar isso" – isto é, o regime militar.

Os historiadores afirmam que nenhum governo de qualquer orientação ideológico-partidária governa sem dispor de um serviço de informações eficiente para monitorar o quadro nacional e suas tendências. Em junho de 1964, o governo criou o Serviço Nacional de Informações (SNI), instituído por inspiração do general Golbery do Couto e Silva, que também foi o primeiro chefe do órgão. Em pouco tempo, o SNI deformou sua finalidade original, praticando atos que levaram seu próprio inspirador a dizer que criara um "monstro".

Mas, ainda sem perder de vista os ideais da revolução, Castello anunciou, em agosto de 1964, um Plano de Ação Econômica para retomar o crescimento e conter a alta da inflação. Em novembro, sancionou a Lei nº 4.464/64, chamada de "Lei Suplicy", que proibia a atividade política a entidades estudantis. O ano terminou com o país apresentando inflação de 92,1% e crescimento econômico de 3,4%.

Em 1965, integrantes do governo consideraram que o mandato de Castello seria curto para concluir as metas da revolução e decidiram prorrogar seu governo por mais um ano. Em 3 de outubro, nas eleições estaduais, foram eleitos dois candidatos da oposição, em Minas Gerais e na Guanabara (RJ). Inconformados com tais vitórias da oposição, os adeptos da linha-dura se rebelaram. O general Costa e Silva (1899-1969), ministro da Guerra, neutralizou os insatisfeitos, mas seria por pouco tempo.

Pouco antes do Natal de 1964, o brigadeiro Lavenère-Wanderley deixou a pasta da Aeronáutica, na esteira da crise institucional envolvendo a Força Aérea e a Marinha por causa da doutrina de emprego de meios aéreos, originada com a compra do porta-aviões *Minas Gerais*. Ele foi substituído interinamente pelo brigadeiro Márcio de Souza e Mello (1906-1991), que ficou menos de um mês no cargo. Para assumir o Ministério da Aeronáutica, Castello Branco chamou Eduardo Gomes, que aceitou o desafio e criou uma nova equipe de assessores diretos. Para chefiar seu gabinete, convidou o recém-promovido brigadeiro Deoclécio Lima de Siqueira (1916-1998).

Eduardo Gomes assumiu o cargo em 11 de janeiro de 1965. Uma de suas primeiras medidas como ministro foi nomear Lavenère-Wanderley para a direção do Departamento da Aviação Civil (DAC) e indicar para promoção o velho companheiro do Correio Aéreo ao posto de tenente-brigadeiro, em ato sancionado pelo presidente. A mesma promoção coube a Casemiro Montenegro. Em 1966, Lavenère-Wanderley foi nomeado chefe do Estado-Maior das Forças Armadas, sendo o primeiro oficial-general da Aeronáutica a ocupar esse cargo. Nesse período, participou de diversas ações governamentais, como a reforma administrativa, o estudo da nova Constituição e também dos problemas de segurança nacional na Amazônia. Em julho de 1969, passou para a reserva. Casado com uma sobrinha de Santos-Dumont, Sophia Helena Dodsworth Wanderley, Lavenère-Wanderley faleceu em 20 de agosto de 1985. Em 12 de junho do ano seguinte, foi declarado Patrono do Correio Aéreo Nacional.

A primeira grande responsabilidade de Eduardo Gomes como ministro seria superar a grave crise entre a Marinha e a Aeronáutica, impasse que solucionou, junto com o almirante Paulo Bosísio, restabelecendo a cooperação aeronaval. Em seguida, voltando suas ações para o fortalecimento material da Força Aérea, elegeu como prioridade a aquisição de um cargueiro para substituir o já cansado Douglas C-47. A escolha recaiu no turboélice quadrimotor de transporte tático Lockheed Hércules C-130, novidade do mercado aeronáutico norte-americano com entrada em serviço em dezembro de 1956, de excelente desempenho e alta capacidade de transporte de cargas.

Compradas as aeronaves, grupos de tripulações da Força Aérea foram incumbidos de trazê-las dos EUA em voo. Para compor um desses grupos, foi nomeado o capitão Ely Jardim de Mattos, irmão do futuro ministro da Aeronáutica, Délio Jardim de Mattos (1916-1990). O capitão Ely era ajudante-de-ordens de Eduardo Gomes e foi substituído nessa função pelo capitão Mauro José de Miranda Gandra, que também se tornaria ministro da pasta nos anos 1990.

Mauro Gandra servia no Grupo de Transporte Especial, depois de ter passado pelas aviações de caça e de transporte e realizado o curso de Piloto de Helicóptero. Saíra oficial em dezembro de 1954. Nunca estivera sob as ordens diretas de Eduardo Gomes, que conhecia devido a um rápido contato de sua turma de aspirantes com o líder revolucionário, então ministro da Aeronáutica. Mas não ignorava a biografia do Brigadeiro. Desconhecia, isso sim, seus hábitos e sua rotina. Colocado a par por Ely de Mattos do rigor com que o ministro conduzia sua agenda oficial, soube também que Eduardo Gomes tinha o costume de chegar ao gabinete meia hora antes do início do expediente, por volta das oito e meia.

Em maio de 1965, Mauro Gandra apresentou-se no gabinete e lembra que, no primeiro dia de ajudante-de-ordens, como "vassoura nova que varre bem", chegou com disposição para o serviço. A equipe de assessores diretos do ministro incluía dois oficiais ajudantes-de-ordens e dois assistentes diretos. Mauro Gandra recorda ainda que mal se acomodara numa poltrona da antessala, aguardando para ser apresentado ao ministro, ouviu a campainha tocar no gabinete. Era o Brigadeiro, que pressentira a chegada de algum auxiliar e o chamava. Ele acorreu e, como manda o figurino militar, apresentou-se. Depois, ouviu a voz mansa e pausada com a qual se acostumaria dali em diante ditar a primeira ordem:

– Ô, Gandra, telefone para o Cláudio e diga a ele para preparar o jatinho. Tenho que ir a Santos. Mas não avise a mais ninguém sobre isso. Pretendo sair em 10 minutos.

O capitão saiu do gabinete coçando a cabeça. Sabia que o jatinho referido era o Fougar Magister, bimotor francês Morane Saulnier MS-760, adquirido nos anos de 1959-1960, usado para ligação rápida. O jato desenvolvia velocidade máxima de 650 quilômetros por hora, com alcance de 1.500 quilômetros. Era conhecido dos pilotos pelo nome de *Paris*. Mas quem era Cláudio? Mauro Gandra tinha apenas 10 minutos para descobrir.

Ao sair para decifrar a mensagem, por sorte deparou com um cabo que chegava ao gabinete. Por intermédio dele, soube que Cláudio era o nome de guerra do coronel-chefe do Estado-Maior do III Comando Aéreo Regional (Comar), onde o *Paris* do ministro ficava guardado. Em Santos, no litoral paulista, ficava o destacamento de base aérea que o Brigadeiro pretendia visitar naquela manhã.

O capitão telefonou para o coronel Cláudio. Em cinco minutos, já acompanhava o ministro ao III Comar. O trajeto até o local do embarque, feito de automóvel, levou exatos cinco minutos. Quando ele e o ministro chegaram, o jatinho já estava do lado de fora do hangar, com os motores ligados, sendo preparado para o voo. O coronel Cláudio recebeu o ministro e ordenou ao ajudante-de-ordens:

– Você vai como segundo piloto.

– Coronel, eu não sou habilitado nesse jato. Posso ir de telefonista.

– Sem problema. Este avião voa mesmo sozinho. Você faz o contato com a torre.

O pequeno subjato levava quatro pessoas – duas na frente e duas atrás. Diante do *cockpit* sentaram-se o coronel e o capitão. Atrás, o ministro se acomodou e passou a ler um livro que trouxera. Cumprido o procedimento padrão, o avião correu para a cabeceira da pista do Santos-Dumont, cobriu sua extensão e ganhou os ares. Em velocidade de cruzeiro, o voo até Santos seria de meia hora. O silêncio dentro do avião só era quebrado pela radiofrequência. Com dez minutos fora – que, na linguagem do aviador, é o tempo que falta para chegar ao destino –, o ministro bateu no ombro do capitão:

– Ô, Gandra, peça ao controle de Santos que diga ao major Pinho para colocar a tropa em forma. Quero ver a tropa em forma. Diga que é o ministro que está indo inspecionar a unidade.

Uma das atividades que o Brigadeiro cumpria com espantosa frequência era inspecionar as unidades da Força Aérea sem aviso prévio. Fazia isso desde o tempo de comandante nos Afonsos. Não costumava delegar tal função a seus oficiais superiores. Acreditava que a presença do próprio comandante trazia benefícios imediatos no apronto das tropas. Ele próprio vistoriava cada canto das unidades que visitava.

Mauro Gandra entrou em contato com o controle do tráfego. Sorri à lembrança do corre-corre que deve ter acontecido no destacamento a partir do momento em que o major Pinho, seu comandante, soubera da visita inesperada do ministro. Às pressas, o major convocou a guarda de honra e mandou preparar a tropa, algo difícil de fazer de supetão, em menos de 10 minutos. De fato, quando o *Paris* pousou na pista do destacamento, não havia tropa alguma em forma. O contingente ainda afivelava cintos para correr para a recepção.

Imprevisível e surpreendente. Assim era Eduardo Gomes quando desejava aferir o tempo de mobilização de seus homens. A sisudez e a formalidade eram outros traços de sua personalidade. No passado, aceitava as brincadeiras de Siqueira Campos, porque este era o espírito da amizade entre os dois. Mas, com o tempo, ele próprio passou a pregar peças nos comandados, a fim de avaliar as ordens e o discernimento deles.

Em Santos, o ministro observou o transtorno que sua visita havia causado. Então, demorou a descer do avião, entretido com o livro, para dar mais tempo à preparação dos ritos a que tinha direito. Do lado de fora do avião, o comandante do destacamento o aguardava, devidamente perfilado. Eduardo Gomes desembarcou e, diante do homem, que mantinha a mão direita ao quepe, em continência, calmamente sapecou:

– Ô, Pinho, toda tropa precisa estar aprestada para situações extraordinárias! O comandante deve dispor de plano de emergência para mobilizar-se o mais rápido possível. Você precisa se preocupar mais com isso!

– Senhor ministro, a tropa está pronta e a visita de Vossa Excelência nos honra muito. Ela é também muito oportuna. Com sua autorização, gostaria de mostrar a Vossa Excelência como ficou o pátio de aviões depois das obras que realizamos. Por favor, veja lá adiante.

O major tergiversava, procurando ganhar tempo, e apontava o dedo para um ponto qualquer do pátio recém-modelado. O Brigadeiro notou que se tratava de artimanha, mas precisava exigir. Afinal, as emergências ocorrem quando menos se espera... As explicações do major penetraram nos seus ouvidos com suavidade, embora não o convencessem, sobretudo porque a guarda de honra e o corneteiro já deveriam estar ali, onde desembarcara, e não estavam. Convencido de que sua presença causara um desconforto que certamente não se repetiria em novas visitas não programadas, o ministro fez o jogo de seu anfitrião e visitou a obra citada. Ao final, dirigiram-se para o local onde assistiriam ao desfile da tropa. O pátio da unidade era estreito. Só daria para a tropa marchar em coluna de três. Com o tarol já marcando passo, Eduardo Gomes olhou para o seu ajudante-de-ordens e disparou:

— Ô, Gandra, quero que você conte quantos homens tem a tropa.

O capitão meteu a mão por debaixo do bibico, coçou a cabeça e começou a contar o efetivo de três em três. Lá pelas tantas, perdeu-se na contagem. Quando a última fileira passou, o ministro indagou:

— Então, contou?

— Contei, sim, Brigadeiro.

— Quantos homens eram?

— Eram 338, ministro!

—Você contou errado! São 352 homens!

Até hoje, Mauro Gandra não sabe se o Brigadeiro contou de fato a tropa. Acredita que não. Mas guardou aquele episódio como um trote do ministro por ele estar chegando ao gabinete ministerial, porque nunca mais o Brigadeiro tocou no assunto.

Semanas depois, ao narrar este caso para o colega Ely, soube de outra curiosa passagem envolvendo o ministro. Na quinta-feira da Semana Santa de 1965, o capitão Ely acompanhou o Brigadeiro ao Flamengo, no Rio de Janeiro. Ao se despedir, indagou:

— Brigadeiro, a que horas quer que o carro pegue o senhor amanhã para levá-lo à missa?

Eduardo Gomes guardou o jornal na maleta, ergueu a cabeça, olhando fixamente para o ajudante-de-ordens, e deixou claro que acabara de ouvir uma tremenda bobagem:

— Ô, Ely, amanhã é Sexta-Feira Santa. É o único dia do ano em que não há missa!

O auxiliar ficou com cara de tacho.

No segundo semestre de 1965, o governo baixou o Ato Institucional n° 2, que derrogou a Constituição de 1946 e deu mais poderes ao governo militar. Os partidos foram extintos e novas cassações foram assinadas. A Justiça Militar julgava os crimes contra a segurança nacional. Naquele período, o Superior Tribunal Militar (STM) absolveu vários políticos e líderes sindicais condenados por instâncias inferiores.

O Ato Complementar n° 4, de 20 de novembro, reorganizou o sistema partidário com apenas duas agremiações políticas: a Aliança Renovadora Nacional (Arena), pró-governo, formada majoritariamente por integrantes da UDN, e o Movimento Democrático Nacional (MDB), de oposição, integrado por políticos egressos do PSD e do PTB. Castello Branco promulgou ainda a Lei n° 4.902, de 16 de dezembro, que definiu nas Forças Armadas o tempo de generalato em 12 anos.

Por essa época, Stanley Gomes, irmão do Brigadeiro, contraiu forte virose que o deixou debilitado por vários dias. O quadro de saúde dele acabou se complicando. Em razão disso, o ministro pediu ao diretor do Hospital Central da Aeronáutica que examinasse o irmão. O médico o atendeu e achou melhor internar o advogado, devido à gravidade de seu estado de saúde. O Brigadeiro fez questão de indenizar o hospital das despesas feitas na emergência com o tratamento médico dispensado a Stanley, que ficou várias semanas internado na UTI do Hospital da Aeronáutica. Os médicos foram incisivos no diagnóstico: o quadro do paciente era gravíssimo.

Quase diariamente, Eduardo Gomes visitava o irmão. Algumas vezes, Mauro Gandra levou-o de helicóptero. Durante esses voos, o ajudante--de-ordens ouvia o ministro falar da importância da Amazônia para o Brasil e da falta de assistência à saúde na região, comparativamente ao tratamento dado a Stanley Gomes. Para ele, todo brasileiro devia ter atendimento médico com qualidade, em qualquer região do país. Acentuava que os compatriotas que viviam confortavelmente nos centros urbanos deveriam conhecer não apenas as riquezas naturais da região amazônica, mas também as mazelas sociais e a vida de dificuldades das populações ribeirinhas. O próprio Mauro Gandra não conhecia a Amazônia, como disse ao ministro.

Então, certa vez, o general Cordeiro de Farias, ministro do Interior, agendou uma viagem na rota dos aeródromos de terra batida da Amazônia. Mauro Gandra foi escalado pelo próprio Brigadeiro para transportar o ministro do Interior, de modo que também pudesse conhecer as condições sociais na região. Era janeiro de 1966. Chovera tanto no Rio de Janeiro que a cidade entrou em situação de emergência. No Norte do país, entretanto, os rios estavam baixos. Em Roraima, a população enfrentava falta de água potável e de alimentos. A Força Aérea cumpriu nesse período incontáveis missões de atendimento às populações carentes. Cordeiro de Farias acompanhou tal faina ao longo de sua viagem.

Eduardo Gomes sempre atendeu às populações e às missões religiosas no interior da Amazônia. Nos anos 1950, liderou a construção de novas pistas no continente verde, estendendo as linhas do Correio Aéreo na região. A tarefa era realizada pela Comissão de Aeroportos da Região Amazônica (Comara), que continua a contribuir para o desenvolvimento socioeconômico da Amazônia. Para o Brigadeiro, não bastava apenas comentar as dificuldades nas comunidades mais isoladas; era preciso ver com os próprios olhos o dramático quadro social.

Em outra ocasião, Mauro Gandra foi de novo indicado pelo ministro para funcionar como *escort officer* do almirante Luís Teixeira Martini, que foi chefe do Estado-Maior das Forças Armadas em 1965-1966, em visita à Amazônia. Mauro Gandra diz que, com essa experiência, adquiriu conhecimentos sobre a região que lhe foram úteis quando, já brigadeiro e ministro da Aeronáutica, implantou no governo Fernando Henrique Cardoso o Sistema de Vigilância da Amazônia (Sivam). "Constatei como capitão o quanto o Brigadeiro se preocupava com as pessoas humildes. Eu testemunhei isso."

Depositário de histórias de Eduardo Gomes, algumas pitorescas, Mauro Gandra lembra que, nas reuniões do governo em Brasília, muitos ministros que moravam no Rio de Janeiro tomavam carona no avião que transportava o ministro da Aeronáutica, um Avro. O tenente-coronel Renato Bittencourt, primeiro assistente ministerial, era o piloto, e o major Medeiros de Castro, segundo assistente, o copiloto. Mauro Gandra ia como ajudante-de-ordens. Numa dessas viagens, o Avro decolou do Santos-Dumont, sobrevoou a Ilha Rasa, na Baía de Guanabara, para se livrar do tráfego aéreo local, e convergiu para a aerovia de Brasília. Ao notar que o Pão de Açúcar ficara para trás e o Avro voava rumo à África, Eduardo Gomes levantou-se de sua poltrona e foi à cabine de pilotagem:

– Ô, Renato, volta. Estamos na rota errada!

O comandante do avião contra-argumentou:

– Ministro, é ordem do Controle de Tráfego! É preciso cumprir o procedimento...

O Brigadeiro o interrompeu e insistiu:

– Você volta agora mesmo, ouviu?

O piloto comunicou à torre que voltava ao Santos-Dumont por ordem do ministro da Aeronáutica, que estava a bordo. No solo, Eduardo Gomes soube que a rota havia mudado por determinação da Diretoria de Rotas Aéreas. Demonstrando sua contrariedade por não ter sido informado disso, embarcou de novo no Avro, que decolou para cumprir o novo procedimento até Brasília.

Em outra ocasião, ele comunicou a sua equipe de assessores:

– Tenho que ir a Brasília amanhã. Mas vocês não façam plano de voo.

Renato Bittencourt e Mauro Gandra, os pilotos do voo, tiveram de encontrar uma saída para atender à ordem sem descumprir o Código Aeronáutico. Gandra teve a ideia de fazer um plano de voo com destino final para norte, passando por Belo Horizonte. No dia seguinte, quando cruzaram a capital mineira, comunicaram à torre a mudança de destino. Em Brasília, ao taxiar na Base Aérea, o oficial de Operações – por sinal, um capitão da turma de Gandra – recebeu a aeronave. Não sabia que o ministro estava a bordo, mas o reconheceu quando desembarcou. O Brigadeiro tomou o carro que o aguardava e seguiu para a cidade. O oficial de Operações dirigiu-se à tripulação e pediu explicações. Mauro Gandra alegou que o passageiro era o pai de um suboficial que iria ao Congresso. O oficial, capitão Edmundo Messeder Filho, não engoliu a desculpa mentirosa:

– Vocês estão querendo me fazer de idiota? Como é que vêm aqui com o ministro da Aeronáutica a bordo e não avisam nada? O que significa isso?

Os pilotos resolveram abrir o jogo:

– Desculpe, mas são ordens do ministro, que queria viajar incógnito! O que você queria que fizéssemos?

Na realidade, os próprios pilotos não conheciam o real motivo que levara o ministro a Brasília nem sabiam se iriam pernoitar ou não na capital federal. Permaneceram de sobreaviso no GTE e, por volta da uma hora da madrugada, viram o ministro reaparecer na base aérea, decidido a voltar imediatamente para o Rio. Os pilotos fizeram o plano de voo e decolaram. Do Santos-Dumont, Mauro Gandra seguiu de carro com o ministro até o Flamengo. No trajeto, o Brigadeiro nada falou sobre a viagem. Só no dia seguinte, pela manhã, quando se dirigia ao gabinete, Mauro Gandra comprou *O Globo* e leu no jornal que Eduardo Gomes tivera um encontro com líderes políticos no Parlamento, a pedido do presidente Castello Branco. Tinha sido para comunicar às lideranças da situação e da oposição que as eleições estaduais de 3 de outubro de 1965 seriam mantidas, segundo determinação do presidente.

Durante a campanha eleitoral daquele ano, tudo indicava que o candidato da oposição venceria o pleito na Guanabara. Carlos Lacerda enviou a Eduardo Gomes um emissário. Ele expôs a ideia do jornalista, que queria virar a mesa, por recear que seu candidato perdesse as eleições. O Brigadeiro foi enfático na resposta a Lacerda: "Olha, nada de virar a mesa". Em seguida, conversou com o ministro da Justiça, Milton Campos, e telefonou ao presidente da República, dando conta da situação. As eleições foram mantidas. De fato, Francisco Negrão de Lima (1901-1981), que fora ministro das Relações Exteriores de Juscelino e não era o candidato preferido do governo militar, foi eleito governador da Guanabara. Outro candidato de oposição foi eleito em Minas, Israel Pinheiro, o que precipitou a publicação do AI-2 e o nascimento do bipartidarismo no país.

Sobre a Revolução de 1964, na avaliação de Mauro Gandra, ela foi necessária para impedir a ascensão dos partidos de esquerda, que pretendiam transformar o Brasil numa grande Cuba. "Todos eram democratas", diz ele, recordando o discurso da época, "só a ditadura era antidemocrática".

Tenente quando a revolução estourou, Mauro Gandra lembra que, no comício de 13 de março, no Rio de Janeiro, encontrava-se em Friburgo, onde seus pais tinham casa, e viu um alto-falante instalado na sede da prefeitura da cidade convocando os trabalhadores da região a tomar os ônibus colocados à disposição para conduzi-los ao comício da Central do Brasil. "Era uma convocação feita pela própria prefeitura de Friburgo".

Lacerda ficou frustrado com a atitude do Brigadeiro. Quando o resultado da eleição saiu, o jornalista passou mal e teve de ser internado num ambulatório da Fábrica de Tecidos Bangu (1889-2005) – local onde hoje se encontra o Shopping Bangu, pois a indústria passou a fabricar tecidos para exportação na cidade de Petrópolis. O Brigadeiro foi visitá-lo. Mauro Gandra o acompanhou: "Havia uma pessoa esperando Eduardo Gomes, que o levou até a porta da enfermaria onde Lacerda estava. Na hora das despedidas, o visitado acompanhou o ministro até a porta".

O polêmico jornalista costumava procurar Eduardo Gomes para tentar envolvê-lo em articulações políticas. Certa vez, quando a rebelião de Jacareacanga eclodiu, em 1958, o Brigadeiro acordou cedo para ir à missa na Igreja de Santa Luzia. Ao abrir a porta do apartamento para sair, encontrou um bilhete no chão. Era uma mensagem de Lacerda pedindo-lhe que impedisse a decolagem de dois oficiais da Força Aérea dos Afonsos para Jacareacanga. No mesmo momento, Eduardo Gomes telefonou para se inteirar do assunto e soube que os pilotos Lameirão e Velloso tinham decolado. A partir daí, suas relações com Carlos Lacerda ficaram estremecidas, porque soube que o jornalista tivera participação no episódio, iniciado pelos dois pilotos, mas decidira roer a corda e tentou envolvê-lo. "O Lacerda deve ter visto que a rebeldia de Jacareacanga complicaria mais o cenário político; era como se um bando de malucos tentasse criar uma república do nada", comenta o ex-ministro do primeiro governo Fernando Henrique Cardoso (1995-1999).

Mauro Gandra também reafirma o lado filantrópico de Eduardo Gomes. Diz tê-lo visto várias vezes doar dinheiro a instituições de caridade. Na realidade, o Brigadeiro utilizava a metade do seu salário para pagar o aluguel do apartamento e para as despesas de rotina, reservando a outra metade para doações aos pobres de Petrópolis e a missões religiosas. O brigadeiro Deoclécio chegou a ser incumbido por ele de entregar farnéis de alimentos para o Natal dos missionários no interior.

O ministro tinha também algumas manias bem singulares. Uma delas, Mauro Gandra constatou e conta: "Certa vez, viajamos para Marietta, nos Estados Unidos, eu, o Binato Nogueira e o José Carvalho, que também trabalhavam no gabinete, e o Brigadeiro. Fomos num jato 707 da Varig, cujo presidente, Erick de Carvalho, estava a bordo. No aeroporto, peguei a bagagem do ministro, uma pequena mala, e a despachei". Quando todos se acomodaram, ele perguntou:

– Ô, Gandra, cadê a minha mala?

Ouviu que tinha sido despachada.

– Não! Eu quero a minha mala.

– Mas, Brigadeiro, sua mala está lá embaixo, no compartimento de bagagem.

– Eu quero a minha mala aqui, junto aos meus pés.

Erick de Carvalho estava sentado numa poltrona ao lado. O ajudante-de-ordens dirigiu-se a ele:

– Seu Erick, o Brigadeiro quer a mala dele.

O presidente da Varig chamou a tripulação e avisou da pretensão do Brigadeiro. Em seguida, desceu do avião junto com Mauro Gandra e mandou abrir o bagageiro, que estava lotado. O capitão subiu e disse ao ministro:

– Brigadeiro, fui lá embaixo com o senhor Erick de Carvalho ver o bagageiro. Para apanhar a sua mala, a decolagem vai atrasar em pelo menos duas horas. O avião está com cento e tantos passageiros a bordo.

O ministro escutou calado e calado permaneceu até Nova York. A única coisa que fez durante a viagem foi enfiar a mão no bolso, apanhar um terço e rezar. Em Nova York, pegou a mala. Ao longo das cerca de dez horas de voo, não dirigiu a palavra ao ajudante-de-ordens.

Na tentativa de compreender o comportamento do Brigadeiro em relação a sua bagagem, Mauro Gandra acredita que em algum momento da vida ele tivera uma mala desviada. Na viagem aos EUA, a mala do Brigadeiro continha apenas o *smoking* que ele usaria para ser recepcionado pelo secretário da Força Aérea dos Estados Unidos. "Eu me lembro de que o secretário estava em uniforme de gala", diz Gandra.

De Nova York, a comitiva seguiu num quadrimotor militar para Washington, onde o Brigadeiro visitou o Pentágono – assim chamado o Departamento de Defesa dos EUA. Na ocasião, desejava adquirir para a Força Aérea o caça F-5. E sobre isso conversou, acompanhado do embaixador brasileiro, Leitão da Cunha, com o chefe do Estado-Maior da Força Aérea dos EUA. No final, entretanto, o governo norte-americano negou a venda do avião militar ao Brasil, alegando que, se fornecesse o jato, despertaria uma corrida armamentista na América do Sul. A FAB não desistiu de operar um interceptador. O tenente-brigadeiro reformado Sérgio Xavier Ferolla, que participou de uma comissão na Europa com o objetivo de adquirir um interceptador europeu, diz como o processo se desenvolveu: " Inicialmente, tentamos adquirir o Lightning inglês. Mas houve dificuldades de financiamento. A Aeronáutica comprou então o Mirage francês". Só nos anos 1970, o governo norte-americano concordou em vender o F-5 ao Brasil. No dia seguinte, Eduardo Gomes seguiu de jatinho para Marietta e visitou o cemitério de Arlington, depositando uma coroa de flores no túmulo de seu velho amigo, o almirante Jonas Ingram (1886-1954). "Foi uma cerimônia belíssima, com troca de guarda com movimento de armas. Eu me lembro que fazia frio e estávamos acompanhados de um capitão da Força Aérea dos Estados Unidos. O Brigadeiro tinha um carinho muito especial pelo almirante Ingram." Com razão: no início dos anos 1940, ambos trabalharam juntos para garantir a defesa do território brasileiro e suas águas no contexto da Segunda Guerra Mundial, num relacionamento que exigia grandes esforços de coordenação e também muito respeito mútuo. Tudo isso se deu na cena nordestina, com Eduardo Gomes inaugurando o comando da 2ª Zona Aérea, sediada no Recife, onde permaneceu de dezembro de 1941 a janeiro de 1945, e onde Ingram foi, de 1942 a 1945, o comandante da Força do Atlântico Sul dos EUA – depois denominada Quarta Frota – com a patente de vice-almirante.

Na biografia de Ingram, já feito almirante em novembro de 1944, quando se tornou comandante da Frota Atlântica dos EUA, é enfatizada sua "habilidade de desenvolver e manter cooperação próxima e harmoniosa" com oficiais da Marinha e da Força Aérea brasileiras no sentido de garantir as operações de patrulha e resgate, assim como as ações de combate a submarinos alemães nas costas do país. Pelo sucesso nesses comandos, ele recebeu a *Distinguished Service Medal* e uma estrela de ouro.

Em 12 de março de 1967, Eduardo Gomes reuniu-se com o Alto--Comando para o almoço de despedida. Três dias depois, juntamente com Castello Branco e os demais ministros, ele deixaria o governo, transmitindo o cargo ao marechal Márcio de Souza e Mello. Pouco antes do almoço, perante seus oficiais-generais, fez uma análise de sua gestão, ocasião em que agradeceu a colaboração e o empenho de toda a Força

Aérea na consecução das metas que havia elaborado ao assumir o Ministério em 1965.

Atendendo às diretrizes do Estado-Maior da Aeronáutica (EMAer), durante sua administração, a Força Aérea ingressou em um novo patamar de adestramento profissional e envolveu-se com as primeiras manobras reais planejadas, dois exercícios, um no Nordeste (Operação Poty) e outro no Sul (Operação Charrua). Eduardo Gomes compareceu às duas manobras, prestigiando assim o início do processo de adestramento e preparo do poder aéreo brasileiro.

Sua administração priorizou três campos de atividade: elaboração de uma nova doutrina de emprego dos meios recentemente adquiridos; obtenção de mais recursos humanos; e orientação para aquisições futuras. Em termos racionais, o reequipamento ganhou planejamento concreto, eliminando o inconveniente do improviso de ideias pessoais. A Força Aérea profissionalizou-se mais ainda para exercer seu papel na estrutura de defesa do país. Outra inovação da administração Eduardo Gomes foi a prática de planejamentos inspirados na realidade geopolítica mundial e nas necessidades próprias da instituição. Numa visão moderna e de futuro, contemplou também a questão da habitação do efetivo, em face das movimentações regulares e das missões temporárias do contingente.

O Plano Básico de Renovação do Material Aéreo estabeleceu regras relacionadas com a evolução do poder aéreo, objetivando manter a Força Aérea no estado-da-arte. O Plano Básico de Pesquisa e Desenvolvimento priorizou as investigações de novas tecnologias voltadas a suportar e fazer avançar a modernidade material. Pela primeira vez na história do Ministério da Aeronáutica, foi preparado o Plano de Ação para o ano seguinte e a previsão das ações da Força Aérea para 1968, inclusive em termos de proposta orçamentária.

No plano habitacional, uma das principais medidas de Eduardo Gomes vinha desde o tempo em que comandou a 2ª Zona Aérea: dar acomodações dignas para as famílias de seus subordinados. Este processo exigiu dele envolvimento pessoal constante junto ao presidente Castello Branco no sentido de obter os recursos necessários. Desde então, a meta de atendimento às condições sociais internas permaneceu inalterada.

Nem sempre atendidas plenamente, em razão do aumento gradual das responsabilidades da Força e do natural aumento do efetivo. Mas o processo continua sendo melhorado de acordo com a visão e a disponibilidade de recursos de cada gabinete da Aeronáutica.

Eduardo Gomes reformulou a aviação comercial brasileira. A Panair do Brasil ainda hoje é uma grata lembrança para seus contemporâneos. Criada em 1930 como subsidiária da Nyrba, em meados dos anos 1960, quando se iniciava o primeiro governo militar, a empresa funcionava "abaixo das condições ideais de operacionalidade", segundo relatório do Departamento de Aviação Civil. Se isso não bastasse, era "devedora da União e de fornecedores". Parte dos prejuízos da Panair vinha de longa data, decorrente da gentileza de seus proprietários ao presentear parlamentares e autoridades com passagens para a Europa, EUA e Oriente. A Panair tinha oficina de revisão de motores aeronáuticos em Petrópolis – a Companhia Eletromecânica Celma –, que prestava serviços inclusive para a Força Aérea. Sua falência teve início em 1965, sendo decretada no governo Costa e Silva. Antes desse desfecho, o governo estatizou a Celma, por se tratar de empresa estratégica, incorporando-a ao patrimônio do Ministério da Aeronáutica.

Com vista a consolidar as companhias aéreas brasileiras, esforço este que não impediria seguidas falências no setor, a legislação aeronáutica foi reformulada em 1965, devido aos índices de eficiência mostrados na ocasião abaixo do desejado. Privatizada nos anos 1990, a Celma já tinha sido modernizada em suas estruturas e adquirido experiência com o programa ítalo-brasileiro AM-X, liderado no Brasil pela Embraer, do qual participou por indução da Aeronáutica.

No campo da educação profissional, Eduardo Gomes ajudou a consolidar a obra de Casemiro Montenegro Filho em São José dos Campos. O período 1964-1969 foi o das primeiras grandes contribuições do Instituto Tecnológico de Aeronáutica (ITA) em pesquisa e desenvolvimento. Estas beneficiaram inclusive segmentos civis, como o da medicina, por exemplo, com a criação do marcapasso cardíaco sincronizado, do engenheiro aeronáutico e especialista em telecomunicações Raul Antonio del Fiol, para o Instituto de Cardiologia do Estado de São Paulo, como conta Tércio Pacitti em seu livro *Do Fortran à Internet*. Esse esforço notável da engenharia aeronáutica culminaria ainda com a criação da Embraer em 1969 e a produção seriada do primeiro turboélice brasileiro, o Bandeirante.

Pacitti, que de 1982 a 1984 foi reitor do ITA, conta que o Laboratório de Processamento de Dados (LPD) do instituto, dedicado prioritariamente ao ensino, foi criado oficialmente em 1963, embora seu computador todo transistorizado, o IBM 1620, já funcionasse de fato desde o ano anterior. O LAB produziu relevantes trabalhos para a USP e o Brasil na área de informática, com base em intercâmbios de cooperação conjunta, iniciados na década anterior.

Em 1965, atraído por essas contribuições, Eduardo Gomes visitou o complexo tecnológico de São José dos Campos. Acompanhado por Casemiro Montenegro, ficou bem impressionado quando, entregando ao computador as características e peculiaridades de um oficial, a máquina informou que se tratava de seu próprio ajudante-de-ordens. Nessa ocasião, como forma de recordar a matemática do seu tempo de jovem estudante, pediu que se fizesse a máquina resolver um sistema linear de equações simultâneas. Foi então montado um sistema com dez incógnitas. Quando a máquina imprimiu os resultados, um atrás do outro, em ponto flutuante, cuja notação é estranha aos leigos, o Brigadeiro, atento à máquina acoplada à CPU, que imprimia os resultados, ficou perplexo:

– Pacitti, onde estão os nossos conhecidos x, y?

O então major Pacitti forneceu as devidas explicações.

Um dos ideais da Revolução de 1964 era combater o comunismo no Brasil. O próprio Eduardo Gomes fizera isso em novembro de 1935, por ocasião da Intentona Comunista. Três décadas depois, o governo militar reuniu o Serviço Federal de Informações e Contrainformações (SFICI-1958) e a Junta Coordenadora de Informações (JCI-1959) na montagem de seu órgão de inteligência, o Serviço Nacional de Informações (SNI), criado pela Lei n° 4.341 em 13 de junho de 1964. O objetivo explicitado era "supervisionar e coordenar as atividades de informações e contrainformações no Brasil e no exterior". A vigilância aos "subversivos" e os inquéritos alcançaram todos os segmentos da sociedade, sendo facilitados pela absorção das cerca de 3 mil fichas de lideranças políticas, sindicais e empresariais consideradas "de esquerda" pelo Instituto de Pesquisas e Estudos Sociais (IPES) – uma organização que foi dirigida pelo criador do SNI, general Golbery do Couto e Silva, era sustentada por grandes empresas nacionais e multinacionais, fazia constantes pesquisas de opinião para medição da temperatura política nacional e realizava documentários e peças de propaganda contrárias ao governo de João Goulart.

Já em 1964, em sua última passagem pela direção do CTA, Casemiro Montenegro havia recebido um telefonema do brigadeiro Márcio de Souza e Mello, em seus curtos 22 dias como ministro da Aeronáutica do governo Castello Branco, entre dezembro de 1964 e janeiro de 1965, informando-o de que o serviço de inteligência militar havia identificado a presença de comunistas e subversivos no campus do ITA. Montenegro conseguiu contornar a intenção dos agentes do governo de instalar comissões de inquérito contra professores e alunos da instituição. Por pouco tempo.

Promovido a tenente-brigadeiro e, em razão da nova graduação, passando ao Alto-Comando da Aeronáutica, Montenegro precisaria deixar o comando do CTA e assumir um cargo condizente com suas quatro estrelas. Eduardo Gomes mandou chamar o velho amigo. No gabinete ministerial, os dois travaram o seguinte diálogo, segundo o escritor Fernando Morais no livro *Montenegro*:

– Montenegro, eu o chamei para lhe comunicar que você vai ter que sair da direção do CTA.

Surpreso com a notícia, o velho engenheiro e aviador tentou resistir.

– Mas eu sou o criador do Centro, serei retirado de lá como se fosse uma pessoa suspeita? Gostaria de ficar mais algum tempo, porque estou com problemas graves na vista e lá eu conheço tudo, terei mais facilidade para administrar.

O ministro Eduardo Gomes manteve a decisão. Além de fazer cumprir o regulamento de promoções, seguindo as novas normas estabelecidas pelo governo militar antes mesmo que ele assumisse a pasta da Aeronáutica, precisava obedecer ao processo de movimentação natural nas Forças.

–Você agora é tenente-brigadeiro e esse cargo é privativo de majores--brigadeiros.

Montenegro contra-argumentou, evocando o próprio exemplo do amigo no passado.

– Eduardo, no período que antecedeu o suicídio de Getúlio, você já era brigadeiro e ocupava a Diretoria de Rotas Aéreas, um posto privativo de coronéis.

A permanência de Eduardo Gomes naquela diretoria fora uma espécie de punição por ele discordar do Estado Novo.

Restou a Montenegro uma última tentativa de permanecer pelo menos mais um mês à frente da instituição, sua menina dos olhos.

– Como já estou de férias marcadas, vou com minha família para a Bahia e quando eu retornar, daqui a um mês, voltaremos a tratar desse assunto. Você concorda?

O Brigadeiro levantou-se e deu por encerrada a audiência, estendendo a mão em despedida.

– Concordo. – respondeu, antes de acompanhar o amigo até a porta do gabinete.

Montenegro voltou para São José dos Campos e tirou férias. Em 3 de fevereiro de 1965, no entanto, foi exonerado do cargo "por necessidade do serviço". O ato foi assinado pelo presidente Castello Branco e pelo ministro Eduardo Gomes. Para a vaga aberta no CTA, foi nomeado e empossado no dia seguinte o major-brigadeiro Henrique de Castro Neves, que permaneceu no cargo até 12 de abril de 1966, quando foi exonerado por decreto assinado pelo presidente da República e seu ministro, Eduardo Gomes.

Decepcionado por ter de deixar aquele grande centro acadêmico, Montenegro transmitiu o cargo ao sucessor e, não demorou muito, pediu passagem para a reserva. A reforçar esta decisão, havia o problema da visão, que lhe fugia irreversivelmente. Ele ainda tentaria reverter o quadro da doença, consultando-se nos EUA, sem resultados positivos.

No dia 16 de agosto de 1965, uma segunda-feira, o Diário Oficial da União, em sua Seção I, Parte I, publicou:

> O Presidente da República resolve promover:
> Nos termos do artigo 1º da Lei número 1.156, de 12 de julho de 1950.

Ao posto de Marechal-do-Ar e, neste posto, transferir para a reserva remunerada da Aeronáutica, o Tenente-Brigadeiro-do-Ar Eng. Casemiro Montenegro Filho, de acordo com o artigo 12, letra "a", e artigo 13, da Lei nº 2.370, de 9 de dezembro de 1964, com os proventos de que trata o artigo 186, e as gratificações incorporáveis a que fizer jus, tudo na forma da Lei nº 4.328, de 30 de abril de 1954, e os benefícios do inciso III, do artigo 54, da Lei nº 2.370 citada, visto contar mais de 35 anos de efetivo serviço e haver servido na zona de guerra definida pelo Decreto-Secreto nº 10.490-A, de 28 de setembro de 1942. Brasília, 13 de agosto de 1965; 144º da Independência e 77º da República.

H. CASTELLO BRANCO
Eduardo Gomes

Após sua saída da direção do CTA, tiveram início os inquéritos de corte político contra professores, pesquisadores e técnicos, acusados de subversão, atos de corrupção e enriquecimento ilícito e investigados pela primeira Comissão Geral de Investigação (CGI), chefiada pelo marechal Estêvão Taurino de Rezende. Criada em abril e extinta em novembro de 1964, esta CGI seria seguida por uma segunda, instituída em 1968 diretamente no âmbito do Ministério da Justiça e presidida pelo próprio ministro, para promover investigações sumárias e confisco de bens adquiridos de forma ilícita no exercício de cargo ou função pública em todos os âmbitos: federal, estadual e municipal. Esta CGI seria extinta apenas em dezembro de 1978, no encerramento do governo Geisel.

Em 2005, quando o presidente Lula chegava ao fim do primeiro mandato, baixou o Decreto nº 5.584, de 18 de novembro, determinando abertura de arquivos secretos dos governos militares, pôde-se ver que, entre os milhares de nomes e instituições investigados, muitos dos "subversivos" notoriamente perseguidos não estavam lá, como Chico Buarque e Fernando Henrique Cardoso, por exemplo, o mesmo acontecendo com conhecidos corruptos. Para os analistas, isso quereria dizer que muitos dos inquéritos promovidos foram motivados em razão de despeito, vingança, mágoa ou rixas pessoais, que não pouparam nem mesmo heróis de guerra, compulsoriamente afastados do convívio militar.

Numa ilha de excelência no ensino, os professores e pesquisadores do ITA e do CTA, oriundos de conceituadas universidades brasileiras e estrangeiras, incentivavam justamente a criatividade e a liberdade de pensamento. Para os órgãos de repressão, no entanto, eles não passavam de "cientistas malucos, disseminadores de ideias perigosas", como registram documentos históricos da época.

Fugindo às ameaças e pressões, muitos engenheiros, cientistas, técnicos e funcionários civis e militares das duas instituições – assim como mestres de diversas especialidades e de vários centros universitários do país – preferiram mudar-se, iniciando intensa "fuga de cérebros" para a Europa e para os EUA, além de autoexílios para o Chile. No estado da Califórnia, perto de Los Gatos, San José, formou-se uma comunidade de brasileiros, a maioria ex-professores e técnicos aeronáuticos, enxotados do Brasil pelo regime militar, a exemplo dos profissionais de muitas outras instituições acadêmicas.

A um mês do término do mandato de Castello Branco, quando as investidas da chamada "linha-dura" já haviam fugido ao controle do presidente, Eduardo Gomes elaborou o processo de compra de um moderno computador para o ITA, cuja efetivação seria deixada para o governo seguinte. Antes, havia encarregado um grupo de trabalho de estudar a criação do Centro de Computação Eletrônica da Aeronáutica (CCA) no ITA. Ambas as iniciativas tinham recebido aprovação do presidente da República. O ministro que o sucedeu, Márcio de Souza e Mello, agora no governo Costa e Silva, implantou no Instituto o embrião da informática na Aeronáutica.

Sobre "os fatos que caracterizaram a compra do primeiro computador utilizado por uma escola de engenharia brasileira e, observe-se, sem ônus para os cofres públicos", nas palavras do reitor do ITA no período 1960-1965, professor Marco Antonio Guglielmo Cecchini, há detalhes ainda ignorados. Como participante da história, ele deu sua versão em carta endereçada à instituição em 2007, aqui reproduzida *ipsis litteris*, conforme publicada no portal dos engenheiros do Ita:

> (...) O Professor Samuel Sidney Steinberg, que era Reitor do ITA, em 1960, pleiteou uma doação de 100 mil dólares, junto à "Ford Foundation", com a

única finalidade de adquirir um computador. Esse era o preço estimado, na época. Coube a mim, como Reitor, em 1961, dar prosseguimento aos entendimentos com aquela Fundação, obter a aprovação e promover encontros dos professores da Divisão de Eletrônica com os engenheiros iteanos Waldecy e Gil, ambos da turma de 1960 e pertencentes à IBM, com o objetivo de especificar o computador. Viajei para os Estados Unidos, em companhia do Professor Tolle, para receber a doação e efetuar a compra na IBM, observe-se, com o importante desconto de 60%(!).

O inesperado saldo da doação foi depositado no "Chase Manhattan Bank" e consumido na compra de equipamentos de laboratório e aperfeiçoamento de pessoal docente. O então Capitão Pacitti, a meu pedido, viajou para os Estados Unidos para cuidar do transporte do computador, o que ele fez com sucesso e com presteza. Ele, também, como é bem sabido, montou e dirigiu no ITA o primeiro laboratório de processamentos de dados de uma escola de engenharia brasileira.

Em sua carta, o professor não deixou de falar da competência e do brilho do marechal Casemiro Montenegro Filho tanto como oficial da Aeronáutica quanto como educador, na Direção do CTA: "O 'nosso' Brigadeiro é, sem dúvida, um herói nacional". Do mesmo modo, Montenegro falou da amizade e da admiração que nutria por Eduardo Gomes, reconhecendo também a contribuição que ele dera a sua obra. Num longo depoimento dado ao major-brigadeiro Tércio Pacitti, registrado no livro *Do Fortran à Internet*, disse:

> Na década de 20, ainda quando a aviação dentro do Exército não era considerada uma Arma, e sim um serviço, meu grande amigo Eduardo Gomes, da Arma de Artilharia, já era credenciado como observador aéreo. Ainda não era piloto. Na Revolução de 30, confabulei com Eduardo e nossos laços de companheirismo se estreitaram. Foi nessa época que convenci Eduardo a entrar para a Aviação.
>
> (...)
>
> Para ser considerado piloto, era preciso ele sair laché [realizar o voo solo]. O Melo (tenente-brigadeiro Francisco Melo, que foi ministro da Aeronáutica) deu-lhe as primeiras instruções de voo e eu as completei. Em seguida, dei instruções em outros aviões de maior porte.

A nossa amizade se estreitava dia a dia, portanto, eu o conheci bem – sua personalidade e austeridade. Minha admiração por ele era muito grande.

(...)

Entretanto, tenho uma confissão a fazer.

(...) O Eduardo, como o Castelo *[sic]* não entendiam como uma organização civil (o ITA) poderia estar inserida dentro de uma militar. Também não percebiam a necessidade de o nosso pessoal fazer seus cursos de Engenharia de interesse da Aeronáutica, aqui no Brasil. Queriam que fizessem somente no estrangeiro. Tenho certeza de que esta discordância de visão aconteceu devido a aconselhamentos equivocados, em uma época conturbada, em que Eduardo, com idade avançada, 70 anos, era ministro.

(...)

Felizmente, logo depois, ainda em tempo, Eduardo Gomes, reconhecendo o equívoco administrativo, colocou os valores em seus devidos lugares. Tomou uma excelente medida, que deu sangue novo à emergente área da Ciência e Tecnologia dentro da Aeronáutica: designou, pela primeira vez, um engenheiro formado pelo próprio ITA, com os mesmo ideais, para assumir a direção do CTA. O ITA começou a se realimentar com seus próprios frutos. Assim foi dada continuidade aos nossos planos. Foi na produtiva gestão desse engenheiro, o então coronel aviador-engenheiro Paulo Victor da Silva (superando a legislação, que previa a função de diretor do CTA ser de brigadeiro), que se permitiu que fosse consolidada uma equipe que vinha sendo formada desde 1962, elaborando o protótipo do Bandeirante. E daí surgiu a Embraer... felizmente, mesmo com a crise e com a minha saída, não se quebrou a continuidade.

Na tarde de 15 de março de 1967, Eduardo Gomes transmitiu o cargo de ministro ao marechal Márcio de Souza e Mello. Finda a cerimônia, junto com brigadeiro Deoclécio Lima de Siqueira e o marechal Adhemar de Queiroz (1899-1984), ex-ministro do Exército, ele tomou o elevador privativo do Ministério da Aeronáutica. À porta de saída do edifício, despediu-se de Deoclécio, entrou no Volkswagen do marechal e, ao lado deste, partiu para a sua aposentadoria, voltando a ser um cidadão comum.

14

Castello Branco não conseguiu fazer o seu sucessor. O ministro da Guerra, general Arthur da Costa e Silva, e o político udenista Pedro Aleixo foram eleitos pelo Congresso Nacional para a Presidência e a Vice-Presidência da República, respectivamente. Castello e Costa e Silva eram colegas de turma da Escola Militar de Realengo. Eram também muito diferentes um do outro. Chamado pelos conspiradores de 1964 de "Tio Velho", Costa e Silva não tinha os mesmos interesses intelectuais do antecessor e gostava de matar o tempo fazendo palavras cruzadas e acompanhando corridas de cavalos. Seu jeito agradava aos militares da linha-dura, contrários à entrega do poder aos civis. No início do seu governo, entretanto, surpreendeu ao estabelecer pontes com a oposição e por incentivar a organização de sindicatos e a formação de lideranças sindicais.

A partir de 1968, grupos de oposição começaram suas ações de luta armada contra o regime militar. A linha-dura do governo intensificou a repressão, estabeleceu a censura aos meios de comunicações e passou a motivar com regularidade denúncias de tortura contra presos políticos. Em março, um secundarista que acabara de completar 18 anos, Edson Luís de Lima Souto, foi morto pela Polícia Militar, que invadiu o restaurante universitário Calabouço, no Rio de Janeiro, onde os estudantes protestavam contra o aumento do preço das refeições. No seu enterro, uma multidão mostrou-se indignada com a repressão violenta. A mobilização popular cresceu, atraindo vários setores da sociedade favoráveis à redemocratização. Em 26 de junho, aconteceu a famosa Passeata dos 100 mil. O regime perdia de vez o apoio da sociedade. Forças do governo e manifestantes passaram ao confronto violento. Entre outras ações, como assaltos a quartéis e a bancos, para aquisição de meios de sobrevivência e armas, a esquerda radical começou a sequestrar membros do corpo diplomático acreditado no Brasil para trocá-los por prisioneiros políticos – estratégia criticada pela sociedade por envolver inocentes, que não estavam envolvidos com a situação política predominante no país.

Foram realizados quatro sequestros, com duas vítimas fatais. Em ambos os casos, os mortos foram agentes de segurança que viajavam nos veículos dos embaixadores da Alemanha (11/06/1970) e da Suíça (7/12/1970). Os sequestros do embaixador dos EUA (4/09/1969) e do cônsul do Japão em São Paulo (27/02/1970) não envolveram violência além da operação principal.

Do seu apartamento, o Brigadeiro acompanhava o desenvolvimento dos embates nas ruas e o noticiário, que mostrava a exacerbação dos ânimos com o passar dos meses. Cada vez mais, lamentava que o estado de direito tivesse escapado às mãos do governo. Desde que deixara o cargo de ministro, acordava mais tarde, por volta das sete e meia, fazia uma leve refeição matinal preparada por sua empregada, Josefa, uma jovem senhora pernambucana que dona Jenny conhecera no Recife e passara a viver com a família. Em seguida, saía para caminhar nas areias da praia do Flamengo, algumas vezes em companhia da irmã ou do irmão. Aos domingos, era comum encontrá-lo sentado num dos primeiros bancos da Igreja de Santa Luzia, assistindo à missa. Aliás, para ele, a missa sempre fora um compromisso sagrado, estivesse onde estivesse. Se não lhe fosse possível ir à igreja por motivo de doença, recebia a comunhão em casa, ministrada por um capelão da Aeronáutica. Comparecia aos eventos do Correio Aéreo, como convidado de honra, e não perdeu o hábito da leitura. Todos os anos, ia a Jacarepaguá, à Igreja de Nossa Senhora de Loreto, proclamada padroeira da Aeronáutica pelo Papa Bento XV em 1920. Nos países católicos, os principais aeroportos guardam a imagem da santa em capelas abertas ao público.

Dois meses depois de haver deixado o cargo de ministro, em maio de 1967, Eduardo Gomes viajou à Europa, acompanhado de sua irmã. Ambos visitaram o Vaticano e foram recebidos pelo papa Paulo VI, a quem o Brigadeiro solicitou que compusesse uma prece para os aviadores. O pedido foi acolhido. Não demorou, a Santa Sé proclamou a oração dos aviadores, invocando as graças da Santa Padroeira:

Prece dos aviadores

Ó Maria, Rainha do Céu, gloriosa Padroeira da Aviação, ergue-se até vós a nossa súplica. Somos pilotos e aviadores do mundo inteiro; e, arrojados aos caminhos do espaço, unindo em laços de solidariedade as nações e os continentes, queremos ser instrumentos vigilantes e responsáveis da paz e do progresso para as nossas pátrias. Em vós depositamos a nossa confiança. Sabemos a quantos perigos se expõe a nossa vida; velai por nós, Mãe piedosa, durante os nossos voos.

Protegei-nos no cumprimento do árduo dever cotidiano, inspirai-nos os vigorosos pensamentos da virtude e fazei com que nos mantenhamos fiéis aos nossos compromissos de homens e de cristãos. Reacendei em nosso coração o anelo dos bens celestiais, vós que sois a Porta do Céu; e guiai-nos, agora e sempre, nas asas da fé, da esperança e do amor. Amém.

Loreto é um santuário na Itália que guarda a casa em que Jesus, José e Maria teriam vivido em Nazaré. Reza a lenda que, para poupar a casa de ameaças, violações e destruições, em 1291, Deus ordenara aos anjos que a transportassem pelos ares para Tersatz, na Dalmácia, costa leste do Mar Adriático, num trecho da atual Croácia. No dia 10 de dezembro de 1294, a casa teria sido novamente transportada para um bosque de loureiros, em Loreto, onde permanece protegida por uma basílica ao seu redor. Uma pesquisa revelou que a casa foi transportada para a Itália pelos cruzados, sob o comando do combatente De Angelis. Daí a crença de que teria sido levada pelos anjos. Seja como for, o fenômeno da "Casa Voadora" tocou os aviadores identificados com a missão dos anjos de transportar pelos ares a preciosa carga. Nossa Senhora de Loreto foi consagrada a Santa dos Aviadores. Anualmente, milhões de peregrinos católicos do mundo todo visitam o santuário italiano, crentes de que a casa é mesmo a da Sagrada Família. A Igreja jamais contestou essa crença, segundo o livro *Aparições de Nossa Senhora, suas mensagens e milagres*, do padre Ernesto N. Roman, e outros documentos arquivados na Paróquia Nossa Senhora de Loreto.

Em agosto de 1969, o presidente Costa e Silva sofreu um derrame cerebral. Seu substituto legal era o vice-presidente Pedro Aleixo. Mas os ministros militares, violando a regra constitucional, decidiram formar uma Junta Militar, composta por eles mesmos, para governar o país no impedimento do titular. A violência nas ruas aumentou. A repressão intensificou-se. A Junta Militar criou a pena de banimento, aplicável a todo manifestante considerado "nocivo ou perigoso à segurança nacional". Estabeleceu-se ainda a pena de morte para o caso de "guerra subversiva".

Paralelamente a estes episódios dramáticos, o país avançava na área econômica. O ministro da Fazenda, Antônio Delfim Netto, incentivou o crescimento econômico, usando para isso a expansão do crédito e criou controles de preços que refrearam a inflação. Já em 1968, houve a recuperação industrial, com destaque nos setores de automóvel, químico e elétrico. A construção civil expandiu-se, alavancada com recursos do Banco Nacional de Habitação (BNH). Era o chamado "milagre econômico".

Em outubro de 1969, os médicos comprovaram que o estado do presidente era irreversível. Diante disso, a Junta Militar que governava interinamente o país declarou vagos os cargos de presidente e de vice-presidente da República. No dia 25 de outubro, o Congresso Nacional elegeu os novos ocupantes dos cargos: o general Emílio Garrastazu Médici e o almirante Augusto Rademaker, respectivamente, que tomaram posse naquele mês. O general Costa e Silva faleceu no dia 17 de dezembro, quase três meses depois ter sofrido o derrame.

Os grupos armados urbanos praticamente desapareceram da cena política como resultado da forte repressão adotada pelo governo. Outro fator da diminuição da violência foi o repúdio da população às ações subversivas. Porém, restou um foco de guerrilha rural que o Partido Comunista do Brasil (PC do B) instalou numa região próxima a Marabá, no leste do Pará, onde os guerrilheiros estabeleceram ligações com a população rural. Em 1972, o Exército combateu a Guerrilha do Araguaia. Em 1975, a região em foco foi transformada em zona de segurança nacional. O Exército liquidou ou prendeu o grupo comunista. Como predominava a censura no país, a população tomava conhecimento desses fatos através de boatos muitas vezes desencontrados.

A despeito das violências registradas, a revolução mudou as feições do país com avanços reais, sobretudo na área de telecomunicações. A partir do crédito pessoal, boa parte da população teve acesso a aparelhos domésticos, como a televisão, por exemplo. Em 1970, 40% dos lares brasileiros gozavam desse conforto, quando na década anterior era privilégio de apenas 9,5% das residências urbanas. A televisão brasileira expandiu-se em rede nacional e passou a ser usada como meio de propaganda governamental para promover o chamado "Brasil Grande". O "milagre" estendeu-se até 1973. O PIB cresceu à média anual de 11,2% no período e a inflação média anual estabilizou-se em 18%. As expectativas eram de que, na virada do milênio, as condições sociais no Brasil pudessem ser equiparadas às das grandes nações desenvolvidas. Porém, quando o futuro chegou, o país havia perdido a vanguarda para muitas nações emergentes que, no passado, estiveram bem abaixo do nível brasileiro.

Eduardo Gomes sempre defendera a redemocratização do país e se mostrava preocupado com as denúncias de deformação do regime militar. No dia 5 de julho de 1972, o Congresso Nacional promoveu uma sessão solene para comemorar o cinquentenário do levante militar de 1922. Na ocasião, o Ministério da Aeronáutica divulgou uma nota sobre a data, assinada pelo ministro Joelmir de Araripe Macedo (1909-1993):

> Nesse cenário de um Brasil afogado na intriga política, impotente ante a crise econômica e desgastado pelas velhas oligarquias, surge a figura altiva do tenente Eduardo Gomes, honra e glória da Força Aérea Brasileira, paradigma do idealismo e imagem do desprendimento. A vida deste brasileiro, nestes cinquenta anos que nos separam do "Levante do Forte" tem sido a expressão do que de mais puro existe em termos de amor ao nosso País.
>
> Tenente ou Brigadeiro, a mesma firmeza de atitudes, a mesma coerência do pensar e no dizer, a mesma lealdade e o mesmo respeito à dignidade humana. Contestador que não se perdeu na esterilidade do contestar por contestar, quando chamado a dirigir, chefe foi e soube ser.
>
> As organizações refletem no tempo a dimensão dos homens que a conduziram.

A Força Aérea Brasileira, no seu pioneirismo, na sua preocupação de unir e integrar, na sua vocação de servir, é o espelho da própria vida de Eduardo Gomes, vida que ilumina outras vidas, vida que honra o viver.

No Congresso, a liderança do Movimento Democrático Brasileiro (MDB), partido de oposição ao governo, abriu a solenidade diante do velho revolucionário. O deputado gaúcho Henrique Alves saudou o ilustre remanescente daquela rebelião e falou de sua participação na vida política, "que se constitui numa profunda advertência aos que, em qualquer tempo, exercerem o poder triunfante e negarem ao povo as liberdades individuais", como noticiou o jornal *O Estado de S. Paulo* do dia seguinte.

À cerimônia comparecerem parentes dos revolucionários mortos em 1922. O senador José de Magalhães Pinto (1909-1996), um dos líderes civis da Revolução de 1964, que fora ministro das Relações Exteriores do governo Costa e Silva, foi outro orador a lembrar o levante como "um ato heróico que desencadeou o movimento de redenção da República". Em longo discurso, enalteceu os revolucionários de então, na pessoa do único sobrevivente da "arrancada radiante, o generoso idealismo dos que não hesitaram em oferecer à causa a própria vida", isto é, Eduardo Gomes, ressaltando:

Com ele, aqui estão simbolizados e representados na sua pessoa Siqueira Campos, Newton Prado, Mário Carpenter, Otávio Correa e aqueles poucos outros que derramaram o seu sangue nas areias de Copacabana. Com ele, aqui estão os bravos do segundo 5 de julho [de 1924], os que em São Paulo deram ressonância e amplitude à justa rebeldia contra a República deformada pelo poder oligárquico.

(...)

O Brasil teve a felicidade de ver a evolução serena do jovem herói, que amadureceu para o exercício de graves tarefas, sem jamais perder a energia e as sagradas inspirações do patriotismo. Ele tem sido ao longo das décadas, o mesmo destemido de 1922.

(...)

Em 1945, ele não lutou pela Presidência, mas pela vitória de uma causa à qual tem servido sempre. No dizer de Prado Kelly, a condição única posta pelo candidato a sua indicação foi a formação de um "ambiente de liberdade e garantia para o funcionamento do regime representativo".

(...)

A cruzada democrática prosseguiu em 1950, no mesmo nível e na mesma base. Convocado pelo partido a que emprestara seu nome, voltou o brigadeiro à praça pública e aos amplos auditórios para dizer que sua fé no Brasil e nos seus homens lhe confirmara "a convicção de que o sistema democrático está para sempre na nossa terra, quaisquer que sejam as crises internas e os próprios fatos da política exterior". A nova derrota nas urnas não o abalou, pois não era o êxito pessoal que ele buscava, mas a consolidação e o aprofundamento das vitórias obtidas.

(...)

À Aeronáutica dedicou ele competência e zelo profissional. Foi ali, nessa Força de pioneiros, um pioneiro. Basta lembrar o seu papel como organizador do Correio Aéreo Nacional, instrumento civilizador e agente da integração nacional.

(...)

Duas vezes ministro da Aeronáutica, completou nesse posto a imagem de um grande administrador, de um grande chefe e de um grande soldado, que se fora firmando ao exercício de tantos postos de comando. Grato é constatar que a Força Aérea Brasileira tenha se confundido, na emoção e no discernimento da comunidade nacional, com alguém cujas virtudes profissionais se completam pelo sentimento de honra e se alteiam numa vigorosa expressão moral. O símbolo enaltece a força que com ele se identifica.

(...)

Ninguém, de resto, excede na fidelidade a Eduardo Gomes, que a ela [a Força Aérea] serve desde a primeira juventude. Sua vida de exemplar coerência aí está como símbolo e roteiro. Essa vida, que teve a inspirá-la a força moral e afetiva de uma santa mulher, sua mãe, seu anjo tutelar, a guardiã desvelada que estendeu seu carinho e seu amparo a todos os companheiros do filho. Os tenentes da luta intrépida, todos devem a dona Geni [sic] Gomes a mesma ternura e o mesmo amparo que estimularam o filho a enfrentar os obstáculos e a encontrar sempre dentro de si a exata compreensão do seu dever.

Em nome da Câmara, o deputado Célio Borja destacou em discurso a figura de Eduardo Gomes, sentado à mesa diretora entre os presidentes das duas casas – o senador Petrônio Portela (1925-1980) e o deputado Ernesto Pereira Lopes (1905-1993).

Ao final da sessão, o Brigadeiro agradeceu a homenagem. Suas palavras deixaram transparecer sua preocupação com os interesses e os destinos do país. Destacou a educação como o principal vetor para o desenvolvimento social, econômico e tecnológico do país:

> Bem sei, senhores parlamentares, que a presente homenagem, em tudo excepcional, não se dirige ao cidadão e ao soldado a quem concedeis a honra de falar neste recinto. Reuniram-se em sessão solene, as duas Casas do Congresso, para comemoração especial; exprimir um dos Poderes soberanos da União o sentimento comum dos seus membros na evocação e na análise de fatos incorporados à nossa história política; ouvir a voz autorizada dos representantes dos Estados e dos mandatários do povo, uns e outros órgãos da vontade nacional, confraternizaram-se os partidos na mesma exaltação generosa – tudo indica a verdadeira significação deste ato cívico, em memória de militares idealistas e inconformados que sacrificaram a vida para exemplo de repúdio e reação aos erros acumulados na decadência da Primeira República. Se este preito obedeceu a um impulso de justiça que enaltece os vossos propósitos, não foi justiça, e sim benevolência, que inspirou os vossos insignes oradores – o Senador Magalhães Pinto, o Deputado Célio Borja, o Deputado Henrique Alves, em relação ao modesto concurso que a Providência me consentiu prestar, na carreira das Armas e fora dela, aos superiores interesses do País e da democracia.
>
> Só vos direi, ao peso dos anos, que espero concluí-los com a mesma devoção aos princípios que me nortearam desde o começo. Persisto em crer que só a liberdade cria valores estáveis no mundo moral e nas realizações materiais de que dependem o bem-estar e o desenvolvimento de um povo.
>
> Cada vez mais me capacito de que só a Educação redime, orienta e comanda, e confio que, ao influxo dela, as novas gerações, leais à Pátria e ao seu destino, velarão tanto mais pela paz interna e pela segurança do País quanto mais o amor dele, e de suas tradições, as preparem contra as surpresas e as insídias de

ideologias incompatíveis com o caráter e o sentimento dos brasileiros.

Ao retribuir, em igual medida de afeição, as provas de estima que me são dadas, confesso, profundamente agradecido, que as recebo como inesperado prêmio à fé e à constância de quem humildemente consagrou toda a existência ao serviço da Nação.

O plenário em peso o aplaudiu. Em seguida, a mesa diretora o levou ao Salão Negro do Senado, onde ele recebeu os cumprimentos das autoridades e dos convidados presentes.

Pouco depois, viajou para Belo Horizonte a fim de se submeter a uma cirurgia nos olhos, marcada para o dia 28 de julho de 1972. Ocupou o apartamento 15 do Hospital São Geraldo, clínica especializada em doenças da vista, onde, um ano antes, fora operado de catarata pelo professor Hilton Rocha. Porém, depois de alguns meses, dizia sentir-se incomodado, como se tivesse grãos de areia no olho esquerdo. Os médicos o avaliaram e resolveram eliminar aquela sensação. A operação durou meia hora. Por ter recebido anestesia geral, as visitas a ele foram suspensas. Mas, após o primeiro curativo, já recebeu correligionários da antiga UDN que o visitaram, como Pedro Aleixo e o governador mineiro Rondon Pacheco, que fez questão de colocar à disposição dele um oficial da Polícia Militar, embora a Força Aérea lhe tivesse dado todo o apoio.

Recuperado, viajou a São Paulo para receber outra homenagem – os paulistas não poderiam deixar de comemorar o jubileu de ouro da revolta tenentista do Forte de Copacabana. Aproveitando sua rápida estada na capital, ele visitou o padre Antonio de Oliveira Godinho (1920-1992), ex-deputado federal cassado, seu velho conhecido. Eduardo Gomes era bem assim. Quando muitos se afastavam de algum político ou militar cassado pela revolução, temendo represálias por isso, ele não misturava uma coisa à outra e demonstrava lealdade às velhas amizades. Agira dessa forma durante o Estado Novo e agora repetia o procedimento. Isso incomodava os defensores do autoritarismo. Porém, ele tinha uma blindagem natural, que o mantinha infenso a tais suscetibilidades. Num trecho da conversa com o padre, perguntou por outro político cassado pelo governo militar: o ex-presidente Jânio Quadros, sobre o qual teceu considerações elogiosas. O ex-deputado Godinho imediatamente telefonou para a casa de Jânio, que residia próximo, nos Jardins, e disse ao ex-presidente que estava ao lado do Brigadeiro, que carinhosamente requeria suas notícias. Comovido, Jânio respondeu: "Peça ao brigadeiro o favor de não sair agora. Fico tão satisfeito com a sua lembrança que irei agradecer-lhe neste momento mesmo, de corpo presente. Terei apenas de tomar um táxi".

Em poucos instantes, Jânio estava com o Brigadeiro e o abraçou emocionado. A conversa entre os dois não evitou o tema político. Ambos acentuaram suas respectivas opiniões e expectativas em relação ao país, como registrou o jornal *O Estado de S. Paulo* de 13 de agosto, "ficando as análises no plano teórico, de ambições imparciais". O jornal publicou que o Brigadeiro exprimiu conceitos semelhantes aos que haviam pautado o discurso feito por ele no Congresso, um mês antes. Jânio elogiou a "coragem democrática" de seu interlocutor, demonstrada no Congresso, em momento delicado da vida política nacional. Eduardo Gomes foi além: criticou duramente o regime militar, reafirmando que faltava ao movimento dedicação ao ideal democrático, tão largamente defendido nas suas primeiras horas. A essa altura, o defensor dessa tese no grupo original do movimento militar de 1964 já havia desaparecido: o marechal Castello Branco falecera, num acidente aéreo em 18 de julho de 1967, logo após deixar o poder.

O sigilo da conversa entre o Brigadeiro e os dois políticos cassados pela revolução foi quebrado e repercutiu em Brasília. Nada se soube a respeito da contrariedade que suas palavras possam ter causado entre os simpatizantes da linha-dura. O certo é que, no Congresso, elas foram exploradas por Ulysses Guimarães (1916-1992), Oscar Pedroso Horta (1908-1975), Nelson Carneiro (1910-1996) e Ernâni do Amaral Peixoto (1905-1989), que não esconderam a euforia por saber que Eduardo Gomes exprimia pensamento tão nítido como o do seu discurso no Parlamento. Noticiou o *Estadão* sobre a reção do deputado Ulysses Guimarães:

> (...) nem tudo está perdido e nem o país terá de esperar até depois do ano dois mil para ver restabelecida a democracia. Eduardo Gomes, do alto de sua

dedicação ao ideal revolucionário, vem de público opinar a respeito do que também à oposição parece essencial.

Ainda nas páginas de O *Estado de S. Paulo*:

> (...) não há, nas expectativas do MDB, intenção de ver dividido o meio militar ou comprometida a unidade do sistema dominante.

A matéria, assinada pela sucursal de Brasília, dizia a propósito das expectativas dos políticos oposicionistas:

> O que eles esperam é que a opinião de homens como o brigadeiro possa sensibilizar os atuais detentores do poder, levando-os a conduzir de novo a revolução ao leito democrático sobre o qual iniciou sua trajetória.

Para quem conhecia os ideais democráticos de Eduardo Gomes, o pensamento revelado na conversa com Jânio Quadros e o padre Godinho não era novidade. Para o Brigadeiro, já se havia passado e ultrapassado a hora de ver o país devolvido ao comando de um civil. Porém, ele infelizmente não conseguiu assistir à volta da democracia. Pôde ver apenas o retorno ao país dos presos políticos banidos pela revolução e os primeiros passos tímidos para a redemocratização, iniciada no governo do general João Figueiredo (1918-1999).

Por ocasião dos 76 anos de Eduardo Gomes, novas manifestações de carinho e homenagens vieram a público. A Força Aérea Brasileira emitiu nota lembrando a vida de seu maior ícone, "toda ela pautada pela retidão de caráter e por um grande amor ao Brasil, por isso mesmo, um exemplo para a juventude". A nota acrescentava que, ao longo da vida, o Brigadeiro foi "um revolucionário no seu sentido mais autêntico, nunca se curvando a interesses subalternos que contrariassem sua filosofia de vida, voltada à defesa dos princípios democráticos". Por sua biografia, despertava simpatiza inclusive entre os opositores ao regime militar.

Considerando mais sua figura democrática do que sua expressão revolucionária, o deputado paulista José Roberto Faria Lima aproveitou a ocasião para apresentar anteprojeto para dar seu nome ao velho Aeroporto do Galeão, que passava por obras de modernização e de ampliação. Ficaria: Aeroporto Internacional Brigadeiro Eduardo Gomes. Filho do brigadeiro Roberto Faria Lima e sobrinho do conhecido ex-prefeito da cidade de São Paulo, o também brigadeiro José Vicente Faria Lima, declarou o parlamentar na ocasião em que apresentou o anteprojeto:

> Nenhuma homenagem é mais justa que essa, de ligar o nome daquele que mais contribuiu para a aviação brasileira ao aeroporto supersônico, que representa novo estágio de desenvolvimento do país nesse campo. Eduardo Gomes é o patrono vivo da Força Aérea Brasileira. Sua figura, seus atos e sua bravura fizeram história e influenciaram gerações de brasileiros. Seu caráter, sua inteligência, sua cultura, seu senso de justiça, representam um paradigma a ser seguido.

O anteprojeto não emplacou. A comissão parlamentar que o apreciou considerou que o homenageado deveria emprestar seu nome a um aeroporto novo, situado na região onde ele mais se dedicou para abrir campos de pouso: a Amazônia. O aeroporto de Manaus estava em vias de ser construído. Em março de 1976, quando foi inaugurado pelo presidente da República, recebeu o nome de Aeroporto Internacional Eduardo Gomes. Quanto ao aeroporto do Galeão, em janeiro de 1999, foi batizado com o nome de Antônio Carlos Jobim (1927-1994), homenagem ao famoso e genial poeta, compositor e maestro, um dos criadores do movimento da Bossa Nova. A iniciativa da homenagem partiu do Congresso, influenciada por um grupo de artistas. Curiosamente, Jobim não gostava de andar de avião, como disse uma vez comentando seu belo *Samba do avião*, em que descreve sua aterrisagem no Galeão.

Em 1982, a Câmara dos Deputados aprovou projeto de lei originário do Senado proclamando Eduardo Gomes Patrono do Correio Aéreo Nacional. No parecer do relator da matéria, deputado Lauro Leitão (1918-2009), a iniciativa legislativa era louvável e legítima "já que a homenagem que se vai prestar ao marechal Eduardo Gomes ainda é pequena ante a sua figura de sustentáculo da Força Aérea Brasileira, de reserva moral das

Forças Armadas e do povo do Brasil". Esse título foi depois conferido ao brigadeiro Nelson Freire Lavenère-Wanderley, pela Lei nº 7.490, de 12 de junho de 1986, que consagrou o Brigadeiro com o título de Patrono da Força Aérea Brasileira.

Regularmente, ele era convidado a participar de cerimônias cívicas. Entretanto, sua saúde já não era a mesma. No passado, não sofrera impedimento de saúde para exercer a atividade de aviador. Em apenas três ocasiões estivera hospitalizado: em 1919, em Curitiba, ao contrair forte gripe que descambou para a pneumonia; em 1922, devido ao grave ferimento que sofreu no levante de Copacabana; e em outubro de 1968, quando sofreu um acidente de automóvel no bairro da Glória. Na ocasião, o ex-presidente Café Filho e Fernando Caldas, este representando o empresário Júlio de Mesquita Filho, do jornal *O Estado de S. Paulo*, o visitaram no hospital, constatando que o acidente de automóvel deixara no Brigadeiro apenas hematomas nas pernas e no rosto. Por ser aviador, Eduardo Gomes fazia exames médicos como exigência das provas aéreas anuais.

A cada ano, estava mais frágil. No dia 24 de outubro de 1973, teve de ser internado no Hospital Central da Aeronáutica em razão de um edema pulmonar. No mesmo dia, sofreu um "insulto cardíaco", como informou a nota emitida pelos médicos. Porém, sua recuperação foi imediata, embora sua saúde inspirasse cuidados. No dia seguinte, recebeu visitas de amigos e de um grupo de brigadeiros em comando no Rio de Janeiro.

De acordo com o médico Magalhães Gomes, da equipe que o atendeu, o edema pulmonar fora provocado pela suspensão, por conta própria, de um medicamento que ele tomava havia algum tempo. O mesmo médico declarou também à imprensa que o paciente teria alta em poucos dias. O ministro João Leitão de Abreu (1913-1992), do Gabinete Civil da Presidência, telefonou à direção do hospital para saber sobre a saúde do Brigadeiro, internado no apartamento 501. No dia anterior a sua alta, Eduardo Gomes recebeu a visita de mais amigos e políticos, inclusive da viúva do almirante Graça Aranha (1876-1944).

15

No dia 15 de janeiro de 1974, o Colégio Eleitoral elegeu o general Ernesto Geisel como sucessor do presidente Médici e o general Adalberto Pereira dos Santos (1905-1984) para vice-presidente da República, ambos da Arena. Pelo MDB, Ulysses Guimarães e Barbosa Lima Sobrinho apresentaram uma "anticandidatura" como forma de repúdio ao regime militar – ao qual, no entanto, Ulysses fora inicialmente favorável. Os dois somaram 76 votos, contra 400 dados aos candidatos militares. Após a votação, Ulysses Guimarães fez um discurso em que evocou o nome de Eduardo Gomes, esperando assim sensibilizar o novo mandatário para a volta do país à democracia.

O deputado lembrou o que o Brigadeiro dissera no Congresso em 1972: só na liberdade se criam valores estáveis para o desenvolvimento e a justiça social. Contudo, seu discurso não provocou aplausos; não despertou uma palma sequer dos políticos que apoiavam o governo. "Estariam os arenistas constrangidos pela exortação à liberdade ou pela lembrança de seu defensor histórico? Ou, quem sabe, já renegaram tanto este quanto aquela?" – escreveu o jornalista Carlos Chagas em *O Estado de S. Paulo* de 17 de janeiro, sob o título "A política depois do referendo":

> Não importa, a liberdade e o brigadeiro continuarão como inspiração nacional permanente, amalgamada aos anseios de normalidade democrática do povo. O Colégio Eleitoral não existe mais, e muito em breve terão desaparecido os efêmeros sinais por ele deixados no atual momento brasileiro.

Quanto à Arena, que se cuide: pelo silêncio canhestro de anteontem, acabará seguindo o mesmo caminho. Fixará para o futuro nada mais que sua imagem de desimportância.

Indaga-se o que se espera dos políticos na nova conjuntura. De início, será preciso que não continuem mudos diante de citações como a do brigadeiro Eduardo Gomes. Que descruzem os braços e deixem de aguardar a democracia como benesse dos governos não democratas. Que se lancem à tarefa de formular, sugerir, debater e propor, pois nada disso é contestar. Depois, que canalizem seus esforços para soluções viáveis. Pouco adiantará esculpirem a imagem ideal da democracia desejada, inconquistável a curto prazo; sem abrir mão de valores fundamentais como a justiça e a liberdade, precisam evoluir pelo seu caminho até a intrincada junção com as vias da segurança e do desenvolvimento. Não se trata de ser apenas contra a exceção, mas a favor da normalidade.

Distante da política, Eduardo Gomes continuava inspirando discursos em favor da democracia. No passado, Geisel havia colaborado com o governo Eurico Dutra e ajudara a formular o compromisso que garantiu a posse de Jango em 1961. Participara do governo Castello Branco, como chefe da Casa Militar. No seu próprio governo, de 1974 a 1979, procurou manter a linha-dura à distância e liderou a abertura política, objetivando conduzir o país de novo à democracia. Sua estratégia de distensão foi formulada com a ajuda do general Golbery do Couto e Silva, nomeado ministro-chefe do Gabinete Civil da Presidência da República.

Dois meses depois da posse do novo presidente, Eduardo Gomes passava uns dias em Petrópolis, na casa de seu irmão, quando numa de suas caminhadas matinais sentiu falta de ar e muito cansaço. Sua irmã, Eliane, quis chamar uma ambulância, mas ele recusou. Preferia descer a serra de automóvel e ser atendido no Hospital Central da Aeronáutica, no Rio de Janeiro. Ali, os médicos constataram que ele estava com estafa e recomendaram-lhe repouso no hospital por três dias. Ao receber alta, o Brigadeiro voltou ao apartamento do Flamengo.

Em 1964, as comissões de inquérito afastaram do serviço público uma legião de funcionários do Executivo, do Legislativo e do Judiciário –

cerca de 1.400 pessoas –, por suas posições nacionalistas e de esquerda, consideradas contrárias aos ideais da revolução. Muitos políticos tiveram seus direitos civis cassados por dez anos. Nas Forças Armadas, calcula--se que aproximadamente 1.200 militares foram alijados da ativa pelo mesmo motivo. No governo do general Costa e Silva, o expurgo incluiu outros setores da sociedade. E trouxe o afastamento dos militares ditos "castelistas" – como Geisel e Golbery – de postos de destaque na carreira militar ou de posições na administração.

Na Aeronáutica, entre os oficiais afastados pela revolução estava o capitão Sérgio Ribeiro Miranda de Carvalho, conhecido pelos colegas pelo apelido de Sérgio Macaco, ex-oficial do Para-Sar – o grupo de paraquedistas de elite do Esquadrão Aeroterrestre de Salvamento –, cassado em setembro de 1969. O capitão Sérgio Miranda considerou sua punição injusta e recorreu aos tribunais militares. Vencido nessa instância, procurou Eduardo Gomes, a quem contou sua versão sobre o episódio em que se envolvera em 1968 e pelo qual fora afastado do convívio militar. O Brigadeiro procurou o ministro Márcio de Souza e Mello, seu antigo chefe de gabinete no período 1954-1955, que permanecera à frente da Aeronáutica no governo Médici, para se inteirar do assunto.

O ministro Márcio contou-lhe os motivos do expurgo da Força Aérea. Eduardo Gomes resolveu aguardar momento mais propício para voltar ao assunto. Em 20 de maio de 1974, poucos dias depois de ter se recuperado da estafa, enviou carta ao presidente Geisel pedindo que o caso do oficial cassado fosse reexaminado, por estar, ele próprio, "de pleno acordo com os termos do recurso do capitão Sérgio". Geisel desconsiderou o pedido. Em 1997, disse em depoimento aos pesquisadores Maria Celina D'Araujo e Celso Castro, publicado no livro *Ernesto Geisel*, que não levou o assunto adiante para não abrir um precedente – havia pedidos semelhantes de militares cassados pela revolução. Sobre Eduardo Gomes, sintetizou: "Zangou-se comigo".

De fato, o Brigadeiro ficou contrariado com o silêncio do presidente. Retomando a rotina de aposentado, numa de suas caminhadas matinais, sentiu dores na perna esquerda e reclamou do esforço físico. Mas o primeiro grande sintoma de que o tempo o enfraquecia impiedosamente ocorreu no dia 5 de julho de 1974, na cerimônia de inauguração de um monumento aos "18 do Forte", em Copacabana, presidida pelo governador carioca Antônio Chagas Freitas (1914-1991). Ao término do evento, os repórteres pediram que ele renovasse a caminhada feita em 1922 naquele mesmo local, para uma sessão de fotos. Eduardo Gomes atendeu ao pedido, mas só pôde dar poucos passos, sentando-se logo a um banco da avenida. Os fotógrafos notaram seu olhar de dor e correram para ajudá-lo. Mostrando-se cansado e com dores na perna esquerda, ele foi levado ao Hospital Central da Aeronáutica. Ali, uma bateria de exames clínicos constatou que sua estrutura óssea estava frágil e não suportava mais o peso de seu corpo por muito tempo, algo decorrente da velhice.

Dois meses depois, quando completou 78 anos, o *Jornal da Tarde* publicou carta de um estudante de filosofia de 22 anos. Paulo de Tarso Magalhães Paes de Barros, o autor, deixou o texto aos pés do monumento "18 do Forte" recém-inaugurado em Copacabana, ao lado de um maço de flores. A mensagem na carta comoveu o Brigadeiro:

> Neste mundo em que há uma necessidade urgente de novos líderes políticos; em que a democracia está desacreditada; em que o homem se curva perante o dinheiro; neste mundo sem apreço pelas coisas espirituais; em que grandes ideais e causas justas não arrebatam, sequer empolgam as pessoas. Neste mundo em que os homens de coração largo e generoso são considerados "poetas" e "sonhadores", quando não "dementes" ou "ingênuos"; neste mundo em que não se vê juventude de espírito, nem mesmo nos moços; em que falta audácia e nobreza moral para as atitudes claras e desassombradas, mas em que sobra malandragem para os negócios de ordem econômica; em que o cidadão de mau caráter reúne todas as probabilidades para "vencer na vida"; neste mundo que é uma guerra, e uma guerra suja, na qual o mais matreiro, o mais espertalhão, é o que sai vencedor; neste mundo em que o sentido pragmático prevalece em tudo e em toda a parte; em que só se fala de economia, burocracia e tecnologia; neste mundo em que os interesses empresariais e mercantilistas estão em primeiro lugar, às vezes até na imprensa; neste mundo agitado e violento em que a alegria e a simplicidade de repartir o pão entre companheiros é uma cena que não agrada ao grande público, por ser calmo

demais; em que todos se acomodam covardemente no fundo da mediocridade; neste mundo em que "não há tempo" para as pessoas se preocuparem com os problemas dos vizinhos, muitos menos com os problemas nacionais e internacionais. Neste mundo assim, nada mais consolador e edificante do que voltar nossos olhos para figuras humanas sempre jovens, exuberantes, magníficas, idealistas, retas, magnânimas, exemplares; figuras humanas que refrescam deliciosamente nossas vistas, tristes e desencantadas; figuras humanas que são verdadeiros oásis, que raramente se nos deparam pela vida, cada vez mais árida; figuras humanas que, continuamente, nos dão novas esperanças e, continuamente, nos enchem de alento para preservarmos a conquista dos valores mais altos; figuras humanas como o brigadeiro Eduardo Gomes! Por isso, não poderia mesmo deixar passar a ocasião, em que esse gigantesco jequitibá atravessa a sua septuagésima-oitava primavera, todas elas consagradas ao Brasil e à Democracia, sem tirar o meu modesto chapéu diante de tão colossal monumento e sem prestar-lhe a minha sincera homenagem do mais profundo respeito e da mais extremada admiração.

A Força Aérea mandou rezar missa em ação de graças pelo aniversário do Patrono do Correio Aéreo Nacional na Igreja de Nossa Senhora de Loreto, em Jacarepaguá. O Brigadeiro assistiu à cerimônia religiosa, que teve a presença do ministro Joelmir Campos de Araripe Macedo e de vários oficiais da Força Aérea.

No dia 16 de dezembro, na solenidade de formatura de nova turma de oficiais na Academia da Força Aérea, em Pirassununga, interior de São Paulo, ele foi o paraninfo. No evento estavam o presidente Geisel, o governador paulista Laudo Natel e o prefeito de São Paulo, Miguel Colassuono, entre outras autoridades políticas e militares. O Brigadeiro discursou, evocou a memória dos companheiros mortos em 1922 e dirigiu mensagem aos novos oficiais.

> (...) Não julgueis, porém, que as lutas estão terminadas. Tereis, estou certo, uma vida difícil, laboriosa e dura. Vale a pena, contudo, vivê-la. Ela é altamente compensadora para nós mesmos.
>
> (...)

O grande significado que se deve colher desta homenagem é verificar-se a comunhão de nossas gerações: a que se vai indo comigo e a que vem surgindo convosco. Esta a identidade – os jovens julgando e aprovando os mais velhos, os moços compreendendo e procurando exemplos no passado.

(...)

Esta distinção que me está sendo conferida, e que me é tão grata, eu a recebo no sentido como é feita na minha pessoa, em nome dos meus companheiros, às lutas, aos anseios de uma geração que não teve juventude, toda ela vivida de armas nas mãos, nos cárceres e no exílio.

(...)

Esta homenagem é um voto da mocidade. Maior compreensão e aprovação não poderia minha geração receber, e eu a recebo em nome dela.

(...)

Ao contrário do que se diz e do que se pensa, as gerações se entendem, respeitam-se e se completam, não há antagonismo entre o moço e o mais velho quando um e outro perseguem os mesmos ideais nobres e elevados.

O discurso repercutiu na imprensa. Na "Coluna do Castelo", publicada em 19 de dezembro no jornal *O Estado de S. Paulo*, foi comentado pelo redator-substituto, jornalista Aluísio Flores, que, resumidamente, falou da coerência da mensagem:

O Brigadeiro Eduardo Gomes, a quem a gente aprendeu desde criança a respeitar e admirar, alargou com um simples discurso de paraninfo aos oficiais da Força Aérea a visão histórica do Brasil, que algumas memórias mais curtas teimam em reduzir ao período de 1961 a 1964. Falando a um auditório militar, o paraninfo citou alguns fatos de sua juventude, quase toda ela vivida de armas nas mãos, em busca de algo que só se alcança através das gerações que se substituem umas às outras num laborioso trabalho de construção histórica. Cinquenta e dois anos separam os acontecimentos, a revolta do Forte de Copacabana e a formatura dos aspirantes da Academia da Força Aérea. Como de repente ignorar todo esse tempo no exame da dimensão da História de um país que já tem mais de 100 milhões de habitantes?

Aliás, na ordem do dia de 27 de novembro, o ministro do Exército, general Silvio Frota, citou a Balaiada, farroupilhas, maragatos, chimangos e outros bravos da História do Brasil, com a nítida intenção de lembrar a todo o país que Pedro Álvares Cabral não desembarcou de sua nau na praia de Copacabana no dia 31 de março de 1964, mas na Bahia, e no ano de 1500, época de glória das grandes invenções dos tempos modernos.

O Brigadeiro Eduardo Gomes, duas vezes candidato derrotado à Presidência da República, estabeleceu em seu discurso um laço de entendimento entre a geração de Siqueira Campos e a juventude da atualidade, cujo voto foi questionado pelos que acham que o Brasil foi inventado no tumulto de 1964.

O *Jornal do Brasil* também se referiu ao discurso:

Muito do que se perdeu no Brasil durante os últimos 50 anos encantou-se no Brigadeiro Eduardo Gomes. A caminho dos 80, curvado, ele encarna com dignidade insuperável os jovens revolucionários de 1922, os tenentes de 30, os majores que penaram o Estado Novo, o compromisso liberal da UDN e, de certa forma, a própria vocação de tolerância da política brasileira.

Na manhã de terça-feira, quando se ergueu da única cadeira existente no grande palanque de autoridades de Pirassununga, o Brigadeiro deu mais uma lição aos seus contemporâneos. Ao lado da idade, o Brigadeiro Eduardo Gomes tem como aval do que diz a velha fotografia daquele grupo de pessoas que no dia 5 de julho de 1922 marchou por três dos seis quilômetros da Praia de Copacabana. Aos 26 anos, desentendera-se com a República e aos 78 ensina que não importam tanto as diferenças de idade, mas as de ideais.

Numa e outra ocasião, muitos foram os que buscaram dele alguma palavra que pudesse servir de aríete para uma contestação do resultado eleitoral que o afastava do poder. O cárcere e o exílio ensinaram ao que de melhor havia na geração de 22 um caminho que, como ninguém, o Brigadeiro soube percorrer.

Hoje, quando ele fala em Pirassununga, tem a autoridade que lhe é dada por tudo o que fez e também aquela fornecida pelo que, isolando-se em muitas ocasiões, preferiu não fazer. No rastro dos anos, o Brigadeiro manteve seus ideais, mas viu ruírem inúmeros de seus castelos onde os depositou. Sua Revolução de 1930, bem como a sua UDN, naufragaram. Se não acompanhou nenhum dos dois desastres políticos, foi porque, na medida em que seus princípios se distanciavam daqueles em vigor, ele mesmo se distanciava do Poder. Em muitas ocasiões, acreditou-se que esse distanciamento significasse um recolhimento definitivo e em todas elas, até mesmo em súbitas aparições matinais, mostrou quão vigilante podia continuar. Hoje, pelo passado e pelo presente, ele é o mais autêntico guardião das tradições de tolerância da política nacional.

Sabendo manter-se no campo dos princípios, o Brigadeiro Eduardo Gomes conseguiu manter e tornar singular a sua personalidade política, indo de revoltoso a governante, de líder militar a candidato político sem arranhar nenhuma de suas posições. O criador do Correio Aéreo Nacional não desmente o candidato da UDN, mas confirma o Tenente que desejava uma força armada moderna. Da mesma forma, o defensor das liberdades políticas de 1922 não compactuou com a metástase política da ditadura de Vargas. Ao contrário, combateu-a, sem dela receber, em qualquer tempo, o prêmio do silêncio.

Esta posição privilegiada, fora das correntes apaixonadas que o Poder alimenta, dá ao Brigadeiro a oportunidade de lecionar ainda hoje. Assim como século XIX o Visconde de Araguaia denunciava que os Balaios do Maranhão "cortaram o ventre de um mísero ancião octogenário e nele coseram um leitão vivo que lhe roía as entranhas", muito já se disse dos crimes daqueles que em certos momentos de suas vidas afrontam o Poder para ter um país melhor. A fé nos próprios princípios e a decisão de lutar pelos seus ideais, dá a alguns afortunados, como Eduardo Gomes, o direito de denunciar a falácia de conflitos inexistentes ou de leitões antropófagos.

Sua posição, em mais de meio século, é a de um democrata intransigente, que, no início da vida, aprendeu a comportar-se como um revolucionário.

E sobre toda a sua trajetória parece estar o duro ensinamento da pensadora Hannah Arendt: "Revolucionários são aqueles que sabem quando o Poder está caído nas ruas e quando podem pegá-lo. O levante armado por si ainda não levou a nenhuma Revolução".

Na véspera do Natal de 1974, Eduardo Gomes sofreu uma hemorragia intestinal. Às cinco da manhã, uma ambulância da Aeronáutica chegou ao Flamengo e o levou ao Hospital Central da Aeronáutica. Sua irmã, Eliane Maria, o acompanhou. No instante em que era levado para a ambulância, sua empregada, Josefa, que havia anos trabalhava em sua casa, teve um crise de choro. Bastante emocionada, foi também socorrida pelo médico, que lhe deu um calmante. "Pensei que ele fosse morrer", disse Josefa dias depois.

O Brigadeiro passou dias internado no CTI do hospital. Transferido para a enfermaria na tarde de 26 de dezembro, ele próprio atendeu ao telefonema do general Golbery do Couto e Silva, que desejava saber notícias de sua recuperação. O ministro Araripe Macedo, o brigadeiro Délio Jardim de Mattos e os ex-ministros Cândido Mota Filho, Temístocles Cavalcante e Prado Kelly o visitaram no hospital. No dia 27 de dezembro, o jornal *O Estado de S. Paulo* publicou que a maior preocupação de Eliane Maria era tentar impedir que as visitas ao irmão fossem longas, pois ele mesmo esticava as conversas, puxando assuntos. "Os que foram admitidos, ontem, um de cada vez, se demoravam apenas alguns minutos", noticiou o jornal, segundo o qual o telefone do HCA não parou de tocar naquele período. Além de Golbery, que transmitiu a Eduardo Gomes os votos de pronto restabelecimento do presidente Geisel, muitos de seus amigos, ministros e políticos também telefonaram para o hospital, preocupados com sua saúde.

Na virada do ano, ele ainda estava internado no hospital. No dia 31, fez caminhada de 15 minutos em companhia dos enfermeiros e conversou bastante com a equipe que o atendia. À tarde, recebeu a visita do ministro da Justiça, Armando Falcão (1919-2010), com quem conversou por 20 minutos. Eliane Maria e Stanley se revezaram, permanecendo ao lado dele pelas três semanas da internação. A imprensa divulgou que sua recuperação era boa, mas que ele ficava "um pouco zangado" pela "interminável" sessão de soro a que era submetido.

Ao receber alta, viajou para Petrópolis, desejoso de aproveitar o ar puro da montanha, ficando hospedado no apartamento de seu irmão, no Edifício Centenário, onde recebeu a visita de uma comitiva de deputados de Goiás. Dias antes, fora homenageado com o título de "Cidadão de Goiás". Impossibilitado de ir a Goiânia receber pessoalmente o diploma, uma comissão foi a Petrópolis entregá-lo: quatro deputados, inclusive o presidente da Assembleia estadual, Jesus Meireles, e o vice-governador, José Luís Bittencourt. Ao agradecer a distinção, Eduardo Gomes disse que a recebia "com o maior desvanecimento".

Em março de 1975, o Tribunal de Justiça do Estado do Rio de Janeiro outorgou a 14 autoridades políticas, militares e eclesiásticas o Colar do Mérito Judiciário Fluminense. O Brigadeiro foi um dos condecorados. Mas, como ainda estava se recuperando, foi representado na sessão solene de 7 de março pelo major-brigadeiro Alfredo Gonçalves Correa, diretor da Diretoria de Pessoal da Aeronáutica. Entre os agraciados estava também seu velho amigo e vizinho no Flamengo, o ex-ministro Prado Kelly.

No dia 12 de junho, a Força Aérea comemorou o 44º aniversário de criação do Correio Aéreo Nacional na Base Aérea do Galeão. Compareceram à festa o presidente da República em exercício, general Adalberto Pereira dos Santos, o ministro da Aeronáutica, autoridades civis e tripulações veteranas do Correio Aéreo. O Brigadeiro esteve presente e, juntamente com Casemiro Montenegro e Nelson Lavenère-Wanderley, foi homenageado com uma placa comemorativa dos 10 anos da assinatura da Portaria Ministerial que autorizara o Centro Técnico da Aeronáutica a desenvolver o projeto IPD/65, que resultou no Bandeirante, a primeira aeronave fabricada pela Embraer.

Eliane Maria estava com 78 anos. Durante sua vida, sempre disposta e voluntariosa, nunca tivera problemas sérios de saúde. O destino, porém, já conspirava contra ela. Em 20 de janeiro de 1977, representava o irmão na cerimônia de inauguração de um terminal de passageiros do Aeroporto do Galeão, presidida pelo novo ministro da Aeronáutica, Délio Jardim de Mattos. No momento em que o maestro da banda militar ergueu as mãos, concitando seus músicos a iniciar o Hino Nacional, um grito lancinante ecoou no salão do aeroporto. Eliane Maria acabara de sofrer um ataque cardíaco. Foi socorrida, mas faleceu no Hospital da Força Aérea do Galeão (HFAG) onde, coincidentemente, seu irmão estava internado devido a complicações respiratórias.

Informado do ocorrido por Stanley, Eduardo Gomes lamentou: "Que tragédia" – um desabafo curto. Até aquele momento, ele soubera do falecimento de vários de seus amigos e companheiros. Agora, era seu mundo familiar que ficava mais vazio. Por recomendação médica, não foi ao velório da irmã, na capela do hospital militar, nem assistiu ao enterro, no Cemitério São João Batista, em Botafogo.

Stanley, que tantas vezes acorrera em sua defesa nos tribunais, continuou se desdobrando em atenções. Embora igualmente idoso, ia diariamente ao Flamengo, onde se hospedava no apartamento do irmão, para visitá-lo no Galeão. Uma vez por mês, subia a serra de Petrópolis para resolver compromissos pessoais. Nessa ocasião, levava uma parte dos vencimentos do Brigadeiro, a pedido deste, para doar a instituições de benemerência. Outras vezes, Stanley acompanhava o irmão às missas mandadas rezar na pequena capela do hospital. Um dia, sentindo-se abatido pelo peso da idade, Stanley disse ao irmão que não aguentava mais andar de táxi do Flamengo à Ilha do Governador e decidiu levar o Brigadeiro de volta ao Flamengo. Os médicos concordaram. Assim, o velho advogado transformou os aposentos do irmão em autêntico apartamento hospitalar e contratou uma enfermeira para dar-lhe os cuidados necessários.

Duas vezes por semana, os geriatras, clínicos e cardiologistas da Aeronáutica visitavam o Brigadeiro para exames rotineiros. Isso durou apenas dois meses, pois, com a saúde de Eduardo Gomes se agravando, os médicos passaram a visitá-lo diariamente. Chegaram a recomendar sua remoção de volta ao hospital. Mas Stanley e o Brigadeiro resistiram à ideia. O ministro Délio Jardim de Mattos, numa de suas idas ao Flamengo, convenceu os irmãos de que era necessário a Eduardo Gomes morar o mais próximo possível da assistência médica.

Ao lado do antigo Hospital de Aeronáutica do Galeão ficava a residência oficial do comandante da Base Aérea local, de frente para a estrada principal que corre ao lado do mar. A casa estava vazia, pois a esposa do comandante a achava espaçosa demais para o casal e preferiu ocupar um imóvel menor na vila dos oficiais, na praia de São Bento. O ministro sugeriu que o Brigadeiro passasse a morar ali, onde poderia receber mais confortavelmente os amigos que sempre o visitavam. O próprio irmão e dois enfermeiros da Aeronáutica cuidariam permanentemente dele nessa casa. Os médicos, por sua vez, estariam próximos. O enfermeiro José passou a morar na mansão.

Poucos meses adiante, porém, Eduardo Gomes se tornou o único remanescente de sua família; o dia não amanheceu para Stanley Gomes, que havia dormido no apartamento do Flamengo. O coração do dedicado advogado colapsou. A Força Aérea esteve representada no enterro do corpo, ao lado do túmulo de seus pais e de sua irmã. Somente no dia seguinte, o ministro Délio, acompanhado de médicos, foi à residência do Galeão para informar ao Brigadeiro a morte de Stanley. Eduardo Gomes estava deitado em seu quarto e, enquanto ouvia a triste notícia, permaneceu sereno, calado, com os olhos pregados no teto do quarto e as lágrimas lhe escorrendo pelo rosto. Sua pressão arterial foi monitorada o tempo todo pelos médicos.

Esse tipo de informação se tornou mais frequente. O Brigadeiro exigia que não fosse poupado dessas tristes notícias e sofria intimamente, amparado pelos médicos. Estava fragilizado, mas sua mente permanecia lúcida, ativa. Assistido diuturnamente por enfermeiros e médicos, passava as manhãs sentado na cadeira de balanço diante da TV, muitas vezes rindo das trapalhadas de Tom e Jerry, o gato e o rato do desenho animado. Era o seu momento de descontração na contagem regressiva de sua existência.

16

· Em 1978, o governo iniciou a restauração dos direitos individuais no país. Nas eleições do fim do ano, para o Legislativo, o MDB saiu consagrado das urnas. A partir do ano seguinte, atendendo à nova lei partidária, a Arena, partido dos generais e seus apoiadores, transformou-se em Partido Democrático Social (PDS). O nome da agremiação opositora passou a ser Partido do Movimento Democrático Brasileiro (PMDB). Este se tornaria o principal canal de reivindicação política da sociedade. Tendo recebido a maioria dos votos válidos para o Senado, mesmo assim a oposição não obteve maioria na Casa, pela presença da figura dos chamados "senadores biônicos". Explica-se: na renovação de dois terços da câmara alta, um terço seria eleito indiretamente por um Colégio Eleitoral, de acordo com o Pacote de Abril de 1977, manobra do governo para evitar sua derrota nas eleições, como havia acontecido antes, em 1974. Na Câmara, a Arena elegeu 231 deputados contra 189 da oposição. Assim, Geisel conseguiu fazer seu sucessor – o general João Figueiredo, que derrotou o anticandidato Ulysses Guimarães no Colégio Eleitoral, em outubro.

A indicação do general Figueiredo sofreu resistências dentro do Exército: em 1977, o general Silvio Frota, ministro do Exército, lançou-se candidato à sucessão presidencial nos meios militares e no Congresso. Porta-voz da linha-dura, Frota acusava o governo de ser complacente com os subversivos. O presidente Geisel demitiu-o do ministério e cortou sua escalada política. Mas havia outra dificuldade para consolidar a candidatura de Figueiredo: ele era o sexto general-de-divisão postulante à quarta estrela e não foi promovido. Ernesto Geisel, no entanto, manteve-o como seu candidato à sucessão, desagradando o general Hugo Abreu (1916-1979), que se demitiu da chefia do Gabinete Militar, em 3 de janeiro de 1978. Dois meses depois, o presidente promoveu Figueiredo a quatro estrelas.

O filho do general Euclides Figueiredo (1883-1963), comandante da Revolução Constitucionalista de 1932, que conhecera o exílio em virtude de sua participação no levante paulista, havia optado pela Cavalaria e passara boa parte de sua carreira trabalhando na área de informação, antes e depois da Revolução de 1964. Ex-chefe do Gabinete Militar no governo Emílio Médici, de 1969 a 1974, ao ser indicado candidato à Presidência da República, chefiava o Serviço Nacional de Informações (SNI). Na visão de seu padrinho, era o homem adequado a dar continuidade à abertura política. Tendo como vice-presidente o ex-governador mineiro Aureliano Chaves, do PDS, o presidente Figueiredo surpreendeu os políticos por assinar a Lei da Anistia, que permitiu a volta ao país dos políticos cassados pela revolução, que se encontravam no exílio. Também governaria em meio à crise econômica iniciada no governo Médici com aumento do preço do barril de petróleo no mercado mundial, em razão da guerra árabe-israelense (1967-1973). Ao fim de seu governo, a inflação passara de 40,8%, em 1978, para 223,8%. A dívida externa crescera de US$ 43,5 bilhões para US$ 91 bilhões.

Em março de 1979, quando Figueiredo e Aureliano tomaram posse, o Vaticano programou a primeira visita do papa João Paulo II (1920-2005) ao Brasil. Seria em 30 de junho de 1980, com chegada ao meio-dia, e duraria doze dias, numa maratona de 13 cidades e 30 mil quilômetros. No dia 30 de maio de 1975, o cardeal arcebispo do Rio de Janeiro, Dom Eugênio Salles, condecorara Eduardo Gomes, em nome do papa Paulo VI, com a Ordem de São Silvestre e o diploma de comendador da mesma medalha, "pelo exemplo de vida cristã que sempre deu no decorrer de suas atividades públicas e de sua vida privada".

A comissão de recepção ao Vigário de Cristo convidou Eduardo Gomes para saudar o papa quando este desembarcasse do jato da Alitalia na

Base Aérea do Galeão. Na ocasião, o Brigadeiro deveria ostentar no paletó a honrosa condecoração que recebera do Vaticano, que já se encontrava em exposição no Museu Aeroespacial (Musal), no Campo dos Afonsos, pois, em outubro de 1976, Eliane Maria doara a medalha à instituição, juntamente com outros pertences pessoais de seu irmão, a pedido deste.

O ministro Délio Jardim de Mattos solicitou à direção do Musal que emprestasse a Medalha de São Silvestre para que o agraciado pudesse usá-la na recepção. Um funcionário da instituição cultural foi então encarregado de levar a comenda à residência do Galeão. Por volta das nove horas, foi atendido pelo enfermeiro José. O Brigadeiro ainda dormia. José achou que era hora de despertá-lo e convidou o portador da medalha a acompanhá-lo aos aposentos do velho revolucionário. Após descerrar as cortinas, disse:

— Brigadeiro, tem visita para o senhor!

Parado à porta do dormitório, o funcionário do Musal olhava com nítida surpresa para a debilitada figura histórica. Deitado de lado, ele estava descoberto e praticamente imóvel. Devido ao silêncio que predominou, o enfermeiro tornou a chamá-lo:

— Brigadeiro, venha ver a medalha que o papa lhe deu!

Eduardo Gomes virou-se e afundou o rosto no travesseiro. Depois, lentamente, girou a cabeça para o lado e com voz frágil falou:

— Não quero receber ninguém! Eu quero dormir!

O portador da medalha despediu-se do enfermeiro, depois de entregar-lhe, sob recibo, a Ordem de São Silvestre, acondicionada num pequeno estojo de veludo.

O papa veio ao Brasil. Mas Eduardo Gomes não participou da recepção. Na véspera da chegada de João Paulo II, sofrera uma crise respiratória. Os médicos recomendaram-lhe repouso, durante o qual recebeu a visita de amigos e políticos. Dias depois, seria recebido no Rio de Janeiro pelo intrépido polonês Karol Wojtyła, que, além da intensa religiosidade que o levara ao pontificado máximo da Igreja de Roma, fora tenente do Exército, jogador de futebol e atuante em teatro e música popular na resistência ao nazismo durante a Segunda Guerra Mundial.

No dia 10 de outubro de 1979, o amigo Deoclécio Lima de Siqueira, agora tenente-brigadeiro e ministro do Superior Tribunal Militar, fez mais uma de suas frequentes visitas ao Brigadeiro. Desta vez, não vinha em companhia do ministro Délio, que costumava acompanhá-lo. Encontrou Eduardo Gomes sentado na cadeira de rodas, com o enfermeiro lendo para ele uma entrevista dada pelo antigo líder comunista Luís Carlos Prestes ao jornal *O Globo*. Surpreso, o ministro comentou:

– O que é isso, Brigadeiro, o senhor está aderindo ao marxismo?

Eduardo Gomes esboçou um sorriso e balançou os ombros.

Deoclécio perguntou-lhe:

– Se o Prestes desejasse visitá-lo, o senhor o receberia?

Durante o seu tempo de cadete, Prestes algumas vezes assistira missa ao lado dele, rezada pelo padre Miguel. Juntos haviam lutado na revolução de 1924. Quando foi preso em Florianópolis, Eduardo Gomes estava a caminho de um encontro com os líderes da famosa Coluna Miguel Costa-Prestes. Não se lamentou pela reunião perdida, pois mais tarde soube de atrocidades, saques, estupros e assassinatos que a Coluna Prestes cometera em sua fuga pelo interior do país e rumo à Bolívia, onde se desfez. Em novembro de 1935, Prestes havia liderado a revolução comunista, ocorrida em Natal, Recife e Rio de Janeiro. Na invasão ao 3º Regimento de Infantaria, na Praia Vermelha, uma das vítimas dos comunistas foi encontrada de bruços na cama, atravessada por uma baioneta, cuja lâmina varou o colchão e cravou-se no assoalho. Eduardo Gomes lutara nessa ocasião e vencera os militantes comunistas que haviam tentado tomar aquele próprio do Exército e a Escola de Aviação Militar. Tornou-se adversário de Prestes, que, capturado e preso, foi anos depois anistiado e voltou à militância. Cassado e exilado em 1964, Prestes retornou ao país quando da anistia, como narra o coronel Gustavo Borges em *1964, a revolução injustiçada*.

Eduardo Gomes respondeu ao brigadeiro Deoclécio:

– Não tenho nada contra ele. Mas recebê-lo seria uma deslealdade para com os meus companheiros sacrificados em 1935.

Leal a suas convicções, Eduardo Gomes continuava religioso e fiel ao pensamento social e político de São Tomás de Aquino, marcante fundamentalista da Igreja Católica.

Quando foi ministro da Aeronáutica, no período 1965-1967, o Brigadeiro, dando início à modernização da Força Aérea, foi o responsável direto pela compra de aviões de transporte Hércules C-130, aeronave que deu maior desempenho às missões de transporte tático e estratégico. Os Hércules chegaram ao Brasil em 1965, ficando baseados no Galeão. Em outubro do ano seguinte, uma dessas aeronaves, o FAB-2451, transportou carga científica até Santa Maria, no Rio Grande do Sul, para cientistas da Nasa que monitoravam um eclipse solar. Levou também reposição para outro C-130 que, dias antes, ao descer na pista de terra de Santa Maria, tivera um dos pneus do trem de pouso furado.

A pista naquela cidade gaúcha tinha já prontos 750 metros concretados e asfaltados, nada que um bom piloto não pudesse utilizar no pouso de um Hércules, como dizem os especialistas. No procedimento de descida, o comandante do FAB-2451 dispensou o modo instrumentos, optando pela aproximação visual. Um forte vento lateral açoitava o cargueiro no instante do pouso. Segundos antes de tocar o solo, por puro reflexo, devido à pista estar inacabada, o piloto acionou o reverso das turbinas, pensando em parar o avião o quanto antes. Quando percebeu o erro que cometera, já era tarde demais.

O Hércules militar não dispunha de sistema para impedir a reversão das turbinas em voo, ao contrário dos jatos comerciais, nos quais o reverso só é liberado após o toque do trem de pouso na pista. Com a reversão das hélices, o 2451 desabou na pista, perdeu o trem de pouso e se arrastou pelo concreto. Suas asas se dobraram e o aparelho pegou fogo. Por sorte, não explodiu, mas saiu da pista e passou a correr no chão lamacento, aproando o vento. Parou a poucos metros do outro C-130, já envolvido pelo fogo.

Com a ajuda dos companheiros da outra aeronave, sua tripulação saiu do avião. De repente, um grito de socorro partiu de dentro do Hércules em chamas: era um dos mecânicos, imobilizado pela pesada carga prensando suas pernas, uma delas com fratura de fêmur. Os colegas retornaram ao avião e tiraram o colega do apuro. Mas todos sofreram queimaduras pelo corpo. Do lado de fora, viram, impotentes, a enorme aeronave ser consumida pelas labaredas, junto com a carga que transportava.

Levados para o hospital do Exército na região, os membros do grupo receberam ali os primeiros socorros. Em seguida, foram removidos para o antigo Hospital de Aeronáutica do Galeão.

O ministro Eduardo Gomes, informado do acidente, convocou os assessores e foi ao hospital da Aeronáutica prestar solidariedade aos tripulantes hospitalizados. A cada um dedicou atenção. Em dado momento, não conteve as lágrimas ao ouvir de um deles a narrativa do resgate do sargento que ficara preso no avião. Ao fim da visita, disse à tripulação: "O importante é que vocês estão vivos. Não se preocupem com a perda do avião. Vou mandar comprar outro".

Nas investigações de praxe, o comandante do FAB-2451 reconheceu a bobagem que fizera ao pousar a aeronave. Por recomendação rotineira, foi afastado de operações de voo durante um tempo. Em dois meses, chegou ao Brasil o Hércules FAB-2455, comprado nos EUA para substituir o avião perdido no acidente.

Eduardo Gomes se preocupava com seus comandados. Muito mais do que com bens materiais, aos quais não era apegado. Ele próprio tivera apenas um automóvel Buick, modelo 1951, de quatro portas, que comprara na década de 1950. Para ele, a vida humana valia mais do que tudo, embora tivesse arriscado a sua ostensivamente em várias ocasiões. Talvez por isso, dizia: "Quando se é jovem não se tem noção de risco".

Para ele, a Revolução Industrial no século XIX era responsável pelas ameaças que o mundo passou a enfrentar a partir da Segunda Guerra Mundial. Porém, tinha a noção exata dos benefícios que a boa educação e a tecnologia proporcionam para a humanidade. Na conversa mantida com Deoclécio, lamentou que o operário brasileiro precisasse trabalhar em dois empregos para reunir as condições de subsistência. Achava ainda que a vida miserável dos boias-frias, a falta de segurança e o medo pelo amanhã eram flagelos que tinham de ser eliminados do cotidiano do trabalhador do campo e da cidade. Ele lutou por isso em suas conspirações e campanhas políticas.

Em 1980, foi informado de que, uma vez mais, seria a figura central de solenidades programadas no Rio de Janeiro em memória das vítimas dos levantes militares de 1922 e 1924. Participando dos eventos, assistiu à missa na Igreja da Candelária. Na ocasião, tornou pública a breve conversa que tivera com o papa João Paulo II, declarando-se "muito feliz e emocionado", por ter sido distinguido com um beijo na testa pelo papa: "Trocamos duas palavras" – lembrou – "e ele disse que daria a bênção a mim e a todos os meus".

Durante a solenidade em Copacabana, diante do busto de Siqueira Campos, lá estiveram, dentre outros convidados de honra, o general Edmundo de Macedo Soares e o marechal Cordeiro de Farias, que, junto com o marechal Odylo Denis, eram os únicos remanescentes da rebelião dos cadetes de Realengo, rechaçados pelo fogo da Vila Militar durante a marcha que empreenderam rumo ao Palácio do Catete.

O Brigadeiro esteve presente ao Forte de Copacabana. Na ocasião, um militar do Exército, Altino Gomes da Silva, de 76 anos, disse à imprensa ter sido "o primeiro ferido" no choque com os cadetes da Escola Militar de Realengo. Ele viera da capital paulista, onde morava, especialmente para assistir à missa e conversar com o Brigadeiro. Ao término da cerimônia, aproximou-se de Eduardo Gomes para cumprimentá-lo. Diante dele, comentou: "Dois antigos adversários...". Discretamente, o Brigadeiro, que lhe havia estendido a mão, recolheu-a – decerto pensando nos companheiros mortos, cuja memória não podia desconsiderar. O veterano Altino declarou à imprensa que, em 1922, servia no 15º Regimento de Cavalaria Independente da Vila Militar.

Em setembro, quando completou 84 anos, Eduardo Gomes recebeu uma carta do presidente João Figueiredo, cumprimentando-o pelo aniversário. Nessa carta, o presidente ressaltou os exemplos de culto à liberdade e de amor à pátria que o Brigadeiro sempre representara, almejando: "Deus guarde nosso querido brigadeiro e o mantenha conosco para carinhosa reverência nacional".

O ministro da Aeronáutica compareceu à missa de ação de graças pelo aniversário do Brigadeiro, que seria rezada pelo monsenhor Lucas Maia, nos jardins da residência do Galeão. Acorreram também vários políticos e comandantes militares da área do Rio de Janeiro. Amparado pelos enfermeiros, Eduardo Gomes recebeu a comunhão. Após a missa, recebeu cumprimentos dos convidados e ganhou de presente do ministro Délio uma foto ampliada em que o papa João Paulo II, em sua visita ao Brasil, beija a testa do patrono do Correio Aéreo Nacional. No interior da casa, havia um bolo decorado com o símbolo da FAB e duas velinhas, que o aniversariante soprou depois de ouvir o *Parabéns pra você* cantado pelo coral Canarinhos de Petrópolis. Ajudado por um enfermeiro, ele cortou a primeira fatia do bolo e fez questão de oferecê-la ao ministro: "É para o Délio, para o Délio", insistiu.

Após um rápido coquetel, foi servido o almoço para os presentes, entre os quais se encontrava a cunhada do aniversariante, Francisca Saboia Gomes, a Chica, e o ex-ministro Prado Kelly. Emocionado, o Brigadeiro agradeceu aos presentes. Desse almoço, participaram também os brigadeiros Jerônimo Bastos e Paulo Victor da Silva, o marechal Antônio Guedes Muniz e o capitão Sérgio Miranda de Carvalho, noticiou *O Globo* do dia seguinte.

O *Jornal do Brasil*, de 23 de setembro, publicou:

> Eduardo Gomes, cujos 84 anos de vida foram comemorados de modo especial, já está fixado em mais de um capítulo da História contemporânea como um desses poucos homens que se transformam em legenda enriquecedora de seu país. Legendário, chegou a ser na faixa dourada dos 20 anos, quando inscreveu seu nome entre os que viveram a pequena, mas altamente expressiva epopeia do Forte de Copacabana. Personagem dos dois 5 de julho, seu feitio humilde levou-o a silenciar até sobre o pormenor do número exato dos participantes da arrancada do Forte, que ele revelaria muitos anos mais tarde ao Sr. Afonso Arinos de Mello Franco não terem sido 18. O próprio número já se tendo incorporado ao mito, ficou inalterado na memória nacional.
>
> Da memória nacional também não se apagará a página mais prosaica, porém não menos vibrante e bela, da criação do Correio Aéreo Nacional, que se transformaria em um dos fatores da integração do Brasil.
>
> E igualmente viva é, e será, a lembrança de sua participação quase forçada na vida político-partidária, oferecendo-se para o sacrifício de duas candidaturas à Presidência da República, em campanhas que ele próprio julgava perdidas, principalmente a segunda. Tudo nele foi destino. A tudo se curvou com a consciência de estar recebendo missão que transcendia sua vontade.

Democrata dos mais autênticos, participou do movimento que derrubou pelas armas a ditadura do Estado Novo em 1945. Mas recusou-se a assumir o lugar do ditador, comprometendo seus companheiros com o lema vitorioso: "Todo poder ao Judiciário".

Patrono da União Democrática Nacional, que se transformaria em partido político com todos os vícios dos demais, Eduardo Gomes soube preservar-se na pureza de sua categoria de legenda: jamais aderiu a qualquer campanha ou tentativa de seus correligionários para deixar de reconhecer, a qualquer pretexto, a força do pronunciamento popular nas eleições. Sobreviveu ao partido e dele guardou o que lhe inspirara a criação: a paixão pela liberdade.

Em março de 1981, um domingo, Eduardo Gomes sentiu-se mal e foi levado às pressas ao Hospital da Força Aérea do Galeão. O coração do velho revolucionário começava a dar sinais de falência. Uma comissão médica – sete médicos, dos quais quatro cardiologistas – achou por bem implantar um marca-passo no Brigadeiro, que, apesar dos 84 anos, reagiu bem à cirurgia. O pós-operatório foi considerado "excelente", declarou o relações-públicas do hospital, major médico Bruno Filomeno Polito.

O ilustre paciente, internado no Centro de Terapia Intensiva do hospital militar, não podia receber visitas. Mas, disse o major Polito à imprensa, estava lúcido e com todos os sinais vitais funcionando normalmente. Apreensivo com o estado de saúde do Brigadeiro, o ministro Délio era permanentemente informado sobre o quadro médico. Mesmo quando estava na Colômbia, na comitiva que acompanhou o presidente Figueiredo em viagem oficial ao país, o ministro recebeu informações diretamente do hospital.

Eduardo Gomes sentira-se mal no fim da tarde de domingo. Os exames clínicos e de laboratório comprovaram que ele sofria de disritmia. Daí a decisão dos médicos pelo marca-passo. A idade avançada fazia temer pelo êxito da cirurgia. Mas tudo saiu bem, segundo boletim médico divulgado. Logo após a cirurgia, uma queda de pressão chegou a assustar os médicos. O Brigadeiro respondeu bem à medicação. A equipe avaliou que ele poderia começar a andar dois dias depois da cirurgia. E foi o que aconteceu no dia 11 de março, quando ele caminhou um pouco e até conversou com os doutores sobre a situação política nacional. Nessa ocasião, externou sua vontade de ter alta logo e ir para o local onde mais gostava de ficar, em Petrópolis, no Edifício Centenário.

Mas não havia mais previsão de alta. O último boletim médico divulgado registrou que tudo estava "otimamente"; contudo, o paciente não seria liberado, pela "necessidade de melhor observação do aparelho implantado, considerando-se a sua avançada idade". O comunicado à imprensa foi fechado com uma frase otimista: "Estamos todos torcendo para que o brigadeiro Eduardo Gomes possa assistir ao cinquentenário do Correio Aéreo Nacional, fundado por ele, cujas comemorações começam em abril".

A parede muscular do coração aguentava bem. Nos dias seguintes, ele foi orientado a sentar no leito e andar no interior do CTI. Recebia medicação e alimentos por via oral e, à medida que se recuperava, movimentava-se mais. Os médicos pretendiam avaliar como ele reagiria aos movimentos físicos, respiratórios e à alimentação normal. "As primeiras reações foram boas", sintetizou o relações-públicas do hospital. Todas as visitas ao Brigadeiro estavam suspensas, exceção feita à do capelão Lucas Maia, que diariamente rezava o terço com ele.

No dia 17 de março, o Brigadeiro deixou o CTI. Transferido para um apartamento, suas visitas foram liberadas. Os primeiros a visitá-lo foram seus sobrinhos e a cunhada, Francisca. Eduardo Gomes caminhava com dificuldade, sempre ao lado de médicos e enfermeiros. Uma cadeira de rodas foi incorporada ao seu cotidiano. Ao receber alta, ele voltou à residência do Galeão. Diariamente era assistido pelos médicos. Lúcido, pedia para ver os desenhos animados na TV, mas parecia indiferente às trapalhadas de Tom e Jerry. No dia 11 de junho, pediu para ser levado à missa pelos 50 anos de criação do Correio Aéreo Nacional, que seria rezada na manhã seguinte no Campo dos Afonsos.

O Brigadeiro em pose para foto da segunda campanha, em 1950, e em 1955 com o editor José Olympio no Jockey Club do Rio, onde foi homenageado Afonso Arinos de Melo Franco, líder da UDN. Nos confins da Amazônia, o bispo salesiano Dom Miguel Alagna (1917-1985) recebeu ajuda de um benemérito: Eduardo Gomes. Numa entrevista do prelado, em 1987, vê-se o retrato do Brigadeiro na parede da missão, em São Gabriel da Cachoeira (AM).

Também na campanha presidencial de 1950, a revista *Life* dedicou reportagem ao candidato da UDN, mostrando-o com sua mãe, Jenny, e sua irmã, Eliane Maria.

Eduardo Gomes assiste ao enterro de sua mãe, dona Jenny, em janeiro de 1956. Em 20 de setembro, ele ainda portava a tarja negra de luto na lapela quando assistiu, com sua irmã, Eliane Maria, à missa em ação de graças pela passagem de seus 60 anos.

Eduardo Gomes assiste à missa pelo aniversário do Levante do Forte de Copacabana, em 1968, ao lado de Juarez Távora, que foi seu companheiro de luta na Revolução de 1924. Ao lado, em junho de 1962, quando foi recebido por Júlio de Mesquita Filho, presidente do jornal *O Estado de S. Paulo*. Abaixo, o Brigadeiro chega, acompanhado pelo ex-prefeito de São Paulo, José Vicente Faria Lima, para o enterro de Júlio de Mesquita Filho, em 13 de julho de 1969.

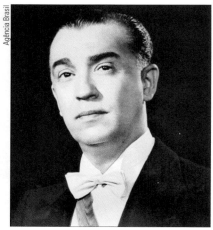

Garanhuns (PE), 1955: o governador de São Paulo, Jânio Quadros, participa da campanha presidencial do general Juarez Távora, que foi derrotado no pleito pelo mineiro Juscelino Kubitschek. O próprio Jânio viria a ser presidente por sete meses, em 1961, deixando o cargo para o vice, João Goulart, que na foto é visto em viagem aos EUA em 1962. Ele seria deposto em 1964, como anuncia o jornal *O Lince*, de Juiz de Fora (MG).

O Brigadeiro em 1964, já durante o governo militar. Depois, em Brasília, no dia 11 de janeiro de 1965, quando assinava um documento durante sua posse no Ministério da Aeronáutica, sendo observado pelo presidente Castello Branco (esq.) e seus ministros. Em dezembro de 1971, na Academia da Força Aérea, em Pirassununga, Eduardo Gomes discursa em palanque onde estão presentes também o presidente Ernesto Geisel (esq.), Miguel Colassuono e o brigadeiro Délio Jardim de Mattos, respectivamente atrás e à esquerda do brigadeiro.

Com o jurista Prado Kelly em 1960. Naquele ano, Eduardo Gomes fez o último voo de sua carreira no C-47 2015. A bordo dessa aeronave, cumpriu a missão ao Peru de 10 de setembro.

Aeroporto Internacional do Rio de Janeiro, 1º de julho de 1980: o papa João Paulo II cumprimenta o brigadeiro Eduardo Gomes, de costas, apoiado pelo tenente-brigadeiro Rodolpho Becker Reifschneider e pelo enfermeiro José. Aos 84 anos, ele quase perdeu esse importante encontro por problemas de saúde. Na outra foto, ele ganha beijinho de uma fã durante evento no Rio. O enterro do corpo do Brigadeiro no Cemitério São João Batista: nas proximidades da Cripta do Aviador, Dom Eugênio Salles diante do caixão, carregado por seis cadetes da FAB.

Na véspera de seu falecimento, o Brigadeiro assistiu às solenidades do jubileu de ouro do Correio Aéreo, em 12 de junho de 1981. Os pioneiros desfilaram, como em outros aniversários. No Campo dos Afonsos, os dois primeiros do grupo, à esquerda, iniciaram os serviços do CAN em 1931: Casemiro Montenegro, de terno claro, ao lado de Nelson Freire Lavenère-Wanderley. Para lembrar: Eduardo Gomes diante do K-263 que fez o primeiro voo do Correio Aéreo sob seu comando no Grupo Misto de Aviação.

EPÍLOGO

A missa do jubileu de ouro de criação do Correio Aéreo Nacional terminou por volta das onze e meia. Monsenhor Lucas Maia lembrou aos presentes que um almoço festivo seria servido no refeitório da unidade, a 300 metros do local, após o ato religioso, mas muitos convidados preferiram seguir para seus compromissos de rotina ou para casa. Ao meio-dia, o automóvel com Eduardo Gomes deixou a unidade e rumou para a Ilha do Governador, onde o passageiro chegou reclamando de dores nas pernas. José ligou para o Hospital da Força Aérea. Dois médicos atenderam ao chamado e concluíram que a indisposição se devia ao longo tempo em que o Brigadeiro permanecera sentado.

Cumprindo a recomendação, o "Velho" passou o resto do dia deitado, lustrando seu próprio passado. Ao levantar-se, pediu para ver TV. O enfermeiro acomodou-o numa cadeira de balanço e ali também lhe serviu uma sopa de legumes. No início da noite, levou-o para o aposento. Durante a noite, José foi várias vezes ao quarto verificar se ele dormia. Pela manhã, por volta das sete, encontrou-o desperto. Ajudou-o a fazer a higiene, serviu-lhe o desjejum, levou-o para a sala e o acomodou na cadeira de balanço. Leu para ele as principais notícias dos jornais do dia, ligou a televisão e deixou-o assistindo a desenhos animados.

Ao meio-dia, o telefone trilou. Era o geriatra do Hospital da Aeronáutica querendo saber como seu paciente passara a noite. Mesmo informado de que o Brigadeiro estava bem, o médico resolveu visitá-lo. Mediu-lhe a pressão arterial e a temperatura, examinou seus olhos e auscultou-lhe o peito. O Brigadeiro não tinha febre, a pressão arterial estava normal, assim como os batimentos cardíacos. O médico permaneceu alguns minutos na mansão, conversando com ele.

No fim da tarde, Eduardo Gomes reclamou de dores na perna esquerda. José levou-o para o quarto, deu-lhe um analgésico e o acomodou na cama. Em seguida, fechou as cortinas brancas do aposento e o deixou entregue a suas lembranças. Antes de sair do quarto, reparou que o Brigadeiro olhava fixamente para um ponto do teto e mexia levemente os lábios, como se rezasse. Apenas a tênue luz do abajur iluminava o ambiente.

Meia hora mais tarde, o enfermeiro retornou ao quarto. Pela nesga de luz, pareceu-lhe que o Brigadeiro dormia. Olhando mais atentamente, estranhou que ele estivesse de lado, com a boca semiaberta. Aumentando a luz do quarto, aproximou-se da cama e tomou-lhe o punho esquerdo. Não encontrou sinal de vida. José tentou reanimá-lo com seguidas massagens no peito frágil. O velho coração do revolucionário havia deixado de bater minutos antes.

Naquela noite de 13 de junho de 1981, o ministro Délio Jardim de Mattos emitiu um comunicado oficial:

> O ministro da Aeronáutica lamenta informar aos companheiros da Força Aérea Brasileira o falecimento do Marechal-do-Ar Eduardo Gomes, ocorrido hoje, dia 13, às 18h30min, no Rio de Janeiro. Mais que o tenente de 22, de brava presença nos "18 do Forte"; mais que o combatente de 35, herói da resistência aos comunistas no Campo dos Afonsos; mais que o criador do CAN, onde sua palavra foi sempre o exemplo e o caminho, perde a Nação Brasileira, com a partida desde filho ilustre, uma de suas maiores reservas morais.
>
> O ministro da Aeronáutica sente o vazio de sua perda e ao nosso pesar somamos as vozes de todos os brasileiros que tiveram o privilégio de conhecer o Brigadeiro Eduardo Gomes, o Brigadeiro da República.

Os médicos da Aeronáutica admitiram a possibilidade de o Brigadeiro ter morrido em consequência das emoções do dia anterior.

O ministro Délio, para quem Eduardo Gomes "foi um exemplo de cidadão brasileiro, um notável defensor da democracia", ao ser informado do falecimento do ícone da Aeronáutica, por instantes permaneceu estático. Depois, amparou-se no ombro de sua esposa, Ruth, e chorou convulsivamente. Bastante emocionado, o ministro telefonou para o Palácio do Planalto e transmitiu a notícia a um dos ajudantes--de-ordens do presidente.

O porta-voz do Palácio do Planalto, diplomata Carlos Átila, disse à imprensa que o governo decretaria luto oficial de três dias pela morte do Brigadeiro. Comentou que o presidente Figueiredo "ficou emocionado até as lágrimas", quando, às 19h30, teve a notícia da morte de Eduardo Gomes. O presidente tinha acabado de tomar banho e se preparava para descansar da viagem que fizera ao Rio de Janeiro.

Rádios e emissoras de televisão logo começaram a veicular as primeiras manifestações de pesar. O presidente de honra do Partido Popular, Magalhães Pinto, que privara da intimidade de Eduardo Gomes e participara de suas campanhas à Presidência da República, comentou a morte do velho amigo: "O Brasil perde um de seus grandes homens, mas ao mesmo tempo ganha a História um dos mais importantes exemplos de como se vive pela democracia".

O ministro da Justiça, Ibrahim Abi-Hackel, lamentou a morte do Brigadeiro. "Há muitas décadas que o brigadeiro não apenas integrava a História, mas era a própria História viva. Sempre fiel aos princípios pelos quais lutou toda a sua existência, o brigadeiro Eduardo Gomes não apenas lutou pela democracia – por ela derramou o seu sangue, a ela dedicou toda a sua vida. A Nação chora, em uníssono, sua perda, mas consola-se diante do exemplo que coloca o ilustre morto como uma das nossas mais importantes figuras neste século", disse.

O mesmo fez o senador pernambucano do PMDB, Marcos Freire (1931-1987), que declarou: "Numa hora em que se procura vencer os obstáculos antepostos à normalização democrática, o governo devia pautar-se no exemplo deixado pelo Brigadeiro Eduardo Gomes, para quem o preço da liberdade era a eterna vigilância e a democracia, o grande objetivo. Mais do que nunca, suas lições tornaram-se necessárias".

Procurado pela imprensa em sua residência no Rio de Janeiro, Luís Carlos Prestes não quis dar depoimento: "Estivemos realmente próximos durante algum tempo, mas depois nos separamos. Prefiro não dizer coisa alguma", disse ao jornal *O Estado de S. Paulo.*

Dos familiares de Eduardo Gomes, foram avisadas sua sobrinha Gilda Queiroz de Matoso, filha de seu irmão Stanley, falecido em 1979; e a prima Elza Gomes, que morava em São Paulo. A primeira pessoa a chegar ao Hospital da Força Aérea, para onde o corpo tinha sido removido, foi sua antiga secretária, Olívia Rosado.

Às onze horas da noite, o corpo de Eduardo Gomes foi transportado para um hangar da Terceira Zona Aérea (atual III Comando Aéreo Regional), sediada ao lado do Aeroporto Santos-Dumont. Seu rosto podia ser visto pela janela de vidro do caixão. Uma bandeira brasileira cobria o restante do ataúde. Ao lado, o espadim e o quepe do Brigadeiro, além do pedaço da bandeira que lhe coube no levante de 1922.

A primeira personalidade a chegar ao velório foi o advogado e ex- -senador Daniel Krieger (1909-1990), que pousou a mão sobre caixão e murmurou palavras que não foram compreendidas pelas pessoas próximas. Em seguida, Krieger dirigiu-se aos familiares do falecido. Abordado pela imprensa, relatou um episódio sobre a vida pública de Eduardo Gomes:

> Quando Castello Branco era o presidente da República e eu o líder do governo, as circunstâncias levaram o presidente a admitir o Ato Institucional n° 2. Eduardo recusou-se a assinar o AI-2, alegando que dissolvia os partidos, inclusive a UDN, que ele amava tanto.
>
> Castello Branco soube da resistência e mandou me chamar. Eu o encontrei na companhia de Cordeiro de Farias e ambos me fizeram sentir que era indispensável a assinatura do Eduardo. Além disso, sabiam que só havia uma pessoa capaz de conseguir a assinatura e me incumbiram da missão. Aceitei, com a condição de que o próprio Eduardo me chamasse, pois eu o respeitava muito. Ele me chamou à uma da madrugada em seu apartamento em Brasília. Durante cerca de duas horas, conversamos. Ao final, ele me disse: "Eu assinarei...". Eu havia argumentado com ele que a UDN já havia conseguido seu objetivo, que era a volta do País ao regime constitucionalista, que o nosso dever naquele momento era somar, não dividir. Ele concordou.

O brigadeiro Gabriel Grün Moss (1904-1989), ex-ministro da Aeronáutica no governo Jânio Quadros, esteve no velório e conversou com a imprensa: "Eduardo Gomes não era um homem: era um símbolo". E explicou: símbolo a tal ponto que, quando as pessoas diziam "O Brigadeiro", era a ele que se referiam, como se nenhum outro houvesse nessa graduação no país. Para falar de outro brigadeiro qualquer, era preciso dar o nome completo. Eduardo Gomes foi o continuador da missão dos bandeirantes de integrar o País: era o seu mais legítimo herdeiro. Era o chefe maior e mais querido que a Aeronáutica já teve".

Para o deputado Magalhães Pinto, que passou a noite velando o corpo, Eduardo Gomes foi herói, símbolo, cristão, soldado, homem modesto, corajoso e teve uma participação importantíssima na vida nacional em 1945, quando, ainda sem data marcada para as eleições, lançou sua candidatura à Presidência da República. O mesmo parlamentar disse que, apesar das dificuldades, o Brigadeiro fez a campanha. "Onde ia, as multidões o aclamavam", lembrou à imprensa. Para o o banqueiro e grande cacique udenista de Minas, a derrota de Eduardo Gomes nas eleições de 1945 deveu-se a uma intriga inventada, dizendo que ele não queria o voto dos marmiteiros. Em 1950, lembrou Magalhães Pinto, ele se candidatou apenas para satisfazer aos amigos e ao partido, pois, como dizia, iria perder as eleições em razão do acordo político firmado entre Dutra e Vargas.

O ex-ministro Prado Kelly sofreu demais a morte do amigo. "Sinto-me consternado e acredito que todo o país esteja se sentindo como eu. A vida de Eduardo Gomes tem a transparência de um cristal sem jaça", declarou aos jornalistas. Para o jornalista e empresário Said Farhat, ministro da Secretaria de Comunicação Social da Presidência da República no governo João Figueiredo, Eduardo Gomes "foi o primeiro sopro da democracia e daqueles que sempre acharam que era possível uma democracia no Brasil".

O dia clareava. Os jornais em peso estamparam em manchetes o desaparecimento do Brigadeiro. O jornal *O Globo* se manifestou a respeito:

> A vida de Eduardo Gomes ilustra uma existência heróica, que não se pode julgar apenas por seus lances de sucesso imediato e vitórias publicamente

reconhecidas. Em 1922, com uma bala na coxa, o jovem tenente de vinte e cinco anos pôde ser considerado um herói, não um vitorioso. No ano seguinte, é obrigado a viver como proscrito. Nova revolta, prisões, clandestinidade nos anos de 24 a 27. Candidato à presidência em 1945, a princípio relutante, convenceu-se depois da necessidade de liderar as forças que representavam seus ideais de juventude. Foi derrotado – transitoriamente, pensou. Mas na campanha eleitoral seguinte, nova derrota. Aparentemente, um perdedor. No entanto, poucos homens terão inspirado tanto respeito e admiração neste país como Eduardo Gomes. Talvez porque tenha conservado sempre o respeito por si mesmo quando tudo à sua volta soçobrava – suas esperanças, inclusive. Talvez porque, modesto como era, compreendesse os limites de sua ação pessoal. Junto ao canhão Schneider, do qual não se afastara na tarde de 4 julho de 1922 e que procurara conhecer minuciosamente, o jovem artilheiro mirava, como o Brigadeiro de 45 e 50, o mesmo alvo: o futuro.

Bem cedo, Délio de Mattos e esposa chegaram ao hangar do III Comar. O ministro descansara um pouco em casa, depois de ter passado grande parte da noite velando o corpo de seu ídolo. Sentou-se ao lado do chefe da Casa Militar, general Danilo Venturini, que representava o presidente Figueiredo. Próximo a eles, estavam o senador José Sarney, representando o Senado Federal, e o deputado Célio Borja, pela Câmara dos Deputados. Todos os Estados da Federação se fizeram presentes ao velório, assim como passaram pelo Comar os brigadeiros que serviam no Rio de Janeiro.

Autoridades, companheiros de armas, estudantes, amigos e populares de todos os cantos da cidade acorreram ao velório, numa demonstração do quanto o Brigadeiro era estimado. Dentre os notáveis, estava o governador da Bahia, Antônio Carlos Magalhães (1927-2007), que disse ter participado das campanhas políticas de Eduardo Gomes e que sempre observara sua coragem e seu idealismo.

Presente ao velório, o governador de Pernambuco, Marco Maciel, declarou que "com a morte do brigadeiro Eduardo Gomes, o Brasil perde um líder político e um militar exemplar, que, ao longo de sua vida, enriqueceu a história política do país com notáveis exemplos de honradez, espírito público e fé democrática".

O trânsito nas imediações do III Comar ficou lento pelo grande número de veículos que se dirigiam ao velório, transportando, entre outros, o representante do presidente da República, o governador do Rio, Chagas Freitas, amigos e admiradores do falecido. As pessoas eram tantas que as autoridades, por precaução, consideraram melhor antecipar o sepultamento. Mas, na manhã seguinte, quando o féretro saiu para o cemitério São João Batista, uma multidão se espremia para o último adeus "ao homem que confundiu sua vida com a história da democracia brasileira", como assinalou o *Jornal da Tarde*.

O cortejo chegou ao cemitério, em Botafogo, às 10h25. O São João Batista estava lotado. Velhos companheiros do Brigadeiro quiseram segurar, ainda que por segundos, as alças do caixão. Meia centena de alunos uniformizados do Colégio Brigadeiro Eduardo Gomes portavam rosas e ramos verdes, assim como trinta outros estudantes representavam o Colégio Brigadeiro Newton Braga, pertencente à Aeronáutica. Cerca de 2.400 homens da Marinha, do Exército e da Força Aérea foram deslocados para organizar e orientar o público dentro e nas imediações do cemitério, desde a manhã.

Com os militares de serviço abrindo caminho para a passagem dos cadetes da Aeronáutica, que, em passos cadenciados, conduziam o caixão de carvalho ao Panthéon dos Aviadores, a cerimônia mostrava-se imponente, à altura do grande líder que fora Eduardo Gomes. Não foram feitos discursos, conforme o Brigadeiro pedira certa vez: "Há momentos em que a melhor homenagem é o silêncio". O ex-chanceler Vasco Leitão da Cunha e Prado Kelly ouviram de um desconhecido muito emocionado que estava próximo a eles: "Herói não precisa de discursos".

A emoção aumentou quando irrompeu a salva de tiros de fuzis disparada por outro grupo de cadetes da FAB, originando uma revoada de pombos nas redondezas do campo santo. Perto da edificação, que traz no alto da entrada o dístico "Do espaço para a glória", a marcha fúnebre parou diante do cardeal Dom Eugênio Salles para a encomendação do corpo. Uma salva de 21 tiros de canhão ecoou pelo cemitério e nas redondezas. Nesse momento, aviões Hércules, Búfalo e F-5 da FAB sobrevoaram a necrópole. Enquanto o corpo do Brigadeiro era sepultado na Cripta dos Aviadores, a oração em louvor a Nossa Senhora de Loreto, composta pelo papa Paulo VI a seu pedido, era recitada em voz baixa, tocando fundo nas pessoas que assistiam à cerimônia.

Petrópolis esteve representada no ato pelo prefeito, Bianor Martins Esteves, que levou uma coroa de flores em nome da cidade, e pelo secretário da Fazenda, Umberto de Almeida Soares. Uma comissão de alunos do Liceu Municipal Cordolino Ambrósio e uma delegação do Colégio São Vicente de Paulo levaram o último adeus da juventude petropolitana ao ícone da Força Aérea.

O trânsito estivera complicado naquela manhã. O general Gentil Marcondes Filho, representando o ministro do Exército, quase não alcançou a cerimônia. Com seu carro oficial preso no engarrafamento, ele desembarcou e saiu a pé. Mais à frente, o automóvel que conduzia o brigadeiro Moacir Del Tedesco, já com o caminho livre, parou e ofereceu carona ao general.

Nos dias seguintes, a imprensa continuou carregando a tinta nas manchetes sobre a trajetória de Eduardo Gomes: "Uma vida à procura da democracia" (*O Estado de S. Paulo*); "O Brigadeiro, uma existência heróica" (*O Globo*); "Uma vida marcada pelo liberalismo" (*Folha de S. Paulo*); "A vida de um democrata" (*Jornal do Brasil*).

Com o título "Quem poderá esquecer esse herói?", o *Jornal da Tarde* falou do Brigadeiro:

> Qual era o segredo desse homem que não tinha nem a imagem nem o estilo do bom político tradicional? Pois é verdade que lhe faltava a eloquência nos comícios e jamais foi capaz de se submeter a composições para chegar ao poder. Preferia manter-se à distância, pouco afeito às grandes intimidades, guardando sempre um cerimonioso *senhor* ou *doutor* até mesmo para as conversas com os amigos. O segredo dele? A autoridade moral.
>
> A explicação é de Hamilton Leal, juiz aposentado, velho companheiro nas campanhas políticas e um dos poucos amigos a quem ele chamava de você.
>
> Essa intimidade não foi concedida nem a Prado Kelly, ex-político da UDN, que não era somente o porta-voz de Eduardo Gomes, mas o próprio *vice-brigadeiro*, apelido que ganhou nas rodas políticas da época. Para o Brigadeiro,

no entanto, ele continuava a ser o *doutor* Prado. Talvez por ter sido tão fiel a princípios de seriedade como esse, o Brigadeiro errou o resultado das eleições de 1950.

Ele não acreditava na derrota de Cristiano Machado, o candidato lançado pelo PSD, partido majoritário em 1950, e não descobriu que seu verdadeiro adversário era outro, era Getúlio Vargas. O Brigadeiro ainda via Cristiano Machado como o homem da invencível *máquina pessedista*, mas essa máquina já havia decidido apoiar a candidatura do PTB, Vargas, em troca do apoio petebista aos candidatos do PSD aos outros cargos eletivos.

Cristiano seria sacrificado, ou cristianizado, termo que se tornou tão comum na política brasileira que se incorporou à própria língua. Cristiano chegou em terceiro, o Brigadeiro em segundo. Talvez tivesse chegado em primeiro se acreditasse na cristianização ou mesmo tivesse aceitado a oferta de apoio de Adhemar de Barros, chefe político de São Paulo.

(...)

Assim viveu lutando por liberdade e democracia o menino nascido no dia 20 de setembro de 1896 em Petrópolis. Era filho do jornalista Luís Gomes Pereira e de dona Geni *[sic]* de Oliveira Gomes Pereira. Cresceu entre as flores de Petrópolis, entre as namoradas da juventude, o futebol e o tênis, as histórias de Mark Twain, os livros de economia e as fitas de cinema. Essas lhe davam o prazer de ver e rever uma mulher especial: Greta Garbo.

O marechal-do-ar Eduardo Gomes morreu solteiro.

A revista *Veja* de 24 de junho de 1981 noticiou o sepultamente do Brigadeiro e fez um comentário elogioso sobre a defesa da democracia pelo falecido, lembrando que ele discutira com os militares contrários à volta do país ao estado de direito, fato que o levou a ser ameaçado de sequestro. Segundo a revista, a obscura tentativa de sequestro do Brigadeiro provocou reações dentro da Arma contra vários expoentes da linha-dura nos anos mais escuros da década de 1970, por ele ter lembrado aos militares os compromissos com o ideal democrático. Para *Veja*, Eduardo Gomes cumprira a biografia de um liberal. Na matéria sobre ele, revelou:

> Na Aeronáutica, era visto como um ídolo dos quadros mais jovens: o ministro Délio Jardim de Mattos tratava-o com reverência filial. Recentemente,

Délio reformou um dos quartos da casa, em Brasília, para abrigar Eduardo Gomes por uma temporada – mas o brigadeiro, que o visitou há um mês, morreu antes que a obra terminasse.

Em agosto de 1981, o deputado Israel Dias Novaes fez um pronunciamento no Congresso no qual declarou que Eduardo Gomes presidiu sua própria geração. "Foi o mito e a legenda. Poucas vezes se poderá ter notícias de alguém que mantivesse tal lealdade com os princípios e os ideais de sua geração do que este brasileiro de sempre".

Depois de recordar o episódio ocorrido logo depois da guerra, em que o Brigadeiro repeliu a pretensão militar norte-americana de permanecer no Nordeste, o deputado Novaes assinalou que "a quase omissão" de Eduardo Gomes em relação à Revolução de 1964 constituiu "um dos segredos da nossa história". Finalizou o seu discurso dizendo:

> No dia 13 de junho de 1981, o brigadeiro Eduardo Gomes envergou o seu velho capacete de aviador, montou as suas perneiras e levantou voo, voo sem pouso, voo para a eternidade. Tenho certeza de que Deus deve tê-lo recebido de braços abertos.

Na mesma sessão, o deputado Herbert Levy (1911-2002), que em certo período fizera oposição política ao Brigadeiro, disse:

> O homem que não tem paralelo na História do Brasil desapareceu. Ficou a legenda imperecível, inspiradora de quantos amem sua Pátria e desejem servi-la. Hoje, o lema dele ainda é o nosso e será o de todos que desejem a liberdade e a dignidade do povo brasileiro: O preço da liberdade é a eterna vigilância.

O Brigadeiro levou para o túmulo as calúnias de que fora vítima na vida pública. Segundo narrou ao brigadeiro Deoclécio Lima de Siqueira:

> (...) a primeira, quando disseram que antes de sairmos do Forte de Copacabana, em 1922, havíamos nos embebedado; a segunda, a dos marmiteiros; e

a terceira, que eu chefiava um golpe contra os resultados das eleições para a Presidência em 1955.

Um ano depois da morte de Eduardo Gomes, no aniversário de fundação do Correio Aéreo Nacional, o jornal *Folha de S. Paulo* publicou longa matéria evocando a memória do Brigadeiro. Em 1983, a sociedade começaria a se envolver com o movimento que resultaria na eleição do primeiro presidente da República civil, após 21 anos de governo militar. O jornal paulista reproduziu trecho de uma entrevista de Eduardo Gomes ao *Correio da Manhã*, em 1945, na qual ele havia destacado:

> Ao iniciar a grande campanha pela restituição do Brasil ao gozo das liberdades que foram usurpadas por um regime que ainda procura sobreviver à sua aparente capitulação, meu pensamento dirige-se a todas as forças realmente democráticas e liberais do meu país, convocando-as à vigilância e à luta, a fim de evitar que as forças reacionárias que ainda se mantêm nas trincheiras possam impedir, nesta hora de profundas transformações políticas e sociais, que o Brasil participe do mundo melhor, para cuja conquista os povos livres do mundo não pouparam sacrifícios.

Em 1984, Eduardo Gomes foi proclamado Patrono da Força Aérea Brasileira. No ano seguinte, o Brasil voltaria a ser embalado pela democracia, a bandeira do grande revolucionário da história político-militar do país no século XX.

A Casa Gerontológica da Aeronáutica, um moderno centro médico--hospitalar para militares da terceira idade, funciona com ações clínicas, terapêuticas e de reabilitação e oferece assistência biopsicossocial e facilidades recreativas para o idoso. Inaugurada pelo ministro Délio Jardim de Mattos em 21 de janeiro de 1985, está localizada no Galeão, na Ilha do Governador. Nasceu inspirada numa declaração de Eduardo Gomes em seus últimos dias, ao ser indagado acerca da longevidade:

> A velhice é natural ao indivíduo. O corpo pode alquebrar-se sob o peso dos anos; no entanto, o espírito precisa manter-se ereto e vivo.

NOTA DO AUTOR

Em meados de 1975, tive a honra de conhecer o brigadeiro Eduardo Gomes. Ele já era idoso, porém mantinha o porte clássico, até marcial, em seu bem-talhado terno preto. Na ocasião, visitava o Museu Aeroespacial, no Campo dos Afonsos, instituição criada dois anos antes, pelo Ministério da Aeronáutica (Comando da Aeronáutica), para preservar a memória da aviação brasileira. O Musal foi aberto ao público em outubro de 1976.

Eu fazia parte da equipe que organizou e inaugurou o museu. Juntamente com os demais assessores da direção do Musal, fui recepcionar o ilustre visitante. Um a um, fomos apresentados ao Brigadeiro pelo diretor do Musal, o saudoso major João Maria Monteiro, homem de cultura invejável, fluente em vários idiomas e apaixonado pela memória aeronáutica como poucos.

Eduardo Gomes tinha o semblante sério, era atencioso, mas a poucos estendia a mão, cumprimentando seus interlocutores apenas com ligeiro balançar da cabeça. Naquele dia, todo o Musal parou para acompanhar com visível admiração o roteiro da visita que havíamos planejado para aquele que viria a ser, a partir dos anos 1980, o Patrono da Força Aérea Brasileira. Até o fim da visita, o Brigadeiro recordou sua vida de aviador militar. Admirou por instantes o Douglas C-47 que estava sendo preparado para entrar em exposição estática, o tipo de aeronave que ele mais voou na Força Aérea. Pareceu-nos emocionado ao visitar o "Salão das Velhas Águias", onde se encontram expostas as aeronaves mais antigas da coleção do Musal. Diante do biplano Curtiss *Fledgling* K-263, do primeiro voo do Correio Aéreo Nacional, carinhosamente passou as mãos sobre a tela da aeronave. Depois, concordou em posar, sentado numa cadeira, à frente do biplano, para tomada de fotos.

Pude assim conhecer uma lenda viva, o mito, o herói, um brasileiro de histórica trajetória em defesa da democracia, da justiça social, das liberdades individuais e da aviação nacional.

Quatro anos mais tarde, voltei a ver o Brigadeiro. O Musal guardava no seu acervo a medalha da Ordem de São Silvestre, que ele havia recebido, em 1975, do Vaticano, pelas ações caridosas praticadas ao longo da vida. Naquele ano, o papa João Paulo II cumpriria sua primeira visita oficial ao Brasil. O Brigadeiro seria uma das personalidades brasileiras a compor a comissão de recepção ao pontífice e usaria a condecoração na oportunidade. Fui o portador da medalha levada à casa onde ele morava, na Ilha do Governador. Acompanhado do enfermeiro que cuidava dele, estive em seus aposentos. Saí dali com a imagem do herói alquebrado pela longevidade. Um par de anos mais tarde, os clarins silenciaram em preito ao grande líder revolucionário brasileiro do século XX.

Em 2009, publiquei a biografia *Alberto Santos-Dumont. Novas Revelações*. Na noite de lançamento, um dos convidados perguntou-me qual seria meu próximo livro. Eu não havia pensado nisso. Mas disse que talvez fizesse a biografia de Eduardo Gomes. Durante as pesquisas para o livro sobre o "Pai da Aviação", eu observara que a mais recente biografia do Brigadeiro havia sido publicada em 1945. O homem que ajudara a fundar o Correio Aéreo Nacional, que lutara pela democracia e que por duas vezes caíra ferido por isso, andava meio esquecido dos biógrafos.

Elaborei então o projeto cultural, conversei com a Editora de Cultura, que o aperfeiçoou e o encaminhou ao Ministério da Cultura (MinC). De posse da aprovação pelo MinC, iniciei o trabalho de pesquisa com recursos próprios. Entretanto, meses se passaram e não obtive êxito na empreitada de captar patrocínio. Casualmente, encontrei um amigo, que prezo e admiro muito, entre outras razões, por ele ser um entusiasta da cultura brasileira: o então major-brigadeiro Aprígio Eduardo de Moura Azevedo. Contei a ele o motivo da interrupção das pesquisas. O brigadeiro Azevedo sugeriu que eu submetesse o projeto ao Comando da Aeronáutica. Assim procedi. Pela importância do vulto retratado, pela aproximação da data dos 80 anos de criação do Correio Aéreo Nacional e dos 70 anos de fundação da Aeronáutica Militar, que seriam comemorados em 2011, pela falta de uma biografia recente do Patrono da Força Aérea Brasileira, o projeto foi considerado oportuno.

Tendo agora também o apoio institucional do Comando da Aeronáutica, retomei a busca por patrocínio. Em reunião com a Infraero, obtive o primeiro apoio concreto, seguindo-se os da Fundação Atech, da Helibras, da Inbrafiltro e da Embraer. Esses parceiros tornaram possível a realização deste trabalho.

Como nasce um mito? No meu entendimento, decorre de senso de liderança, de virtudes, de ideais nobres, de causas justas – explicação simplória, é certo, mas o fato é que, na figura de Eduardo Gomes, vamos encontrar todas essas qualidades juntas. O mito nasce forjado por circunstâncias de sua época. Segundo os historiadores, nessas ocasiões é que aparecem os paladinos, os heróis, as lendas. Para muitos, Eduardo Gomes foi um mito. Sua história de vida é bonita, cativante, exemplar, como a dos grandes homens.

De personalidade forte, autêntico patriota, ele baseou sua existência nos ensinamentos cristãos, apegando-se aos valores morais, à família, à disciplina. Líder nato, atraiu aliados, amigos, admiradores, seguidores e, como não poderia deixar de acontecer, adversários. Na linha de frente, empunhou a bandeira das boas causas, participou do Tenentismo, sem jamais pleitear notoriedade ou tirar partido para si de seus ideais. Quando muitos pensavam que era um mito, dizia-se na verdade um ser comum, afeito a valores de lealdade, honestidade, espírito público, amor à pátria. Morreu um dia após a comemoração do cinquentenário de sua mais conhecida realização: o Correio Aéreo Nacional, cuja contribuição social tem sido visível e permanente.

Eduardo Gomes era firme na convicção de que aos brasileiros, e somente a estes, cabia derramar sangue em defesa do Brasil. A propósito, merece ser recordada a opinião franca de um velho amigo dele – o almirante norte-americano Jonas Ingram –, que certa vez, no auge da guerra, lhe disse: "Eu gostaria que muitos homens dos EUA defendessem os interesses da pátria como você defende os da sua".

Com fé na democracia, o Brigadeiro era um combatente dos extremos, tanto das políticas de direita como das de esquerda. Modesto, dizia que seus próprios feitos eram os de qualquer cidadão com amor pela pátria. Certa vez, em visita à redação do *Jornal do Brasil*, no qual seu pai trabalhou por três décadas, um jornalista indagou-lhe se procedia a informação de que os 18 do Forte não eram 18, e sim 11. Ele respondeu que era verdade. "Mas por que o senhor nunca disse isso antes?", inquiriu o jornalista. "Porque nunca me perguntaram". A história, porém, já tinha sido consolidada daquela forma.

Com satisfação, dediquei-me a escrever sobre sua vida. Sempre baseando as informações nos registros de época, na imprensa, em depoimentos e entrevistas de contemporâneos do biografado, em documentos de arquivos públicos. Contei com a ajuda de muitos colaboradores. A começar pelo próprio brigadeiro Azevedo, que foi um grande incentivador, me deu a honra escrever o prefácio e contribuiu para esclarecer termos e expressões da aviação militar. Sem a sua ajuda, esta obra certamente teria demorado a se realizar ou talvez nunca se concretizasse.

O engenheiro Murilo Marques Barbosa, ex-presidente da Infraero, hoje no Ministério da Defesa; o engenheiro Tarcísio Takashi Muta, presidente da Fundação Atech; o executivo Eduardo Marson, presidente da Helibras; o advogado Jairo Cândido, presidente do Grupo Inbrafiltro; e o economista Luiz Carlos Aguiar, presidente da Embraer Defesa e Segurança. Todos tiveram papel preponderante para a realização deste livro.

Os parceiros são muitos: o comandante Juniti Saito, Mauro José Miranda Gandra, João Alberto Correia Neves, Sérgio Xavier Ferolla, Carlos Alberto Pires Rolla, Paulo Roberto Cardoso Vilarinho, José Marconi de Almeida Santos, José Roberto Scheer, Antônio Guilherme Telles

Ribeiro, Luiz Antônio Pinto Machado, Márcio Bhering Cardoso, Marcelo Kanitz Damasceno, Gustavo Borges, Joaquim Gonçalves Vilarinho Netto, Ana Rita Aranha Ferraciolli, Ivan Roberto Soares, Valério Luiz Lange, Maurício Marques Magalhães, Helena Maria Alves, Mônica Lopes Lima, Antônio José Soares da Silva, Fernando da Cunha Machado Costa, Luís Carlindo Arruda Karstein, Francisco Carlos Ferreira, Francisco Paes de Barros, Lúcia Aguiar, Hermelindo Lopes, Mariza da Silva Gomes, Wladimir Gonçalves, Paulo Fernando Kasseb e as equipes do Cecomsaer, do Musal e do Clube da Aeronáutica de Brasília.

À Mirian Paglia Costa, editora deste livro, pela produtiva cooperação que temos mantido nos últimos dez anos.

A todos, o meu muito obrigado.

REFERÊNCIAS

Bibliografia

BARRETO, Aníbal. *Fortificações do Brasil*. Rio de Janeiro: Biblioteca do Exército Editora, 1958.

BORGES, Gustavo. *1964, a revolução injustiçada*. São José dos Campos: JAC Gráfica e Editora, 2005.

BRAGANÇA, Aníbal. *Livraria Ideal*. Do cordel à bibliofilia. São José dos Campos / Niterói: Edições Pasárgada / Editora Universidade Federal Fluminense, 1999.

BLAINEY, Geoffrey. *Uma breve história do século XX*. São Paulo: Editora Fundamento, 2008.

CANAVO Filho, José & MELO, Edilberto de Oliveira. *Polícia Militar, asas e glórias de São Paulo*. São Paulo: Imprensa do Estado de São Paulo, 1977.

CASTRO, Celso & D'ARAUJO, Maria Celina. *Militares e política na Nova República*. Rio de Janeiro: Editora Fundação Getúlio Vargas, 2001.

CHAGAS, Paulo Pinheiro. *O brigadeiro da libertação*. Rio de Janeiro: Livraria Editora Zelio Valverde, 1945.

D'ARAUJO, Maria Celina. *O segundo governo Vargas*, 1951-1954. Democracia, partidos e crise política: Rio de Janeiro: Zahar Editores, 1982.

_____. & CASTRO, Celso. *Ernesto Geisel*. Rio de Janeiro: Editora Fundação Getúlio Vargas, 1997.

D'ARAUJO, Maria Celina; SOARES, Gláucio Ari Dillon & CASTRO, Celso (orgs.). *Visões do golpe*. A memória militar sobre 1964. Rio de Janeiro: Editora Relume Dumará, 1994.

D'ÁVILA, Luís Felipe. *Dona Veridiana*. A trajetória de uma dinastia paulista. São Paulo: A Girafa, 2004.

DINES, Alberto; FERNANDES Jr., Florestan & SALOMÃO, Nelma. *Histórias do Poder*. 100 anos de política no Brasil, vol. 2 Ecos do Parlamento. São Paulo: Editora 34, 2001.

DRUMOND, Cosme Degenar. *Asas do Brasil, uma história que voa pelo mundo*. São Paulo: Editora de Cultura, 2004.

_____. *Asas da solidariedade*. História e histórias do Correio Aéreo Nacional. São Paulo: Editora de Cultura, 2011.

DUARTE, Orlando. *Todas as copas do mundo*. São Paulo: Makron Books, 1998.

DULLES, John W. F. *Carlos Lacerda*. A vida de um lutador. Rio de Janeiro: Editora Nova Fronteira, 1992.

FAUSTO, Boris. *História concisa do Brasil*. São Paulo: Edusp, 2001.

FERREIRA, Jorge & DELGADO, Lucilia de Almeida N. (org.). *O Brasil republicano*, 4 vol. Rio de Janeiro: Editora Civilização Brasileira, 2003.

FIGES, Orlando. *A tragédia de um povo*. A Revolução Russa 1891-1924. Rio de Janeiro: Editora Record, 1999.

GOMES, Eduardo. *Campanha da Libertação*. São Paulo: Livraria Martins Editora, 1946.

HARTMANN, Ivar. Getúlio Vargas. Porto Alegre: Editora Tchê!, 1984.

JORGE, Fernando. *Getúlio Vargas e o seu tempo*. Um retrato com luz e sombra. São Paulo: T. A. Queiroz Editor, 1994.

KOIFMAN, Fábio (org.). *Presidentes do Brasil*. De Deodoro a FHC. Rio de Janeiro/São Paulo: Universidade Estácio de Sá/Cultura Editores Associados, 2002.

KUBITSCHEK, Juscelino. *50 anos em 5. Meu caminho para Brasília*, vol. 3. Rio de Janeiro: Bloch Editores, 1978.

LISBOA, Rosalina Coelho. *A seara de Caim* .Rio de Janeiro: Livraria José Olympio Editora, 1952.

LUSTOSA, Isabel. Histórias de presidentes. A República no Catete 1897-1960. Petrópolis: Editora Vozes, 1989.

MAGALHÃES, Juracy. *O último tenente*. Depoimento a J. A. Gueiros. Rio de Janeiro: Editora Record.

MAGNOLI, Demétrio. *Histórias das guerras*. São Paulo: Editora Contexto, 2006.

MELO, Edilberto de Oliveira. *O salto na Amazônia e outras narrativas*. São Paulo: Imesp, 1979.

MORAES Neto, Geneton. *Dossiê Brasil*. As histórias por trás da História recente do país. Rio de Janeiro: Objetiva, 1997.

MORAIS, Fernando. *Olga*. São Paulo: Companhia das Letras, 2004.

MOURA, Nero. *Um voo na história*. Rio de Janeiro: Editora Fundação Getúlio Vargas, 1996.

PACITTI, Tércio. *Do Fortran à Internet*. No rastro da trilogia Educação, Pesquisa e Desenvolvimento. São Paulo: Makron Books, 1998.

PEIXOTO, Alzira Vargas do Amaral. *Getúlio Vargas, meu pai*. Rio de Janeiro: Editora Globo, 1960.

PEREIRA NETTO, Francisco C. *Aviação brasileira 1916-1984.* Rio de Janeiro: Revista Aeronáutica Editora, 1984.

RODRIGUES, Lysias A. *Roteiro do Tocantins.* Rio de Janeiro: Revista Aeronáutica Editora, 1987.

ROMAN, Ernesto N. *Aparições de Nossa Senhora, suas mensagens e milagres,* São Paulo: Paulus, 2001.

SCHWARCZ, Lilia Moritz. *As barbas do Imperador.* Dom Pedro II, um monarca nos trópicos. São Paulo: Companhia das Letras, 1988.

SEITENFUS, Ricardo. *O Brasil vai à guerra.* São Paulo: Editora Manole, 2003.

SHERWOOD, Robert E. *Roosevelt e Hopkins.* Uma história da Segunda Guerra Mundial. Rio de Janeiro: Editora Nova Fronteira, 1998.

SILVA, Gastão Pereira da. Brigadeiro Eduardo Gomes. Rio de Janeiro: Editora Panamericana, 1945.

SIQUEIRA, Deoclécio Lima de. Caminhada com Eduardo Gomes. Rio de Janeiro: Revista Aeronáutica Editora, 1984.

SODRÉ, Nelson Werneck. *História Militar do Brasil.* Rio de Janeiro: Editora Civilização Brasileira, 1965.

_____. *História da imprensa no Brasil.* Rio de Janeiro: Editora Civilização Brasileira, 1966.

SODRÉ, Nelson Werneck. *História Militar do Brasil.* Rio de Janeiro: Editora Civilização Brasileira, 1965.

_____. *História da imprensa no Brasil.* Rio de Janeiro: Editora Civilização Brasileira, 1966.

SOUZA, José Garcia de. *A epopeia do Correio Aéreo Nacional.* Rio de Janeiro: Revista Aeronáutica Editora, 1986.

STAFFORD, David. *Dez dias para o Dia D.* Cidadãos e soldados na véspera da invasão. Rio de Janeiro: Editora Objetiva, 2003.

TEIXEIRA, Maria Thereza Rezende. *O anjo branco de Getúlio Vargas.* Entre primaveras e verões. Porto Alegre: AGE, 1999.

VICTORINO, Paulo. Brasil, cem anos de República (1889-1989), livro virtual publicado no portal Pitoresco, <www.pitoresco.com/historia>.

WAINER, Samuel. *Minha razão de viver.* Memórias de Um repórter. Org. Augusto Nunes. Rio de Janeiro: Editora Record, 10ª ed., 1987 [Nova edição com o depoimento completo a Augusto Nunes e participação de Pinky Wainer (filha). São Paulo: Editora Planeta, 2005].

Arquivos públicos e particulares

Biblioteca de Petrópolis, Petrópolis (RJ)

Biblioteca Nacional, Rio de Janeiro (RJ)

Biblioteca de Olinda, Olinda (PE)

Base Aérea do Recife (PE)
Fundação Joaquim Nabuco, Recife (PE)
Arquivo Público de Olinda (PE)
Prefeitura Municipal de Petrópolis (RJ)
Arquivo Público de Petrópolis (RJ)
Arquivo do Jornal do Brasil, Rio de Janeiro (RJ)
Museu Aeroespacial, Rio de Janeiro (RJ)
Arquivo da Folha de S. Paulo, São Paulo (SP)
Arquivo da Agência Estado (SP).

Entrevistas e depoimentos
Tenente-brigadeiro João Alberto Correia Neves (SP)
Tenente-brigadeiro José Marconi de Almeida Santos, Brasília (DF)
Tenente-brigadeiro Mauro José Gandra, Rio de Janeiro, (RJ)
Tenente-Brigadeiro Sérgio Xavier Ferolla, São José dos Campos (SP)
Coronel Gustavo Borges, Rio de Janeiro (RJ)
Tenente-coronel Joaquim Gonçalves Vilarinho Neto (Recife/PE)
Tenente Jorge Costa (SP)
Empresário e radialista Francisco Paes de Barros

Internet
Opinião e Notícia, portal de informações
<http://opiniaoenoticia.com.br/opiniao/artigos/24-de-agosto-de-1954-o-suicidio-
-como-arma-politica-3/>

História Contemporânea, portal de história
<http://historiacontemporanea-mlopomo.blogspot.com/>

Aeita, Portal dos Engenheiros do Ita
Artigo "Os dois 'Montenegros', do prof. Marco A. G. Cecchini, ex-reitor do ITA, postagem de 24/09/2007
<http://www.aeita.com.br/lerArtigo.php?ID=428>

Portal FGV-CPDOC (Centro de Pesquisa e Documentação de História Contemporânea do Brasil, da Fundação Getúlio Vargas)
Artigo "Diretrizes do Estado Novo (1937-1945). Queda de Vargas e fim do Estado Novo"
<http://cpdoc.fgv.br/producao/dossies/AEraVargas1/anos37-45/QuedaDeVargas>

SOBRE O AUTOR

COSME DEGENAR DRUMOND nasceu em 1947 no Rio de Janeiro. Em 1974, iniciou carreira profissional como redator-revisor concursado do Ministério da Aeronáutica. Integrou a equipe que organizou e inaugurou o Museu Aeroespacial da Força Aérea Brasileira, no Campo dos Afonsos (RJ). É técnico em assuntos culturais pelo Museu Histórico Nacional. Na imprensa, especializou-se no segmento de Defesa.

Cobriu congressos e feiras internacionais de aviação e defesa no Brasil e em países como França, Inglaterra, Grécia e Chile. Em 2000 e 2002, recebeu o Prêmio Santos-Dumont de Jornalismo. Entre 2008 e 2010, foi palestrante convidado do Departamento da Indústria de Defesa da Federação das Indústrias do Estado de São Paulo (Fiesp) para o curso Gestão de Recursos de Defesa, promovido pela Fiesp em parceria com a Escola Superior de Guerra (ESG). Tem participado como mediador em debates sobre comunicação social, defesa nacional e indústria de defesa.

Recebeu as condecorações: Medalha Mérito Santos Dumont (Comando da Aeronáutica); Medalha do Pacificador (Comando do Exército); Ordem do Mérito Aeronáutico, grau de Cavaleiro (Comando da Aeronáutica); Ordem do Mérito Aeronáutico, grau de Oficial (Comando da Aeronáutica); e Medalha Mérito Tamandaré (Comando da Marinha).

É sócio e diretor de redação da revista *Defesa Latina*, título relançado em 2009, e autor dos livros *O Museu Aeroespacial Brasileiro* (1984); *Asas do Brasil. Uma história que voa pelo mundo* (2004); *Alberto Santos Dumont. Novas revelações* (2008); e *Asas da Solidariedade. História e histórias do Correio Aéreo Nacional* (2011).